多くの「問い」

られた

新型コロナウイルスの感染拡大は、世界中の人々に多くの「問い」を突き付けました。「問い」の中にはもちろん、資本主義を基盤とした経済流通システムや、既存の国際関係に対する反省といった「大きな問い」も含まれますが、我々一人一人にとってより身近な「小さな問い」も無視できないものばかりです。これまで当たり前のことだと思われていたこと、見逃されていたことについて、失われて初めてその意味が見いだされたり、逆に不必要であることが判明したりと、相反する方向性を持つ力が我々を取り巻く物事の存在意義に揺さぶりをかけたのです。揺さぶりの対象とされたものの中には、当然「学びの在り方」や「受験の在り方」も含まれるでしょう。

本書は主に東大を志望する中高生のために書かれたものですが、単なる受験対策本に尽きるものでは全くありません。もちろん、勉強法アドバイスや合格体験記といった受験対策関連のコンテンツは充実していますが、それ以上に本書には、東大の〈今〉を伝える仕掛けが多く隠されています。さまざまなルール、価値観、制度などが問い直されているこの転換期

突きつけ

の時代において、東大の強みや在り方とはどういうものかということを学生視点で彫琢《ちょうたく》する。これが本書の最たる目的なのです。副題を「危機の時代に、東大の真価を問う」としたのは、まさにそのような意図に由来します。

東大の真価を問うに当たって指針となるのが、タイトルの「東大主義」です。我々は、東大を東大たらしめているものや、東大の研究・教育上の核心的な価値のことを「東大主義」と呼ぶことにしました。しかし「東大主義」とはそもそも何なのでしょうか。

○○とは何かという問いを探究しようというとき、伝統的な方法としては以下の二つがあります。一つは、○○という概念を、経験から独立した理性の能力のみを通じて分析していく方法で、これは古代ギリシャの哲学者プラトンが用いた方法です。もう一つは、○○について当時の高名な人々が持つさまざまな見解を集めて吟味するというもの

東大の強みや在り方を学生視点で彫琢《ちょうたく》

その都度構築していくもの

で、これはプラトンの弟子アリストテレスが主に好んだ方法です。本書が「東大主義」とは何かを考えるのに当たって採用したのは後者です。

本書の第3章と第4章の間に位置する特集「東大主義とは何か」では、さまざまな東大関係者が考える「東大主義」の内実を紹介しています。学生からは卒業生総代が2名と総長賞受賞者が2名、教員からは広報室長と東京大学出版会理事長の2名と、実に多様な取材対象から多様な答えを聞き出すことができました。

さらに、政治家、研究者、医師、作家といった東大出身で活躍されている著名な方々に取材をしたロングインタビューにおいても「東大主義」に関する問いが追求されています。ここでぜひ注目していただきたいのは、各インタビュイーが考える「東大主義」は、それぞれの生まれ育ち、興味関心、問題意識といったものを色濃く反映し、故にどれ一つとして同じものがないということです。

「東大主義」という語は、堅苦しく権威主義的に聞こえるかもしれません。あるいは「東大至上主義」という言葉があるように、ともすれ

ものはない

「東大主義」には一つとして同じ

「東大主義」とは不断に構築=脱

ば傲慢なニュアンスに捉えられてしまうかもしれません。しかし本書が追い求めているのは、そのような階層的で同質的な考え方では決してなく、むしろ自らがはらむ差異性を積極的に拡大させ、自由に多方向へと発展させていく契機としての「東大主義」です。

表紙を見てください。「東大主義」という漢字4文字が、それぞれ全く異なるフォントで書かれていることに気付いたでしょうか。すでに述べた通り、各人の「東大主義」に対する考え方は実に多様ですが、それは東大で学んできた人たちの生き方が多様だからであり、このことは東京大学憲章の「東京大学は、構成員の多様性が本質的に重要な意味をもつことを認識」するという文言にも反映されています。

「東大」と「主義」の間にスラッシュ（／）を入れたのもこのことを示すためです。常に結合しそうで決して結合し得ない二つの言葉を内包した「東大主義」

画一性や同質性に抵抗し続ける姿勢こそが求められる

は、そもそも一つの概念ではありません。放っておけばバラバラになってしまうところを、東大に関わるさまざまな人間がその都度自分なりにつなぎ止め、織り直し、不断に構築＝脱構築していくもの、それが「東大主義」なのです。

そして、差異を肯定し画一性や同質性といったものに抵抗し続ける姿勢こそが「危機の時代」に最も求められるのではないかと我々は考えます。受験生はもちろん、大学の在り方、知の在り方に関心がある全ての方々に本書を手に取っていただければ幸いです。

『東大／主義』編集長　円光門

出会った人全員から何かを学べ

政治家

片山さつきさん

大蔵省に入省後、女性初のポストを複数務め上げ、第４次安倍第１次改造内閣では唯一の女性閣僚として地方創生や男女共同参画、女性活躍などを担当した片山さん。東大で過ごした盛沢山な学生時代や政界での経験、ポストコロナの時代における地方の姿や女性活躍に対する展望、これからの日本をつくる学生へのメッセージを聞いた。（取材・武沙佑美）

82年東大法学部卒、大蔵省入省。広島国税局海田税務署長（西日本初の女性税務署長）、国際金融局課長補佐、主計局主計官などを経て、２００５年に実施された第44回衆議院議員総選挙で初当選。２０１０年、参議院議員選挙（全国比例区）当選。第４次安倍第１次改造内閣では内閣府特命担当大臣として入閣し、地方創生、まち・ひと・しごと創生、規制改革、男女共同参画、女性活躍の分野を担当。２０２０年７月現在、自民党総務会長代理、参議院議員（全国比例区）。

とにかく忙しかった学生時代

——なぜ東大を目指そうと思ったのですか

私の母校である東京教育大学附属高校（現・筑波大学附属高校）は、毎年多くの東大合格者を輩出していました。その中でも私は成績が良い方だったので、自然と目指すようになりましたね。同級生からは女性だからという理由でどうこう言われることなく、男性と同じように扱われていて、この成績なら東大入って法学部出て大蔵省に入れるでしょ、と。ただ、自分としてはいつか世界を股に掛けて活躍したいとは思っていたものの官僚になるとは思っていませんでした。

——学生生活の思い出についてお聞かせください

進学振分け（当時）の制度上、文Iの学生はそこまで成績が良くなくても後期課程で法学部に進学できました。おかげさまで駒場での2年間は成績のことを気にせずいろいろな活動ができて、すごく良い学生生活でしたね。硬式テニス部に三カ月ほど入って京大戦に出たり、「東大トマト」というテニスサークルで試合に出たり。サッカー部のマネジャーもしたり、「童夢」という雑誌を作る同好会で小説を書いて学園祭で売ったりもしました。アイドルプロデュース研究会の人に誘われて、『ａｎａｎ』や『ｎｏｎｎｏ』といったファッション雑誌に出たこともあります。とにかく遊ぶのに忙しかった。当時の東大は女子学生が少なかったので目立っていたのか、待っていればいろいろなところから声が掛かって人脈が広がり、活動の輪もどんどん広がっていきました。

毎日予定がびっしり入っていましたが、将来日本の社会を支えていく素晴らしい人たちの中にいるのに、今友達をつくらないでいつつくるんだ、何もしていないのはもったいないと思って、忙しくしていました。今の東大は、私が学生だった時よりも留学生など外国から来た学生が増え、もっと多様な環境になっているのではないかと思いますけどね。

——クラスや授業はどうでしたか

「国政の全てを見たい」と大蔵省へ

文Ⅰ・Ⅱの15組で、フランス語選択のクラスでした。約50人の同級生の中で女性は3人で、男性の友人が圧倒的に多かったです。彼らは一生の財産で、私が2018年に内閣府特命担当大臣に就任した時は皆でお祝いしてくれました。内閣府の事務次官も同級生でしたし、ソニー株式会社の社長になった同級生もいましたし、これだけいろいろな場で活躍している人が出たクラスは他にないと思いますよ。

結局フランス語はあまり話せるようにならないまま大学を卒業しましたが、大蔵省時代にフランス国立行政学院に留学しました。その時パリのサン・ジェルマン・デ・プレ地区で、フランス語の講義の担任で、のちに教養学部長や総長も歴任した蓮實重彦先生にばったりお会いしたことがあるんです。お互い「あっ！」とすぐに分かって、ごちそうしていただいたというご縁もありましたね。

——東大卒業後、大蔵省に入省しました。なぜ大蔵省を選んだのでしょうか

実は学部3年生の時に外務省の採用試験に合格したので、大学を中退して外務省に入るという道もありました。ただ面接試験の時に、面接官で当時法学部の教授でもあった芦部信喜先生に、卒業してから大蔵省に入ることを勧められ、周囲の人からも「女性で大蔵省に入るならあなたしかいない」と言われて。大蔵省は他の省に比べ入省するのが難しく、「山々の中の富士山」のような存在だったんです。当時は省庁が女性を一人も採用しないということもあり得た時代でしたしね。

「スーパーシティ」構想の作成に尽力

結果的に大蔵省を選んだのは、一番幅広く物事を見られると思ったからです。予算編成に関わっていると、どの産業や政策に優先してお金を使うかという視点から、国政の全てを見ることができるのです。

――第４次安倍第１次改造内閣では地方創生担当相を務め、地方の活性化に取り組みました

地方創生とは、地方自治体が自分でアイデアを出して動く国民運動です。私が大蔵省に入省した頃は地方創生という概念はありませんでしたが、今ではかなり浸透してきました。今後地方創生において必要なのは地方を盛り上げるようなアイデアだと思います。

地方創生の効果は、各地方自治体が改革に向けて動きやすくなった、という点です。地方自治体が事業計画を提案してから実現するまでの行政処理が簡潔になりました。やろうと思ったことはほとんど自分たちでできるようになったので、アイデアがあることが大事になってきます。

今年５月、「スーパーシティ」構想に関する改正国家戦略特区法がやっと成立しましたね。この構想は私が、内閣府特命担当大臣だった時に安倍晋三首相のご指示を受けて作成したものです。スーパーシティとは、ＡＩやビッグデータを生活全般において活用し社会の在り方を根本から変えるような都市のことで、「まるごと未来都市」とも呼んでいます。構想には、例えば決済の完全キャッシュレス化、行政手続の際に書類提出の手間を削減するワンスオンリー化、遠隔教育や遠隔医療な

「プロフェッショナル」の自負

どを進めることが含まれます。こうした都市の設計は、国際的にも各国で急速に進んでいるのです。

全国の56自治体（２０２０年6月１日現在）がそれぞれ提案した「スーパーシティ」構想の中には、「ここは日本か」と疑ってしまうくらい面白い取り組みもありました。新型コロナウイルスの感染が拡大し医療分野を中心にデジタル技術への関心も高まっている中、「スーパーシティ」構想はさらに盛り上がりを見せています。例えば、身に装着するウェアラブル端末を使って各人の血中酸素濃度、体温や心拍数を計測することで健康を管理したり、ドローンを用いて消毒液を散布するなど新技術、いわゆる「コロナテック」を感染対策に活用したりするといった案もあります。

——改革に積極的ではない自治体もありそうです

もちろん厳しい現状を受けて、生き残らなければと思っている地域もあれば、活力が低くなっている地域もあります。ずいぶんと差が開いていますが、ある程度は仕方ないでしょうね。

一方で、日本では自治体間の横並び意識が強いので、一つ成功例があれば他の自治体もそれに続くと思います。「スーパーシティ」構想に前向きでない地域でも、他の地域がやっているのに自分たちはなぜやらないんだ、と言い出す人は必ず出てきます。そこからの動きは早いでしょう。

これまでも「消滅可能性都市」と呼ばれて奮起したところは多いですし、困難にそうして向き合っていく姿勢が素晴らしいと思います。

——大蔵省では女性として初めて主計局主計官などを務め、第4次安倍第1次改造内閣では唯一の女性閣僚として男女共同参画や女性活躍に関する政策に携わってこられました。ご自身が政界で活躍する女性の先駆者となることができたのはなぜだと思いますか

それは仕事をこなすのに必要な能力を備えた「プロフェッショナル」だったからでしょう。大蔵省では、この人たちが日本をつくってきたんだろう

ポストコロナ女性の活躍に期待

な、というような優秀な先輩に囲まれていました。見本とも反面教師ともなるような人が大勢いて、彼らからいろいろなことを学びました。

能力があると認めたら男女関係なく重要な仕事を任せてくれる上司がいたことも大きかったです。もちろん、認められるには、自分は仕事熱心で他の人より秀でている、ということを見せないといけませんけれどね。

——男性と同じように女性も仕事で力を発揮できる社会は訪れると思いますか

これまでの仕事は、体力勝負のものが多かったと思います。私は、体力面では例えば徹夜しても翌日さえた頭でプレゼンテーションできるとか、そういう体力はありましたし、むしろ男性に勝っていたと思います。そこで負けていれば官僚の仕事はできないでしょう。

ただこれからの時代、仕事はアイデア勝負、結果勝負です。良い発想をして良いものを作れる女性はいっぱいいます。新型コロナウイルス感染拡大の影響でテレワークが進み、ポストコロナの時代でずっと会社にいないといけない、残業しないといけない、という必要がなくなっていけば、女性の不利はどんどん取り除かれると思います。

——そうしたアイデアを生み出すには何が必要でしょうか

天性と、努力です。天性の能力があっても、それを存分に発揮するための努力をしなければ進歩はありません。継続して努力できるかどうかは「面白いと思うか」が鍵です。面白いと思わない仕事のために努力することは拷問ですから、面白いと思う場所に行け、ということですね。

——片山さんの場合、今までのお仕事の中ではどのようなことが「面白かった」ですか

何でも面白かったですが、例えば大蔵省にいた時に任された、Ｇ７サミットの政府代表団員としての仕事と、予算を組む仕事は面白かったですね。Ｇ７サミットに携わっていた１９９０年代は、世界の中でも日本が力を持っていた時代でした。ソ連の崩壊やベトナムやカンボジアの不安定な情勢、アジア通貨危機などに際し、日本の決断には大きな影響力があったので、ダイナミズムがあって世界を動かしている感触がありましたね。

予算の仕事は、いろいろな役所との交渉が主です。２００４年の防衛大綱の予算を作ったときは各所との交渉が特に大変で、印象に残っています。当時の小泉純一郎首相からは、日米関係を良好に保つため、全体の予算は増やさずミサイル防御システム配備のための１兆円の費用を入れてほしいと言われました。その要望に応えるため、旧式の戦車などに充てる費用を削減しようとして、陸上自衛隊ともめましたね。結果的には削るものは削りつつ、現在配備されているイージス艦、ＰＡＣ３やヘリ空母のような新しい軍備を取り入れることができました。

――お仕事と家庭との両立にはどのように向き合っておられましたか

うちは子供がいなかったので無理に仕事と家庭のバランスを取るということはありませんでしたが、親の介護では介護保険に大変助けられましたね。夫婦２人とも一人っ子だったので、２人で親を４人みとりました。

私は全国介護事業者連盟の顧問をしているのですが、今は老化の仕組みが科学的に解明されてきていると聞きます。そうした研究の成果と個々人の体調や健康状態などのデータを基に、その人に最適な介護をする方法も進歩しているようです。その分、今後は一人一人の個人が自分の健康に責任を持ち、客観的に把握できるかが大切になると思います。

実はここで、男女の健康格差が生まれる事態も起きています。40歳になると特定健診を受ける必要があるのですが、女性の受診率は男性より低く5割に満たないのです。会社員であれば、会社が社員の健康管理をしますが、ご家庭にいる女性はわざわざ市役所などで申し込んで健康診断を受けなければならない面倒があって、健康チェックが進みません。その結果、乳がんの発見が遅れるなど、男性並みに健康状態

女性リーダーの登場が社会を変える

を管理できていれば防げた悲劇が起きてしまうわけです。

——日本は政治分野においても国会議員や閣僚の女性比率が他国に比べ低い状態が続いています。なぜだとお考えですか

選挙が大変過ぎるのでしょう。女性の国会議員が多い国では比例名簿を使って女性議員を増やしています。つまり、例えば1位男性、2位女性などとあらかじめ決めておいて、選挙の結果を踏まえ当選者を選んでいるので、確実に女性議員3割というような目標が達成されます。ただ、今の日本でそれを導入すると言ったら、党ではなく個人で選びたい、と言う人が多いのではと思いますけどね。選挙区ごとに個人と個人の戦いで当選者を決める国では、自然に任せて女性議員を増やすことには限界があります。

私は2回目の選挙で落選しましたが、そこからはい上がるのは本当に大変でした。票ハラ（有権者からのハラスメント行為）やモラハラを経験しない人はいないと思いますが、そうした行為は社会を映す鏡です。社会にはセクハラがあり、それを感じるのは男性より女性の方が多い。パワハラがあり、男性が被害に遭うこともちろんあるけれど、それでも女性の方が被害に遭うことが多いです。そうした社会構造のうちは、選挙をやっても同じような結果になると思います。女性が政治に関わりにくい社会構造自体を変えるには、「この人になら任せられる」というような女性が登場し、問題なく日本を率いて、男性のリーダーに慣れている国民の意識を変えることが必要です。

——政治以外の分野においても、女性リーダーの割合は低い傾向にあります

個人的には医療や法の場に女性のリーダー的存在がいないのは残念に思います。医者も弁護士も、仕事上では昔から女性にも男性と同等の権利が与えられていた職業だからです。いくら試験の成績が良くて能力を認められていても、女性はそれより上にはいけないということです。その「ガラスの天

自分の生き方自分で考える

井」を作っているのは、日本の男性中心的な社会やブラックな働き方だということに加え、女性たち自身も関係しているのではないかと思います。例えば医者になることさえできたら、男性を押しのけてさらに上に行く必要はない、と思ってしまう。

私が留学したときに見た30年前のヨーロッパでは、「女性だからかばってもらう」というような意識はすでにほとんどありませんでした。日本の今の若者世代には、男性に養ってもらおうと思っている女性もまだまだ結構います。それ自体が悪いというわけではありませんが、人間は「個」なので、「自分が」どう生きていくかを自分で考えるということが大事だと思います。

——片山さんにとって「東大主義」とは何ですか。すなわち、東大を東大たらしめているもの、東大が今後あるべき姿として、どのようなものを想起しますか

東大には、国や国民のためになることをする大学であってほしいです。東大ほど国費をつぎ込まれ、国の政策の中で存在感を示す大学はそうありません。どこの国にもそういった立ち位置の大学はありますが、日本で探すとしたらそれは東京大学です。

——東大生へのメッセージをお願いします

学生には、どんな立場で社会に関わるのであれ、国家のためになるようなことをやる、という視点で物事を捉えてほしいです。私たちの頃はそういった意識があり、大学での教育を支えてくれる社会に対しありがたいと感じていましたし、何かを社会に還元すると

何を見ても考える癖をつけよ

いうような気持ちも強かったように思います。

加えて、東大には優秀な人、ユニークな人が多く集まっていますから、学生にはそうした多様性を社会に出る前に経験してほしいと思います。人は、あらゆる他人から学ぶことができます。性別や出自などに関わらず、どんなタイプの人であっても皆「サムシング」を持っていて、ラーニング対象として意義があります。「この人からは何も学べない」と思ったらそれまで。出会った人全員から何かを学んでいく姿勢が大切です。

――最後に、東大への進学を考えている受験生へのメッセージをお願いします

私は大学での4年間を本当に楽しく過ごしました。出会った人は99．9パーセント素晴らしい人でしたし、講義のレベルも高かった。東大を目指す価値は必ずあります。

今はパソコンやスマートフォンなど「使える」道具が増えています。このような時代の中で自分の能力を測る物差しとなるのは、そうした道具を仕組みも含めて理解でき、使いこなせるか、ということだと思います。近年はAIの発達なども著しいですが、最後まで人間に求められるのは思考能力です。何を見ても考える癖をつけること。「人間は考える葦」で「われ思う、故にわれあり」ですから。考えて、そして自分の考えを主張すること。黙っていると誰にも分かってもらえませんから、書き留めるなり、話すなりして、恐れず発信してほしいです。更に、その考えを英語にできると海外の人にも伝わるので、もっと良いですね。

東大は慣習ではなく理で動く

東大先端科学技術研究センター
熊谷晋一郎准教授

〈私〉とは何かを探究する当事者研究がいま、注目を集めている。この分野の第一人者、熊谷晋一郎准教授（東大先端科学技術研究センター）は、小児科医として８年間活躍した後、脳性まひによる痛みを抱える自分にとっての「生きるための研究」として当事者研究の道を歩み始めた。東大のバリアフリー政策にも関わる熊谷准教授の話は、多様性を尊重する理念としての「東京大学憲章」とはいかなるものか、そして本書のテーマである「東大主義」とはどのような意味を持っているのかについて、我々に多くの示唆を与えてくれるだろう。

（取材・円光門）

01年東大医学部医学科卒業。千葉西総合病院小児科に勤務医として勤めるなど、計8年間小児科医として活躍する。09年に東大大学院医学系研究科博士課程単位取得退学後、15年より現職。博士（学術）。主な著書に『リハビリの夜』（医学書院）。

人間に興味を持ち医学部に進学

——東大を目指した理由は何ですか

　脳性まひという障害を持って生まれた私は、介助してくれる親が突然死んだら私も道連れになるのではないかという恐怖心を、子供の頃から抱いていました。この恐怖心から逃れたくて、リハビリをすれば健常者になれるという今から見れば正しくない考えを信じ、黙々とリハビリに励む日常を送っていました。しかし80年代に世界中で障害者運動という社会運動が起きます。これにより障害者がリハビリを通じて健常者になり社会に戻るという従来の「医学モデル」とは異なる、むしろ社会の側がさまざまな体やバックグラウンドを持った人たちを包摂するよう変わっていくべきだという「社会モデル」が主流になり始めました。言い換えれば、障害という問題が自分の皮膚の内から社会の側へと移転したのです。これを機に、障害者の人たちを街中でよく見かけるようになり、自分と同じかそれよりも障害が重そうな先輩が社会で自立して生活し始めたのをよく覚えています。古い「医学モデル」に依然として固執する親との間でちょっとした衝突が起き、その先輩の背中を追いかける形でとにかく親元を離れたいという思いが強くなったのです。出身の山口県からできるだけ遠い大学に行きたくて、東大を選びました。

——数学者を目指して理科I類に入学します。数学にはなぜ興味を持ったの

ですか

　幼稚園の頃までは周りと身体的な差異はあまり感じられなかったのですが、年齢が上がるにつれ自分以外の同

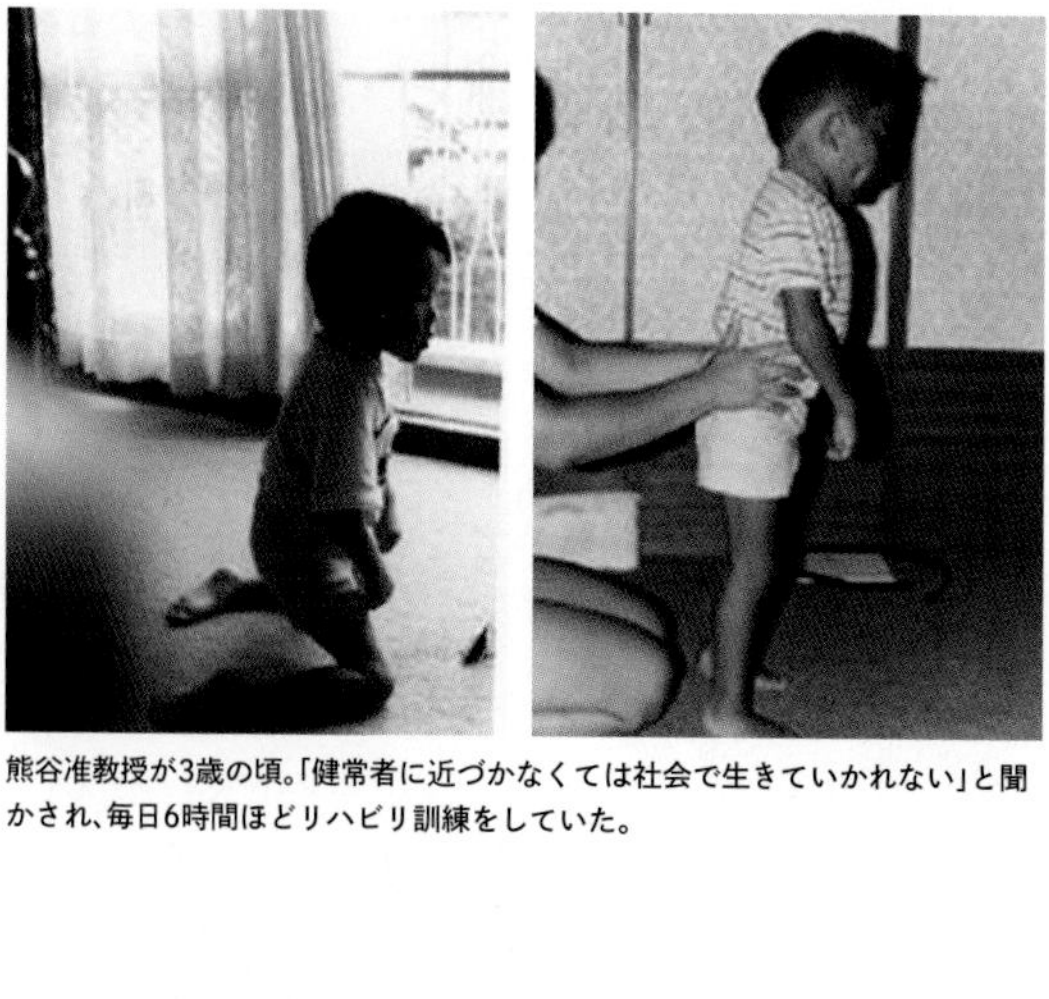

熊谷准教授が3歳の頃。「健常者に近づかなくては社会で生きていかれない」と聞かされ、毎日6時間ほどリハビリ訓練をしていた。

級生にだけ背中に羽が生えてきたかのようでした。私はといえば年中リハビリをしていて、それ以外はご飯を食べるか寝るかという生活を送っていたので、置いてきぼり感を強く感じたんです。そんな時、私が羽を生やすことができたのは、数学の問題を解いている時でした。数学の世界の中では自分も自由になれる気がしたのです。

――受験勉強ではどんな苦労がありましたか

特に大変だったのは、ずっと手を動かしていると自分の意思と関係なく筋肉が緊張し、鉛筆を持ち続けることが困難になってしまったことです。2時間に一回、親が来て緊張した私の筋肉をほぐすストレッチをし、ようやく次に進めるという具合でした。東大の入試には、受験生が持つ障害ゆえの特別なニーズに関しては、事前に提出した要望が認められれば配慮が提供されるという制度が当時もありました。私の場合は、別室受験、休み時間のストレッチ、体の高さに合った机の準備という3点の配慮が認められました。

――東大に入学後、2年時の進学振分け（当時）ではなぜ医学部を選んだのでしょうか

18歳で一人暮らしを始めてから生活が激変したことが大きいと思います。障害を持つ先輩からはとにかく介助をしてくれる人の数が重要だと教わりました。親代わりの人一人に頼り切りになると、その人に全て合わせなくてはならないし、その人との関係が悪くなった時も甘んじる他ないからです。それで私は意識的にたくさんの人たちと、裸の関係というか、文字通りお風呂も一緒に入り背中を洗ってもらったりといった親密な関係を作りましたが、家族など半径数メートルの人間関係しかなかったそれまでの状況に比べて、驚くことばかりでした。「人間関係とはこういう仕組みをしているのか！」と。私は健常者に憧れがあって、現実以上に彼らが完全な存在のように思えていたのですが、実際に健常者と一応分類される人たちと接してみて、当たり前ですけど千差万別で皆完璧ではないことをその時初めて知りました。それでだんだん自分が関心を持つ対象が数学よりも人間に向かっていったのです。文系の方面にも興味があって、当時は後期教養学部の相関社会科学コースに進学することも検討していたのですが、ぎりぎりまで迷った揚げ句、これまで積み上げてきた理数系の知識を多少なりとも生かしたいと考え、医学部への進学を決めました。

――なぜ小児科医になろうと思ったの

当時の自閉症研究に違和感を抱く

ですか

実は医学部に進学した時は、臨床医になる可能性は低いと思っていました。この体で実際患者さんを診るのは無理だと考えていたのです。でも医学部5、6年時の実習で小児科に行った際、診療室の風景が、自分が元々持っていた原風景のような記憶と重なってしまったんですね。私も小さい頃に障害児として医療者と関わってきた経験が長かったので。それが強烈に印象に残ったのと、実習担当のドクターが心に響く話をしてくれたことが小児科を選ぶ動機になりました。

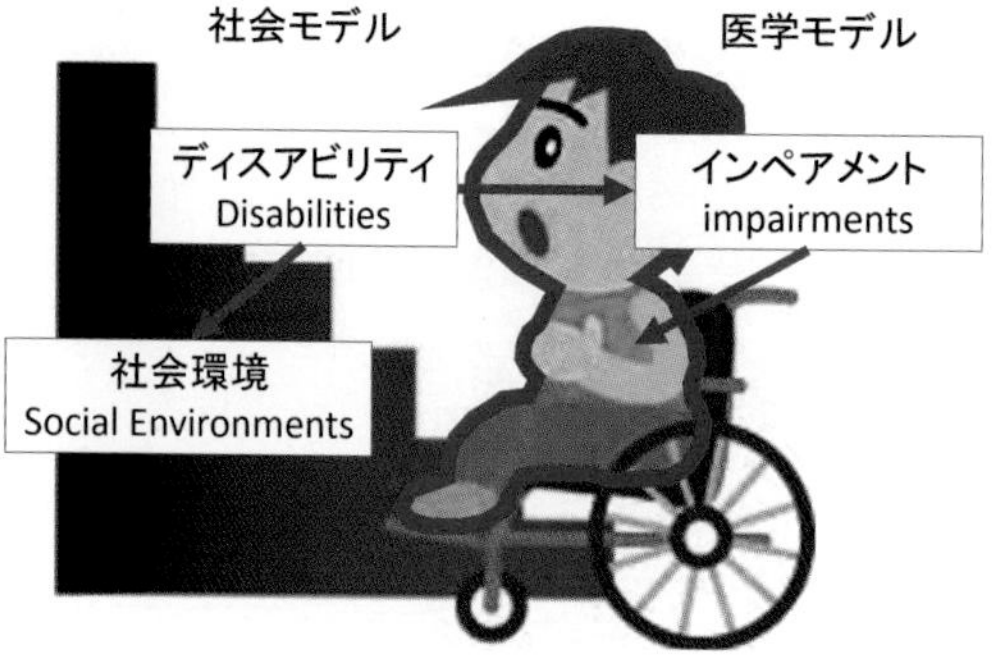

医学モデルでとらえられた障害はインペアメント、社会モデルでとらえられた障害はディスアビリティというように、言葉を分けることもある

――臨床医として8年間勤めた後、なぜ研究者になろうと思ったのですか

20代後半から慢性的な痛みを感じ始め、体がだんだんと言うことを聞かなくなってきました。誰でも年を重ねれば体が動かなくなりますが、脳性まひの人はその変化が早いのです。現場で働き続けるのは厳しくなったので、これまで私が勉強してきたことを生かせる道はないかと思っていた時、学部時代の友人と偶然再会しました。その友人がずっと名状しがたい生きづらさを抱えていることはすでに知っていたのですが、再会した時、それがもしかしたら自閉スペクトラム症という発達障害のカテゴリーで説明できるのではないかと、ある書籍を読んで思ったという話を聞いたんですね。私は調べていくうちに、当時の自閉症研究のされ方に違和感を抱き、いろいろ読めば読むほど、症状の定義からして間違いなのではないかと思うようになりました。そこで、当時の専門家の知見はいった

ん脇に置いて、その友人の経験の構造がどうなっているか、一から言語化する作業をやってみようということになったのです。当事者の経験を手掛かりに新たなアプローチを考えるということを勝手にやり始めたのですが、実はこれが当事者研究と呼ばれるものだということが後から分かりました。

——当事者研究を続けようと思った理由は何ですか

体が言うことを聞かなくなったという話をしましたが、私にとってこれは大きなことで、いわば挫折経験でした。医師を続けて8年目になると、自信も出てきて、自分の小児科医としてのスタイルも確立してきます。将来もこの調子で行こうという人生の物語を描いていた矢先に、痛みを感じ体が動かなくなってしまいました。痛みの原因が体には見つからない「慢性疼痛」と呼ばれるもので、どう乗り越えたらよいのか分からない壁が30歳前後の私に立ちはだかったのです。

そんな時、薬物・アルコール依存症の自助活動をしている方々と当事者研究を媒介にして交流を始め、彼らから多くのヒントを得ました。活動をしている方の多くは自分の思い描いていた物語の挫折を経験していて、物語を再構築することで苦痛を取り除く知恵を洗練させてきたことを知ったのです。

ここで言う物語とは、自分が生きてきた過去に基づき、進むべき未来の指針を与えるものですが、痛みを自分の物語継続の足を引っ張るものと捉えているうちは、その痛みは軽減されないのだということを学びました。痛みは物語のアップデートのシグナル、つまり「あなたの物語は現在のあなたの身体にはそぐわないものになっていますよ、だからアップデートが必要ですよ」と知らせてくれるものだと捉え直さなければならないと。

それまで私は、この痛みさえなくなれば元の物語に戻れるはずだから、痛みを取りたいというロジックで痛みの存在を意味付けていました。このような思考パターンは「破局化思考」というのですが、これは自分の物語と身体が一致しない中で体にむちを打ち続けている状況と同じで、むしろ痛みは悪化していくのだと当事者の方々から教わり、先行研究を読んでその裏付けもできたのです。この時私は当事者研究を、友人だけではなく自分にとっても切実な、生きるための研究としてライフワークにしようと決意しました。

——当事者研究の方法論について教えてください

当事者研究とは〈私〉を研究対象にする学問です。〈私〉って何だろうと考えた時に、〈私〉という存在の唯一無二性を根拠付ける要素は二つあるような気がします。一つは自分が生きてるこの身体です。脳神経系も含んだ自分の身体、これは唯一無二ですよね。もう一つは経験、すなわち物語です。先ほど述べた慢性的な体の痛みというのは身体と物語という〈私〉を構成する二大成分がけんかした状況だったんですね。身体と物語が予定調和的に共存している時は、〈私〉について見直さずに済むのですが、衝突したことを合図にしてその二大成分を検討してみる、こうした実践として当事者研究を描き出すことができると思います。

——身体としての〈私〉と物語としての〈私〉の違いは何ですか

〈私〉がそこに住まう身体が医学的、生理学的な規則性を持っているのに対し、〈私〉が生きてきた経験とは、ある一回性の出来事が連続して継起する系列として捉えられます。そこに見出されるのは規則や法則というより物語なのです。そして出来事の系列を物語として語るには、他者と対話し共有する必要が出てきます。というのも、反復されないものはカテゴリー化されず、言語化とはまさにカテゴリー化のことですから、自分の身に一回しか起きなかった出来事は一人では言語化不可能なのです。もし自分一人しかこの世界に存在しないとしたら、自分の経験は反復されない限り出来事としてカテゴリー化されません。しかし他者が存在していれば、おのおのにとっては一回きりの出来事でも、少なくとも似た経験を共有することで反復するカテゴリーの一例とみなせるのです。

身体とは規則性すなわちカテゴリー化されたものの束なのですが、物語の分析は他者との対話というある種文学的な作業になります。このように〈私〉の探究は自然科学的な要素と人文学的な要素の双方を必要とするのだと思います。

——当事者研究が必要とする人文学的な要素とはどういうものですか

私はよく國分功一郎さんなどの哲学者と共に研究するのですが、哲学者の仕事の一つに、人間や社会がこれまで歩んできた歴史を振り返りつつその中で反復されている構造を言語化することがあると思います。日常的な対話の中ではなかなか見つからない、人文学において練り上げられてきた概念や理論が、マイノリティーの物語に言語化のための資源を提供することがあり、当事者研究者はそうしたものを調達するために哲学の研究を参照することがあります。

マジョリティー側の人間は、自分の苦労を説明するために言葉や理論を容易に周囲から調達できることが多いです。「あるある話」のネットワークに入れると言ってもいいかもしれない。このように「そういうことあるよね」と日常言語の中で十分に回収できる苦労がある一方で、なかなか日常言語では回収し切れない、表現しづらい苦労を抱える人たちもいるわけです。そのような人たちのために当事者研究があると言ってもいいかもしれません。

――コロナ禍によって大学の状況はどのように変わったと考えますか

キャンパス内のマジョリティーとマイノリティーが経験する苦労の質や量の分布が激変しました。私のような体の者は、オンライン授業になったおかげで通勤が必要なくなり、楽になりました。これに対し障害を持っている学生も持っていない学生も、オンライン授業になり一層大変になったというケースもあるのです。一人一人がどんな苦労を抱えているのか声を聞くことから始めなくてはならず、ある意味で皆が当事者研究をしなくてはならなくなった、皆が「当事者化」したとも言えるでしょう。「あるある話」では回収できない全く新しい苦労を皆が少なからず経験していて、そこにどんな言葉を当てはめたらよいのか、どのように解決していったらよいのか誰も知識を持っていないという状況がありま す。これを踏まえて、では何ができるのか、各分野の知識を吸収して考えていくことが大学の役割だと思います。

――オンライン授業になったことで障害を持つ学生にはどのような問題が生じたでしょうか

身体的差異が無視される苦労という問題があります。社会がリモート化される前から、本当は他の人と違う体を持っているのに「見かけは普通じゃん」と言われる人たちは、しんどい思いをしてきました。本当は苦労しているのに、ただの努力不足だと受け取られ、相手の期待水準に合わせられず過小評価されるケースが多かったのです。さらには自分自身も差異に気付きにくく、名状しがたい焦りや憤りや情けなさを抱えながら、それらの原因を身体に帰属させられず、消去法的に自分の人格へと帰属させてしまう。

オンライン授業は、そのような身体の微妙な差異をより一層覆い隠し、学生の身体を均質化させることに貢献してしまっているのかもしれません。私も授業をしていて顔が見えないので、本来ならば多様な身体や物語を持つ学生たちをだいぶ均質化して見てしまっているのだろうなと思います。会っていたら気付いたであろう差異を相当見逃してしまっているはずです。

——東大では、学生が他の障害を持つ学生のサポート業務に従事する制度があります。先生が学生だった頃と現在を比較した際、東大のこのような障害者支援体制をどう評価しますか

コストを掛けずとも制度によってサポートが自動化されている現状はとても良いと思います。他面でそれは、頼れる人が親しかいないという私の子供時代の話と少し似ている気もします。

私が学生だった頃は自分でビラを配って介助ボランティアを集めるしかなかったので、一人一人の顔が見える人間関係を築いてきたのですが、今はそれが、ある意味バイト感覚で数時間サポートをするだけの関係になりました。これは、サポーターの労働力を圧倒的に調達しやすくなったという良い面もある一方で、人間関係がドライになり孤立感を感じる学生もいるらしく、手厚い支援に囲い込まれて同級生や同じ障害を持った人たちと直接支援以外のやり取りができなくなったという状況が発生しています。周りの人も、あの人の面倒を見るのはサポーターだから私たちは手を出さなくてよいという感覚になりやすいんですよね。

自動化されてとても便利になった面と、かえって孤立が深まった面と両方あって、後者を何とか補完する取り組みを考えてはいるのですが、コロナ禍ではそうした顔の見える関係を築くのが一層困難になっていると思います。

——東大と他大の比較の上では、東大の障害者支援体制をどう評価しますか

大学システムにおける障害学生支援の部署の組織的な位置付けが素晴らしいと思います。バリアフリー支援室という、東京大学憲章（東大の運営に関する基本原則）が制定された時代にできた新しい部署なのですが、大きな決定権と高い機動性を持っています。他の大学だとどうしても組織図の中で力を持たない場所に置かれることが多いのですが、東大では意思決定ができる総長や理事の先生方に近い場所にバリアフリー支援室が置かれているという特色があるわけです。現場で起きた問題も、緊急度が高ければその日のうちに理事に相談することが可能です。

哲学者の國分功一郎准教授（東大総合文化研究科）との対談風景

——支援体制の充実は、キャンパスの多様性をうたう東大憲章の理念とも関わりがあるのでしょうか

そうですね。東大憲章は今ほど多様性が叫ばれていなかった２００３年に制定されましたが、制定の一番のきっかけは、盲ろう者の福島智先生（現在は東大先端科学技術研究センター教授）を東大にお呼びしたことでしょう。福島先生が他の教員と同じように研究教育できる環境をということで、支援体制が整えられていったのだと思

いつか出会える日を待って

います。

――熊谷先生にとって「東大主義」とは何ですか

理屈が通るということでしょうか。慣習で動くというよりはしっかりと考えて理を尽くせば賛同してくれる文化が東大にはあると思います。私は学生時代から、なぜこれが必要なのかということを先生方に話して、それが理にかなっていればたとえ前例がなくとも認められることに、信頼感をすごく感じていました。教員として身を置いている現在でもその点は変わりません。

――受験勉強をしている高校生も、現在このコロナ禍の中で不安に感じることが多いと思います。当事者研究者の立場から受験生に向けてどのようなメッセージを送りますか

高校時代は身体と物語の衝突案件には事欠かないですよね。進路に関する物語に身体が追い付かなくて苦労する人も多くいると思います。そのような衝突を経験している高校生には、信頼できる人を見つけて、その人と相談する中で新たな人生の方向性を描き出す作業をしてほしいです。たしかにそういう人と出会うことは難しい。でも、私が30歳前後に体が痛くなって物語を再構築しなくてはいけなくなった時、これまで話したこともないような人たちと話す機会に恵まれました。難しいことではあるけれど、私が今言ったことをちょっと信じて、ひとまず今は何とか生き延びて、そういう人に出会える日を待っていてください。

『リアビリの夜』(医学書院、税込み2200円)
０９年出版。第９回新潮ドキュメント賞を受賞。

写真で巡る
東大
キャンパス

駒場キャンパス

東大に入学した学生は全員が教養学部に所属し、学部前期課程の学修を行う。サークル活動が盛んでフレッシュな雰囲気のキャンパス。学部生の多くが滞在する駒場Iキャンパスの他に、研究活動が盛んな駒場IIキャンパスがある。

1

2

3

4

5

6

1 正門：駒場東大前駅の東大口を出ると徒歩1分でたどり着く。門扉にあるカシワバとカンランの校章は旧制第一高等学校の名残

2 一号館（東京大学大学院総合研究科・教養学部提供）：正門を入ると目の前に現れる駒場キャンパスのシンボル。外国語の演習などの多くの講義が行われる

3 駒場図書館（駒場図書館提供）：約69万冊の資料を所蔵。自習環境が整っており多くの東大生が日常的に利用している

4 21 KOMCEE West：“二十一世紀型”の「理想の教育棟」。双方向の授業、滞在型の学習空間の創造を目標に掲げている

5 生産技術研究所　6 先端科学技術研究センター：駒場Ⅱキャンパスの双璧をなす研究所。共に工学を中心としつつ、さまざまな分野との共同研究や産学連携研究を推進している

本郷キャンパス

ほとんどの学生が3年次以降このキャンパスに拠点を移す。駒場キャンパスと比べると敷地も広く、落ち着いた雰囲気を醸し出している。国の重要文化財に指定されている建物が多い

1 赤門：江戸後期に加賀藩の邸宅門として建立。国の重要文化財であると同時に東大を象徴する建造物の一つ
2 安田講堂：卒業式やシンポジウムなどが行われる場。在学生でもほとんど中に入る機会がない
3 中央食堂：安田講堂前の広場の地下にある
4 総合図書館：約120万冊の蔵書を誇る本郷キャンパスの中心的な図書館
5 三四郎池：夏目漱石の「三四郎」の舞台になったのでこの愛称に。正式名称は「育徳園心字池」
6 弥生講堂アネックス　7 上野英三郎博士とハチ公像：農学部正門を入って左にある木質構造の多目的ホール。その手前に日本農学の父である上野英三郎博士とその飼い犬の「忠犬」ハチ公の像がある

柏キャンパス

駒場、本郷に次ぐ、第3の主要キャンパス。学際のその先として「学融合」を目標に掲げる。大学院新領域創成科学研究科を初め、大気海洋研究所、宇宙線研究所など多くの研究組織が活動している

1

2

3

4

1 柏Iキャンパス遠景：大学院生や研究者が主な構成員で他の主要2キャンパスほど人通りは多くない

2 新領域環境棟：世界の環境問題に対峙する研究棟

3 大気蛍光望遠鏡のモニュメント：宇宙線研究所の活動を象徴するモニュメント

4 柏の葉キャンパス駅前サテライト：スマートシティとしての柏を生かした社会実験とオープンイノベーションの拠点

現役東大生がつくる東大受験本

東大2021

東大主義

東大2021目次

第2章 前期課程編

第3章 後期課程編

第4章 卒業編

表紙デザイン　渡邊民人（タイプフェイス）
本文デザイン・組版　清水真理子（タイプフェイス）

第1章 験 編

愛

CONTENTS

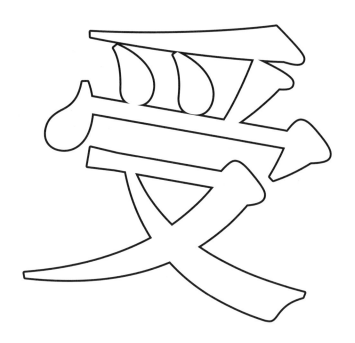

コロナと東大1

縮小して挙行された卒業式

世界中に猛威を振るった新型コロナウイルス感染症（ＣＯＶＩＤ―19）に対し、東大や東大生はどのように関わったのだろうか。ここでは、規模を大幅に縮小して挙行されることになった2020年度学位記授与式・卒業式について見てみよう。

３月23日の学位記授与式、24日の卒業式。いずれも東大のシンボルとも言える、本郷キャンパスの安田講堂で挙行される。当日は、修了生や卒業生とその家族が集まって東大の充実した学びを振り返り、お互いをたたえ合う――そんな日になるはずだった。

ＣＯＶＩＤ―19が流行を見せ始めた３月４日、東大は学位記授与式・卒業式の大幅な規模縮小を発表した。出席できる学生は各研究科・学部の代表者のみに制限され、修了生・卒業生の家族には当日の来校を控えるように喚起。式典の模様はインターネット上で映像配信されることも発表された。早稲田大学や慶應義塾大学など、首都圏の他の大学でも学位記授与式や卒業式の中止が発表されていた。

卒業式に参加予定だった学生（文・４年）は「卒業式に参加できなくなったのは残念だが、昨今の情勢を考えると仕方ないと思う。コロナの流行と自粛ムードが早く収まってほしい」とコメント。悲しさをにじませながらも、東大の措置に一定の理解を示した。

23、24日に予定通り東大のウェブサイトなどで学位記授与式・卒業式のライブ配信が実施された。当日には安田講堂前などで、代表者以外の修了生・卒業生や保護者と思われる人の姿も。

ここに至るまでの長い間、皆さんの学業と研究活動を支えてこられたご家族やご友人の方々のご支援に対して、

卒業式の告示で五神真総長は、地球と人類の未来をより良くするために知の探求を積み重ねる人材を「知のプロフェッショナル」と紹介。これまでの努力に誇りを持つとともに謙虚さや誠実さを忘れず、社会の期待に応えて、未来への挑戦を続けてほしいと激励した。終盤には、卒業しても東大との関係が終わるわけではないと強調。東大は卒業生と共に、インクルーシブ・グロース（誰も取り残さない包摂性の中で追求する成長）に向けた社会変革を駆動する力になることを目指すと締めくくった。

多くの学生にとってオンラインで挙行された学位記授与式・卒業式と、インクルーシブ・グロース。コロナ禍で生じる問題を五神総長は提言しているようにも思える。

東大教員・東大生からの勉強法アドバイス

東大の入試問題は、

主に教科書で学ぶ基礎的な内容で構成されつつも、

随所に「東大らしさ」が織り込まれている。

この入試問題を突破する「鍵」はどこにあるのか、

東大教員と学生にアドバイスを語ってもらう。

国語

「文学」を楽しむ読書が国語力に

鉄野昌弘《てつのまさひろ》 教授

東大人文社会系研究科
90年人文科学研究科（当時）博士課程単位取得退学。博士（文学）。東京女子大学教授などを経て、13年より現職。

平成30年度告示の学習指導要領で、高校国語科の科目構成が大きく変わるのは受験生ならご存知だろう。「現代の国語」「言語文化」の二つが必修で、「論理国語」「文学国語」「国語表現」「古典探求」の四つが選択。

大きな問題は「論理国語」と「文学国語」の両方を選択するのが難しくなっていることだ。この「改革」は入試「改革」ともリンクしていて、（試行によれば）駐車場の契約書とか、生徒会の規約とかに関する「記述式」問題に対応するために、現場で「論理国語」が優先されるのは不可避だろうという。

「論理国語」からは「文学」的なものは排除され、実用が重んじられる。なるほど生活上の国語力も無ければ困る。しかし私は、それを教えねばならなくなったのは、「文学」的なものを人々が読まなくなったからだと思う。新指導要領の枠組では、まるで「文学」には「論理」が無いようだが、「文学」は、人の感覚や感情まで含んだ高次の「論理」を持つ。人々が電車の中で普通に本を読んでいた頃、実用文を読み書きするくらいの国語力は、自然に養われていたのである。

国語は、普段楽しむ読書が勉強にもなる、稀有《けう》な教科である。逆に言えば、読書にまさる勉強法は無い。古文も漢文も、その文章に慣れるのが一番だから、『徒然草』でも、『十八史略』でも、面白そうなものから読めばよろしい。

新指導要領は、ますます高校生を「文学」から、また読書から遠ざけるだろう。しかし東大は、二次試験の「国語」で、受験生がこれまで如何なる読書をしてきたかを試す問題を出して来たし、おそらくこれからもその方針に変更は無いだろう。自分なりの読書をしてくることを願う。

現役学生からアドバイス

現代文

練習で身に付く伝えるチカラ

解答時間は古典と合わせて文科は150分、理科は100分。文理共通の第1問は評論文です。2行程度で内容・理由を問う問題が3、4題、100〜120字で本文全体の論旨を踏まえて答える問題が1題、漢字の書き取りが3題程度出されます。文科のみの第4問は主に随筆で、2行程度で内容・理由を問う問題が4題出されます。

高2のうちに基礎となる漢字、語彙の知識を固めるのが大事です。教科書に出てくる知らない漢字や言葉を辞書で調べ、書きためて覚えましょう。本や新聞などを毎日読むと、語彙《ごい》が充実し速読力も付けられます。

高2の夏までは学校の授業で扱う文章の内容、構成を押さえることに集中しましょう。評論文は、科学の発展、芸術、哲学などのテーマや「主張→根拠→主張」「根拠→主張」という構成が頻出だと気付くと、初見の文章も読みやすくなります。高2の秋から市販の問題集で演習を増やしましょう。

解く際はまず本文を読み、傍線部に行き当たったら設問を確認します。傍線部の正確な理解のため、分割してそれぞれ同じ内容を表す別の表現を文中から探し、つないで全体を把握しましょう。見つけた表現から比喩や指示語を言い換えて解答を作るとうまくいくことが多いです。

東大の問題は求められる解答内容に対し指定行数が短い傾向にあります。傍線部の細かい表現に注意して必要な要素を盛り込み、解答だけを読んで意味が通じるか確かめてください。学校や塾の先生に主述関係や論理構成の崩れ、比喩の使用などの弱点を指摘してもらうのが効果的です。

過去問は、高3の春から夏に第1問は50分、第4問は40分程度の制限時間で1〜2年分解いて添削を受けましょう。夏休み明けからは弱点を克服します。古典の時間が足りなければ制限時間を5分ずつ削りましょう。10年分取り組めば問題の傾向はつかめます。本文中のヒントを見つけ採点者に伝える表現力は練習で磨けるので、焦らず解き続けてください。

（文Ⅲ・1年）

おすすめの参考書

丁寧な解説で苦手克服

『上級現代文1　国公立入試対策』

桐原書店／税別1200円

過去問演習で思考力定着

『東大の現代文27カ年』

教学社／税込み各2300円

現役学生からアドバイス

古典

注釈を使い倒せ

国語の第2問に古文、第3問に漢文という形で出題され、試験時間は現代文と合わせて文科150分、理科100分です。例年現代語訳や内容説明を1、2行で答える問題が文科は4、5問ほど、理科は3、4問ほど出題されます。東大の問題だからといって身構える必要はなく、教科書レベルの文法事項と単語を押さえれば問題文の内容を理解することは難しくないです。正しい基礎知識を基に、設問の要求をくんで簡潔に答える力が試されます。

まず、高2までは学校の授業の予習復習を入念にして、出てくる単語や文法事項を会得しましょう。単語は核となる意味を押さえておくと良いです。読解のヒントになる昔の風習や時代背景、有名な作品や作家についての情報も頭に入れていきましょう。基礎が一通り身に付いたら、中堅私大などの平易な文章で問題演習を始めましょう。忘れている文法事項や単語があったらその都度復習してください。

平易な文章で8割程度得点可能になったら、東大の過去問に取り組み始めてください。最初は時間を気にせず問題と向き合い、秋ごろから時間配分を意識して、文科は60～70分程度、理科は45分程度を目安に解きましょう。

古典はリード文や注釈に読解のヒントになる情報が載っていることが多いです。本文読解に取り掛かる前に必ず確認しましょう。特に登場人物の人間関係に関する注釈は要確認です。さらに事前に設問文に目を通し、設問要求を明確にしてから読解に移ると良いです。本文読解の際は、多義的な単語や助詞・助動詞の意味を文脈や接続から見極めましょう。話題の中心を意識して、その変遷に敏感になると、より正確に内容を把握できます。取れる点は必ず取ることを念頭に置き、解きやすい設問から解いてください。

本番は内容が理解できなくても焦らず、リード文や注釈を手掛かりに読み進めましょう。問題数の割に時間は厳しくないので、落ち着いて粘り強く、設問の要求に忠実に解き進めた人に高得点が待っています。

（文Ⅰ・1年）

おすすめの参考書

意味の「核」を捉えよう

『わかる・読める・解ける Key&Point 古文単語330』

いいずな書店／税別820円

漢文の基礎から発展まで網羅

『必携新明説漢文』

尚文出版／税別540円

数学

定義の重要性を考えて

佐々田《ささだ》槙子《まきこ》 准教授

東大数理科学研究科

11年数理科学研究科博士課程修了。博士(数理科学)。慶應義塾大学専任講師などを経て、15年より現職。現在は主に、統計物理学に由来する確率論の問題について研究している。

皆さんは、数学をどのようなことを学ぶ科目だと思っていますか? 私は、大学3年生で数学科に進学し専門的な授業を受け始めてから、数学とは「世界について思考する様々な方法」を学び、創造する学問だと感じるようになりました。ここでの「世界」とは、自然界、人間社会、芸術、個人の心、など私たちを取り巻くすべてです。

例えば、数学では「定義」に基づいて思考することを学びます。「円」とは何か、絵を見せれば子供にもわかってもらえますが、円について数学の授業で習う様々な性質は、「円」をまず定義しなければ、考察することができません。日常生活で使っている概念の中には、実は定義が明らかでないことがたくさんあります。「曲がり具合」はどのように測ればよいか、「ランダムに選ぶ」とはどういうことか、などは、実は数学者が熱心に研究していることです。

以前、文系の1・2年生を対象にした授業で、定義の重要性は数学に限らずあらゆる分野で共通です、という話をしました。法律を作ることは権利や犯罪の定義を作ることそのものですし、「よりよい社会」を作りたいならば、まず「よい社会」とは何か真剣に考えることが欠かせません。

高校までで習う数学にも、関数や方程式を図形(グラフ)に表して理解することや、「2回掛けたら2になる数」という抽象的な存在に記号を与えて四則演算をする、など現代数学にも欠かせない珠玉の思考法が散りばめられています。そうした自由でダイナミックなアイディアを味わいながら、勉強してもらいたいと思います。

現役学生から
アドバイス

理系数学

易問を見抜いて確実に得点

大問6題構成で、試験時間は150分、120点満点です。基礎学力に加え、さまざまな分野を俯瞰《ふかん》する広い視野、数学的かつ論理的な思考力、十分な計算力、図形的能力などが求められます。90年代には6題のほとんどが高度な考察が要求される難問だった年度もありましたが、以降は国立大入試標準レベルの出題が多くなっています。

まずは学校で習ったものがきちんとできることは大前提です。東大といえど、要求される知識は教科書の範囲だけ。そこで、学校の授業があった日には必ず復習をしましょう。授業で扱った問題に再び取り組み、理解を確認した上で、学校で課題として配布される問題集で練習します。長期休みにもこの問題集で、知識の定着を図ると良いでしょう。教科書レベルの解法・知識が高2の終わりまでに完璧になっていることが理想です。

次に演習問題を解きます。教科書レベルの解法・知識は、個々に独立した要素でしかありません。実際の入試問題では解答に至るまでにいくつもの過程が存在し、複雑に条件が絡まり合い、何を使ったら良いか途端に分からなくなってしまいます。初めはなかなか答えを出せなくても構いません。問題集で解説されている方針などにも目を通し、答えに至るプロセスの中で、それまでに学んだ解法・知識をどう使うか、を身に付けてください。

高3の夏休みを過ぎたら、過去問演習を取り入れましょう。最初はうまく解けなくても、演習を重ねることで、次第に正答を導けるようになるはずです。本番で「落としてはいけない」問題を見抜く力、その問題を完答する力も同時に養ってください。11月ごろからは実際に150分を計って時間を意識して解いてみましょう。模試も時間配分を練習する機会になります。

本番では、あえて難問に立ち向かう必要はありません。いくらか含まれる、易しい問題を取りこぼさないことが一番重要です。解ける問題から解いていきましょう。最後まで諦めないでください。

（理II・2年）

おすすめの参考書

典型問題の解法を学ぼう

『大学への数学　1対1対応の演習』シリーズ

東京出版／税込み1210円(数学I)

分野別の対策にも有効

『東大の理系数学27カ年』

数学社／税別2300円

現役学生からアドバイス

文系数学

基礎を積み上げ部分点拾え

大問四つ、80点満点の試験を100分で解きます。出題範囲はI・A、II・Bで、教科書レベルを超えた知識が必要となる問題はほぼ見受けられません。「場合の数・確率」や「微分・積分」から頻繁に出題されますが、分野を横断した出題もあるので、出題範囲を満遍なく学習することが求められます。

基礎を固めるために、まずは教科書の例題・演習問題を活用して典型問題を難なく解けるようになりましょう。その際、面倒な計算も自力で解き、苦手な分野、ミスをしやすいポイントをあぶり出していくことが重要です。間違えた問題や解法が思い浮かばなかった問題は繰り返し解きましょう。高2のうちに全分野で基礎に穴がない段階に到達できていれば理想的です。

高3になったら、教科書レベルより一歩上の参考書に取り掛かりましょう。問題を解く意欲がなくなることを防ぐためにあまりにも難しい参考書は選ばず「半分くらいは解けるが残りは解けない」参考書を選ぶのが良いです。基礎固めの時と同様、丁寧な解き直しを忘れずに。これだけでは不十分だと感じた場合は、さらに一歩上の参考書にも取り組むのも手です。

夏休みを過ぎたら、1日1題を目安に直近5年分を除く過去問や旧帝大レベルの問題を解きましょう。まだ時間制限は不要なので、難問でもすぐに解答を見るのではなく一通り考えてみましょう。解ける問題は一から答案を書いてください。自分の解答に論理の飛躍はないか、十分な説明があるか、などの点に注意し、誰が見ても分かる答案を書くことを意識すると良いです。

センター試験後は、直近5年分の過去問を本番と同じ時間制限で解きます。不安な分野は教科書や参考書に戻って確認しましょう。

試験本番、まずは解けそうな大問から1題30分を上限に解きます。時間に余裕がある場合は必ず見直しをしましょう。解けない問題があっても白紙にせず、分かるところまで丁寧に答案を書き、1点でも多く部分点を獲得する姿勢が重要です。

（文I・1年）

おすすめの参考書

演習問題で応用力を磨こう

『大学への数学　1対1対応の演習』シリーズ

東京出版／税込み1210円(数学I)

図と解説で丁寧に過去問演習を

『東大数学で1点でも多く取る方法　文系編』

東京出版／税込み1540円

英語

自己表現のための豊かな英語

矢口祐人《やぐちゆうじん》 教授

東大情報学環
99年ウィリアム・アンド・メアリー大学大学院 Ph.D. 取得。18年より国際化教育支援室長。

　去年の夏、東京大学とソウル国立大学の学生が、東京とソウルで一週間ずつ集い、ともに学ぶプログラムがありました。学生は両大学の教員によるさまざまな講義を聞いて、たくさんの話し合いをしました。講義の後にはグループで博物館に行ったり、ボーリングやカラオケをしたり、楽しく時間を過ごしました。

　ちょうど日韓の政治対立が激化し、韓国では日本製品の不買運動が起き、日本では慰安婦像の展示が突然中止された時期でした。そんななか、両大学の学生は率直に意見を出し合い、お互いの理解を深める努力をしました。国家とアイデンティティの意味を考えながらも、東アジアの未来をともに担う仲間として、交流を深めました。

　このときに学生や教員が使用した言葉は英語でした。ほんとうは東大生は韓国朝鮮語が、ソウル国立大生は日本語ができれば望ましいのですが、現実的には英語を共通語とするのが一番有効でした。

　外国語は英語だけではありませんし、教養を深めるには英語以外の言語を学ぶことはとても重要です。(だから東大は一年生に「初修外国語」を必修にしています。)

　その一方、今日の社会では、やはり英語でしっかりと自己表現ができることが大切です。その際、日韓の歴史問題や東アジアの未来など複雑な事柄を語るのに、「通じればいい」という程度の英語では説得力はありません。豊かな語彙と表現力を用い、知識と知性に裏打ちされた美しい英語で、自らの意思を明確に伝える力が必要です。

　東京大学に入学して、教養に根ざした英語で、世界の人びとと豊かなコミュニケーションが取れるようになってください。東京大学にはそのための授業やプログラムがたくさん用意されています。

現役学生からアドバイス

英語

多面的な過去問分析を

試験時間は120分。120点満点で大問は五つあり、大意要約、長文中の空欄の選択補充と英作文、リスニング、文法問題、長文総合問題と多彩な問題が出ます。高校の学習を体系的に理解し応用する英語力が必要です。

単語と文法の基礎知識は高2が終わるまでに固めます。単語帳は数冊読み込み知識を深め、単語を見てすぐ意味が取れる水準、日本語を聞いてすぐに対応する英語を書き出せる水準にしましょう。文法は文法書と問題集で網羅的に理解し、英作文で迷わず使える水準を目指します。普段から教科書や問題集で長文に慣れておきましょう。

基礎が整ったら東大に特化した対策を開始。過去問を1年分解き形式を把握し、未修分野や苦手分野を中心に対策します。その上で英文を2次試験時間内に読み通す読解力と500語程度の放送を聞いて意味を理解する聴解力を、高3夏休みまでに付けます。

夏休みは東大特化型問題集などを用い、問題が大体解ける実力を付けましょう。東大型模試も受験することで受験生内での位置を把握し苦手分野も再度明確にしましょう。

秋からは過去問を1週間に1年分を解いて復習します。出題意図や選択肢の作り方、どこで差がつくかなど、問題全体を多面的に捉え研究する姿勢が大切。最低でも10年分は解いて形式に慣れ、毎日問題に触れましょう。

センター試験後は本番での得点力強化にさらに注力しましょう。問題を解く順番や時間配分、最悪の場合解かない問題など、本番での失点を最小限にとどめる工夫が必要です。120分間計って実戦練習を積むと良いでしょう。この時、普段と違う勉強場所で演習してみたり、東大を受ける仲間と取り組んだりすると臨場感が増します。

本番は形式が変わったりリスニングの音声が不明瞭だったりする可能性があります。大きく失点しないように問題演習を積み、リスニング学習ではスピーカーで音声を聞くなどし、本番で焦らないための準備をしましょう。

（文Ⅲ・1年）

おすすめの参考書

イラストで単語を理解しよう

『鉄緑会東大英単語熟語 鉄壁』

KADOKAWA／定価2310円

難解な語法を数多く解説

『英文読解の透視図』（篠田重晃、玉置全人、中尾悟共著）

研究社／定価1540円

世界史

自分らしい「やんちゃ」な学びを

杉山清彦《すぎやまきよひこ》 准教授
東大総合文化研究科
00年大阪大学大学院博士課程修了。博士（文学）。11年より現職。

東大入試の「世界史」といえば、長大な論述問題をはじめ、難関という印象とともに、よく考えられた問題、意欲的な出題といわれています。——皆さん解いてみて、本当にそう思うでしょうか？

東大に限らず、大学入試に臨む際、大学に入って学ぶ際に身につけていてほしい資質は、第一は、自分の先入観や世間の風評にとらわれず、自分の目で確かめ、自分の頭で考える姿勢です。歴史でいえば、かつて破局を招いた昭和の戦争も、帝大出や陸大出の秀才たちが自分の判断を過信し、人々も「お上のすることに間違いはない」といって受け入れた結果ではなかったでしょうか。「東大がなんぼのもんや」と思って過去問を吟味してみれば、どう見ても専門に走りすぎていたり、つまらない瑣末《さまつ》な語句の知識を要するものだったりと、ろくでもないものがいくらでもあります。

しかし、文句を言うだけでは何も始まりません。もう一つ必要なのは、「こんな語句使わせて意味あるんか」とか「ここをこう変えたら良うなるのに」などと、具体的に問題点を指摘し、代案を考えるくらいの積極的な姿勢です。ただ反射的に学習内容を反復するのではなく、一つ高みから見渡す目を忘れず、意味するところを考える——そのような、〝やんちゃ〟な姿勢と、目前の課題を着実に解決していく冷静さ、そのバランスが、入試だけでなく、のちのちまで役立つでしょう。

歴史は好きでも「世界史」（あるいは「日本史」）は嫌いという人がいるのも、そこに意味が見出せないからということが多いはずです。しかし、教えてもらうのを待つのではなく、自分で見出そうとする姿勢で、アンテナを張って学習に臨んでいれば、出来事の意味や事柄のつながりが立ち現れてくるはずです。それは、全ての学びに共通することだと思います。

現役学生からアドバイス

世界史

盛り込む情報見極めて

試験時間は地歴2科目で合計150分、世界史は大問3題構成で60点満点です。第1問は特定の時代や地域の歴史を概観する約600字の大論述。第2問は教科書で太字の用語などを説明する30~90字の論述が6題程度、第3問は一問一答問題が約10題出されます。知識と記述力の両方が問われますが、内容は高校教科書の範囲内の基礎的なものが多いといえます。

古代から現代まで満遍なく出題されるので、まずは高校教科書の内容を定着させましょう。定期テストの範囲は漏れなく学習し、その都度事象と事象の因果関係を押さえることが重要です。出来事の流れを自分でノートにまとめるのが効果的でしょう。

理想的なのは高3の夏までに教科書の全範囲を終えることです。範囲が全て終わらなかったとしても、夏休みには30~90字程度の短めの論述問題集などに手を付け、要点を過不足なく簡潔にまとめる訓練をしましょう。東大世界史では難関私大レベルの細かい単語は出題されにくいですが、出題頻度の低い単語も収録した単語帳も手元にあると安心です。問題集などで頻出の用語を調べる時、辞書のように活用することで、論述のつなぎとなる情報を蓄積できます。

東大の過去問には秋から徐々に着手しましょう。第2問と第3問は合計で20分以内に解き切るよう意識してください。逆に第1問は、初めは時間をかけ考えて書くことをお勧めします。書き終えたら解説を熟読したり学校の先生に添削してもらったりしましょう。その際、問題の意図と自分の解答方針のずれを認識し、各ポイントで盛り込むべき情報量への感覚を養うことが大切です。慣れてきたら大論述も45~50分程度で書き切る練習をしましょう。

本番では焦らず、解ける問題から解きましょう。世界史だけに多くの時間を費やすことは非現実的です。得意な大問で完全な解答を目指すことにこだわるより、全ての大問で一つでも多くのポイントを解答に盛り込むことを心掛けてください。

（文I・2年）

おすすめの参考書

過去問演習前の論述練習に

『段階式　世界史論述のトレーニング』
Z会出版／税込み1320円

日常から直前期の知識補充に

著作権の都合上掲載できません

『世界史B一問一答【完全版】2nd　edition』
東進ブックス

日本史

高校日本史から広がる学問

谷本雅之《たにもとまさゆき》 教授
東大経済学研究科
87年経済学研究科博士課程単位取得退学。博士（経済学）。経済学研究科助教授などを経て06年より現職。

現代の日本社会はどのような過程を経て今日に至っているのか。高校で学ぶ日本史の基本的な問題関心は、その過程を理解することにあるといってよいでしょう。たしかにそれは、歴史学という学問の王道でもあります。

他方大学での学問研究において、歴史の使い道はもっと多様です。私は経済史という分野の研究者ですが、経済史には歴史全体のなかで経済領域に焦点をあてた学問という面とともに、経済学の理論を検証する場を提供するという役割を負う場合があります。

例えば貿易理論は国際経済学の分野を構成する主要な理論の一つですが、貿易が実際の経済に与える効果を分析し、理論の可否を検証することは容易ではありません。現実に貿易が行われ、その影響を受けている現代経済において、貿易の効果だけを取り出すことが困難だからです。

そこで浮かび上がってくるのが、たとえば江戸時代末期の日本です。江戸時代のいわゆる「鎖国」を貿易の影響のほとんどない経済とみなすとすれば。ペリーの来航後に欧米列強と結ばれた自由貿易を基本とする通商条約は、他の条件を一定としたまま、貿易の有無だけを変化させたことになります。これを貿易理論の検証に恰好《かっこう》な事例とみなし、そこで何が起こっていたのかを史料に即して調べる作業には、「歴史は社会科学の実験室」との言葉がよく当てはまります。

このような方法は、経済学のみならず政治学や社会学など多くの分野で取り入れられています。歴史に対する知識と理解は、広く社会に関する学問分野において、不可欠の素養といってよいでしょう。高校の日本史そして受験勉強は、その基礎を体系的に（強制的に？）身に付ける絶好の機会であると思います。

第1章

現役学生からアドバイス

日本史

史料を元に論理を提示

4題構成・60点満点の試験を、他の地歴科目と合わせて150分で解きます。一つの大問は2、3個の小問に分かれることが多く、それぞれ3行程度の記述が求められます。出題は、古代・中世・近世・近現代の四つの時代区分から、各1問です。東大日本史は一言で言うと「論理の問題」。問いに対して、史料を基に論理を組み立て文章として提示することが求められます。

論理的思考力が問われる試験で、細かい知識は問われないので、基礎固めは教科書を読み込めば十分です。高2のうちに教科書を3周以上精読し流れを理解するのが理想です。遅くても高3の10月には、大まかに人に説明できるくらいに仕上げましょう。

教科書の精読時には二つのことを意識してください。一つは各回ごとに読む目的を変えることです。例えば1回目は概要を理解するため、2回目は因果関係をつかむため、など。さまざまな切り口から歴史を理解できます。二つ目は、1文ごとに「なぜ？」と問い掛けながら読むことです。理解し記憶に残すためと、教科書文中の論理を把握する力を付けるために重要です。

教科書の精読が終わり次第、センター試験の過去問を数年分解き知識の定着を確認しましょう。7〜8割解ければ十分です。

高3の秋から東大の過去問を解きましょう。解答は赤本の他、東進ハイスクールの「過去問データベース」（誰でも無料で閲覧可）がお薦めです。解答作成者の思考回路を再現することを意識して論理の型を学びましょう。抜けていた知識は教科書で復習します。東大日本史は同じテーマを繰り返し出題するので、一度触れた分野は後日出題されたら確実に得点出来るよう復習しましょう。10年分ほど解くと、頻出のテーマが見えてきます。

本番は1問15分で解くのが理想で、全体を60〜70分で解けると余裕ができます。知識を散漫と書くことに終始しないよう注意して、問われていることに忠実に解答できれば、高得点は見えてきます。

（文Ⅲ・1年）

おすすめの参考書

入試に必須の情報を網羅

『中学から使える　詳説日本史ガイドブック上・下』

山川出版社／上限各税別1000円

論理的な思考のトレーニング

『東大日本史問題演習』

東進ブックス

著作権の都合上掲載できません

地理

地理を導きの糸として

高橋昭雄《たかはしあきお》 教授

東大東洋文化研究所

81年京都大学経済学部卒業。博士（経済学）。アジア経済研究所などを経て、02年より現職。

私は専業農家の長男として、房総半島にあるとはいえ、海のない小さな村で生まれ育ちました。身内には戦争以外で外国に行ったことのある者はおらず、私自身も大学を卒業するまで海外に渡航したことはありませんでした。

そんな環境の中で、地理の授業がまず役立ったのが、キノコ採集や自然薯《じねんじょ》掘りで、地図から地形を読んで、適地を探索してマーキングすることでした。その日の夕食がかかっているので必死でした。

農業は「イエの仕事」なのだから、農繁期には勉強よりもイエの手伝い優先、と言われて育ちました。では世界の農業はどうなっているのだろうか。ここでも、中学生高校生の私に、世の中にはいろいろな農業や農村があるのだ、と教えてくれたのはやはり地理でした。ただし、代々受け継がれるべきイエとしての「農家」という存在が日本に特殊なものであることに気づいたのは、アジアの農村研究を始めてからでした。

大学入試は理系だったので、社会は１科目のみ。もちろん地理を選択しました。身近な必要性や疑問から始めた勉強だったので、地理に割く時間が最も少なかったにもかかわらず、とてもいい点が取れたように記憶しています。

大学では紆余《うよ》曲折を経て経済学を学ぶことになりましたが、経済理論や経済史を突き詰めるよりも、アジアの農村の人々の毎日の暮らしを研究できたらと思うようになりました。井の中の蛙の私がこのような方向に向かったのには、中高での地理の勉強の影響が少なからずあったことは否定できません。大学に入って、受験マインドはリセットが必要かもしれませんが、進路に迷ったとき、地理にかぎらず、受験勉強が人生の何らかの導きの糸になる可能性はあるように思います。

現役学生からアドバイス

地理

常に地図帳を手元に

3題構成・60点満点の試験を75分を目安に解きます。基本事項を条件に応じて組み合わせる問題が多く、系統地理と地誌の知識がバランス良く必要です。また例年、統計の知識が必要になる設問が見られます。難しくはないですが、ここで誤答すると差をつけられる上、大問によっては続く論述問題も芋づる式に間違える構造になっているものがあるので注意しましょう。

高2が終わるまでは学校の授業・定期テストに集中しましょう。用語暗記は教科書レベルで十分ですが、各用語の関連情報や、似た用語同士の共通点・相違点を押さえておくと論述に役立ちます。用語暗記は学習の土台となるので、用語集・地図帳は受験勉強全体を通して常に手元に置き、知識の抜け落ちがあると感じたら必ず参照してください。同時進行で、知識産業でインドと米国が連携する理由など、頻出の用語同士の関係を理解しましょう。これらは論述力の根幹を成すので、まずはセンター試験で8割取れるレベルに到達してください。この段階で統計集を読む時間も取れると良いです。

高3春からは東大の過去問演習を通して、問われていることを把握し的確に答える記述力を磨きます。20年以上前の過去問は古いデータに基づいた問題が多いので、過去問を10年分程度完全に定着させたら、最近刊行の市販の論述問題集に取り組み、さまざまな視点から知識を見直す方が良いでしょう。

指定行数から出題者がどこまで説明を求めているか推測し、解答に盛り込む情報に過不足がないか確認する癖を付けましょう。多くの受験生にとって初見の題材を扱う問題もありますが、教科書レベルの知識があれば論理的に答えが導けるものが多いです。

論述対策には解いて見直す以上の近道はありません。他の科目の勉強を優先する時期にも1日30分で良いので論述問題に触れ、知識の維持を怠らないでください。本番では頻出問題を短時間で解くことで思考を必要とする問題や歴史科目に回す時間が増え高得点が狙えるでしょう。

（文Ⅲ・1年）

おすすめの参考書

多角的な知識の見直しで論述力向上

『納得できる地理論述』

河合出版／税込み1210円

地形図や統計の読み方も充実

『図解・表解　地理の完成』

山川出版社／税別1400円

物理

「好き」を見つける余裕を

加藤岳生《かとうたけお》 准教授
東大物性研究所
99年理学系研究科博士課程修了。博士（理学）。大阪市立大学工学研究科講師などを経て、04年より現職。

受験勉強お疲れさまです。これから大学入試に向けて、体と心の健康に注意しながら準備していってください。さて、物理の勉強は進んでいますか？具体的なアドバイスは現役の大学生がしてくれると思いますので、私は別の視点で応援メッセージを送りたいと思います。

物理に限らず学問をする上で、一番大事なことはなんでしょう？　それは「好き」になることです。イヤイヤ勉強していたら、身につくものも身につきません。では物理を好きになる最短経路は？　人にもよると思いますが、私は人間の心に宿る「知的欲求」と関係があると思っています。ニュートンの時代に思いを巡らせてみてください。地上世界の落体の運動と、天上世界の天体の運動が、全く同じ方程式で表せたときの興奮を。ハレーが彗星《すいせい》の軌道計算から次の出現年をみごと的中させた見事さを。当時の科学者がどのように興奮し知的欲求を満たしていったかを理解したり想像したりすることは大切です。学校や塾の授業ではなかなか触れる時間がないかもしれませんが、心のどこかに、そういった科学と人間の関わりについて思いを抱く程度の心の余裕はほしいです。興味があれば、物理学者の手による啓蒙《けいもう》書などを手にとってみるといいでしょう。実際、私が物理を志した原点は、高校のときに読んだファインマン『物理法則はいかにして発見されたか』です。

私は現在、固体物理の輸送現象について理論研究をしています。日々新しい物質が日々合成され、新しい物理の概念が徐々に明らかになっていく過程に関わっていくことはとても楽しいです。皆さんも大学に入学したら、ぜひ自分の心の知的欲求を満たせるような学問や研究テーマを見つけてください。

現役学生から
アドバイス

物理

問題の意図を考えて解答を

試験時間は理科2科目合計で150分、時間配分は受験者に委ねられています。満点は1科目60点です。大問は3題、第1問で力学、第2問で電磁気学、第3問で波動か熱力学のどちらかが毎年出題されています。初見の問題も大半は基本事項の組み合わせでできており、問題の本質を見抜く力が求められています。問題数が多く、時間制限が厳しいので、素早くミスなく答案を書く力が重要です。

基礎固めの第一歩は、教科書の内容を人に説明できるまで理解することです。単振動の公式や波の式など一つ一つの公式を、丸暗記ではなく成立過程から理解しましょう。また、各公式の関係性を整理しましょう。公式の相関図などを作るといいかもしれません。確認として教科書準拠レベルの問題集を並行して解き進めると良いでしょう。これらの作業を夏前までに終わらせるのが理想です。

知識が身に付いたら、入試頻出問題の演習に移ります。高3の夏休みに何か一つ問題集を1周するのを目標にしましょう。すぐに答えを見るのではなく、知識の活用の仕方や問題の意図を考えながら解き進めることが重要です。これによって初見問題の本質を見抜くための土台が養われます。知識に曖昧な箇所があれば教科書を読み直し確認します。入試直前に見返せるよう、自分の弱点や問題の特徴など気付いたことをノートにまとめるとよいです。問題集を1周し終えたら間違えた問題を中心にもう1周しましょう。

11月までには、応用レベルの問題集や過去問を使った演習に移行します。過去問は10年分程度こなすと出題傾向がつかめるでしょう。問題の意図をつかむことを念頭に、今までやった演習の活用の仕方を考えながら解き進めましょう。分からない問題に出合ったら、解答を参照し原因を分析します。

本番で難しく見える問題に出合っても焦らずに基本に立ち返ることが重要です。合格のためには全問回解答の必要はなく、解ける問題から確実に押さえましょう。

（理II・1年）

おすすめの参考書

原理の理解にこだわって

『実戦　物理重要問題集　物理基礎・物理』

数研出版／税別900円

難問への対応力を身に付けよう

『名問の森　物理』シリーズ

河合出版／各税別1100円

化学

知識の融合で課題を解決

辻佳子《つじよしこ》 教授

東大環境安全研究センター
90年工学系研究科修士課程修了。博士（工学）。株式会社東芝、カリフォルニア工科大学、工学系研究科を経て、17年より現職。

人は誰しも幸せでありたいと願い、幸せの持続性を期待しています。人類は現在、気候変動、資源枯渇、人工物の飽和、エネルギー、環境、医療・健康、安全・安心に関するさまざまな社会問題や課題に直面しており、理論的に技術的に適切で、世界合意の得られる解決策を見出していかなければなりません。

例えば、私たちの研究室は、工学系研究科化学システム工学専攻に所属しており、化学の知恵をシステムとして活かし、ナノスケールで物質の構造を制御しながらマクロスケールに構造体をつくり、新たな機能を創製する基盤技術を構築しています。そして、その技術を情報通信、エネルギー・環境、バイオ・医療と広範なイノベーションに活かしています。みなさんは、社会に出ると様々な立場から現代や未来社会の複雑な課題の本質を見極め、解決していくことなるでしょう。課題解決には、文系、理系の多くの学問分野の融合が必要ですが、化学の基礎知識と化学の思考力は必ず問われます。

東大入試は知識の暗記を問う問題はありません。知識の本質を理解し、複数の知識を融合して課題を解く力が問われます。それは、入学後どんな分野に進学しても、幅広い視野を持って課題解決ができる素養を身につけることが重要だからです。とことん考え、理解する力、これを心掛けて下さい。また、受験勉強はある限られた期間で最大限の努力で、自分の立てた目標を達成するという経験でもあります。

自分の生き方を決めるのは自分です。やりたいことを決め、決めたことには責任を持って、「こうありたい」と思う目標にチャレンジしてほしいです。将来の自分の姿を描いて頑張れ！

現役学生からアドバイス

化学

1冊を極めて自信を付けろ

150分の試験時間を理科2科目で自由に配分でき、1科目の配点は60点。化学は大問3題で構成され、理論、無機、有機の全ての分野から一様に出題されます。問題数の多さと、各設問の解答枠がなくけい線が引かれただけの答案用紙が特徴です。異常に難しい問題は少なく論理的に思考すれば解ける問題がそろっています。計算量が多いものや論述問題も含まれます。

高3の夏休みに入るまでに教科書を1周して基礎を確実にするのが理想です。有機分野など一部の学習を夏休み後に行う高校に通っていて、前もって自主的に学ぶ余裕がない人は、終わった範囲から復習していき10月頃に全範囲が終われば大丈夫でしょう。一通り学習した範囲は基礎を固めるために教科書を読み直し例題を解くことをお勧めします。基礎的な力が身に付いていると自覚のある受験生はいきなり演習問題に取り組んでも良いでしょう。

教科書レベルの内容が理解できたら演習問題に取り組みます。夏休みに始めるのを一つの目安にしてください。まずは東大入試より易しい問題集を解き復習します。間違える問題がなくなるまで繰り返すのが良いでしょう。利用する問題集は1冊で十分です。東大入試に臨める程度の力が身に付く上「少なくともこの1冊の中の問題は全部解ける」という自信につながります。

仕上げに過去問などを利用して演習を積み東大入試レベルの問題に対応できるようにします。高3の11月までにこの勉強に移行できると申し分ないです。この時答案に導出過程を記述する練習も同時にできると良いでしょう。記述に慣れてきたら時間制限を設けて徐々に本番を意識していけると、余裕を持って試験本番を迎えられます。

試験本番は理科のもう1科目の難易度や問題数と見比べて時間配分を変えるなど臨機応変な対応が必要です。問題の形式や傾向が前年と変わるなど予想外のことが起こっても、それは受験生全員にとって同じ条件です。自分を信じて落ち着いて最後まで頑張ってください。

（理Ⅰ・2年）

おすすめの参考書

頻出分野の対策に

『実戦　化学重要問題集　化学基礎・化学』
数研出版／税別910円

本番意識した制限時間で

『東大の化学27カ年』
教学社／税別2300円

生物

規則正しい受験生活を

清水貴美子《しみずきみこ》 助教

東大理学系研究科

99年大阪大学理学研究科生物化学専攻博士後期課程修了。博士（理学）。07年より現職。

私の研究は、「体内時計が記憶学習の効率をどのようにして制御するか」を、分子レベルで明らかにすることです。この研究でわかってきたことは、体内時計が壊れると、記憶を固定化できなくなるということです。一時間程度の短期の記憶はできるのですが、記憶を長い間維持することができなくなります。つまり、日々規則正しい生活で体内時計を健やかに保つことが、学習効率を上げることに繋《つな》がるということです。また、一日のうちの時刻によって、学習効率が良い時間帯や悪い時間帯が存在します。学習がしっかりできていれば、思い出す時刻はどの時刻でも思い出せます。これらの研究はマウスを使ったものなので、私たちヒトでの学習効率のピーク時刻は知りません。しかし、少なくとも私たちの活動期（朝起きてから夜寝るまでの間）の中にピークがあることは間違いないでしょう。受験勉強は長期戦なので、一日一日の規則正しい生活と、自分なりの生活リズムを作り、日々の受験勉強を積み重ねていくことが大切だと思います。

生物分野の研究者として、生物という学問について少し書かせてもらうと、私たちが子供の頃から親しんだり遊んだりした動物や虫や草花に対する素朴な疑問をより奥深いところまで解明するのが生物学です。先ほどの記憶の研究に関しても、体内時計と記憶学習との関係性を明らかにするだけでなく、この関係性がどのような細胞のどのような蛋白質《たんぱくしつ》（あるいは遺伝子）によって作られているのかを明らかにすることを目的としています。こんな奥深い生物研究の世界を下支えしているのは先人たちが明らかにしてきた知識です。知識を習得して、ぜひこの面白い世界に入って来てください。

現役学生からアドバイス

生物

素早く冷静な問題文理解を

試験時間は理科2科目合わせて150分。大問は3題で、60点満点です。問題文が長いため素早く文章を読み取る力が求められます。遺伝や代謝分野からの出題が多いですが、教科書の後ろの方に出てくる植物の環境応答や生物の集団、進化の分野も、十分対策しましょう。本番で初めて見る難しそうな問題も、問題文をよく読めば高校教科書の知識で対応できます。

教科書内の問題や傍用の問題集を使い高3の夏までに知識を固めましょう。生物基礎を学ぶ段階で、生物の範囲に触れておくと後の理解が楽です。基礎固めでイメージがつかみにくい場合は、自分で絵を描くのがお勧めです。生物で受験すると決めたら、過去問を一度見て形式を確認しておくと、受験までの学習計画に役立ちます。

高3の夏からは東大以外の国公立大学の過去問を用い、既習範囲の記述練習をします。採点者に理解されやすいよう、簡潔に文章を組み立てることが大切です。解答は東大の過去問も含め学校の先生に添削してもらうと良いです。授業での知識の基礎固め既習範囲の演習を並行して進めてください。

高3の冬にはセンター試験の問題で知識の再確認をした後、東大の過去問を使って演習します。2015年度を境に出題範囲が異なるためさかのぼりすぎる必要はありません。余裕があれば分野を限った過去問演習も手です。最初解くときは生物だけで制限時間を考えず、落ち着いて問題文を読みましょう。慣れたら制限時間も設け、1月末までに75分で生物の設問を一通り解き終えられるといいでしょう。添削後は再度自分で解き直すようにしてください。答えを知り、問題の流れを覚えた後で繰り返し解くよりも、毎回の演習を丁寧にこなすべきです。

本番では取れる問題を取り切ることが大切です。分からない問題は飛ばし、確実に点が取れそうな問題に取り組みましょう。問題文をよく読まずに解答を始めると得点は伸びません。限りある時間の中で冷静に問題文を読むよう心掛けましょう。

（理Ⅱ・1年）

おすすめの参考書

教科書と併せて基礎固めよう

『セミナー生物基礎+生物』

第一学習社／学校採用商品のため書店で購入不可

高レベルの模範解答と解説で過去問演習

『東大入試詳解25年生物』

駿台文庫／税別2300円

第1章

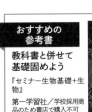

地学

研究に通じる受験勉強

小池真《こいけまこと》 准教授
東大理学系研究科
90年理学系研究科博士課程修了。理学博士。09年より現職。

自然科学の研究者というと、皆さんはどんなイメージを持つでしょうか。

研究者は自分の研究をするのはもちろん、多くの勉強をします。学術雑誌に掲載された（あるいは掲載前の）論文を大量に読み、自分の専門分野以外の教科書も読みます。研究は世界中の研究者の競争なので、他の研究者が何を発見したのか、何が未解決なのかをタイムリーに頭に入れ、自分たちの研究の方向性などを確認します。大量の論文から短時間で必要な情報を得るためには、瞬時に重要な論文かを判断し、重要であればその本質を理解し、それを忘れない（あるいは必要な情報を取り出せるようにする）ことが必要です。科学研究は新しい知見を生み出す（アウトプットする）ことが必要ですが、効率的にインプットし、それを自分の創造的な研究に活用することも重要です。私は受験勉強も、必要な知識を、自分で活用できるものとして身につける訓練として、役立っていると思います。

東京大学を地学で受験する方の割合は低いようですが、高校の地学で学ぶ内容は、大学で学ぶ内容や、最先端の研究へ通じるものがあります。教科書には、さらっと書いてある内容も、よく考えると、もっと検討すべき事柄が数多くあることに気づくはずです。このように深く考える習慣を身につけることも大事ですし、受験勉強を通じて宇宙や地球の自然の奥深さを楽しんでもらえると良いと思います。

東京大学では地学分野をはじめとして、世界最高水準の教育をしています。また東大に入学されると、同じ道を志してきた素晴らしい仲間たちに出会えることでしょう。教員・友人という人間との出会いは一生ものです。ぜひ合格して、東大で豊かな人生の時間を過ごしてもらえればと思います。

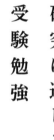

現役学生からアドバイス

地学

焦らずに1点でも多く

試験時間は理科のもう1科目と合わせて150分、地学は大問3題構成で60点満点です。知識問題、計算問題、初見の現象に関する論述形式の考察問題や読図問題から成る、高校教科書レベルの内容に基づいた理科の総合力を問う試験といえるでしょう。出題分野は例年ほぼ同じで、第1問は天体・宇宙、第2問は大気・海洋、第3問は地質・地震などを扱います。

まずは教科書と参考書、センター試験レベルの典型問題を収録した問題集に取り組み、考察力の土台となる知識の定着を図りましょう。さらに図録があると、事象が視覚的に解説されて理解が進みます。問題演習で分からなかった箇所を確認するときにもお薦めです。高3の夏休みが終わるまでに基礎知識が完成するのが理想でしょう。

高3の秋からは、東大・京都大学以外の国公立大学の過去問や、全国模試の問題に手を付けてください。東大レベルの考察問題を解くステップとして、頻出の考察・計算問題に慣れることができます。特に計算問題では数値や文字、単位変換が複雑になりがちなので、演習段階から注意しましょう。

冬休み以降は東大の過去問や東大模試の過去問に取り組みましょう。読図問題などの着眼点や、毎年出題される、最新の研究を踏まえた初見問題への対応力を養うことが重要です。過去問演習をする中で忘れていた単語や理論はノートなどに書き留めると、基礎事項の整理や確認に役立つでしょう。東大の過去問は直近10年分を目安に解くことをお勧めします。あまり昔までさかのぼると理論の内容や問題形式が現在と異なる場合があり、参考にしづらいためです。

本番では、全体を見渡した上で、自分の解きやすい問題から手を付けると良いです。計算が難しい場合は立式だけするなど、焦らず1点でも多く取ることを目指しましょう。地学は情報が少なく対策が難しいですが、合格に必要な力を自分で考え、それに応じて対策することで自信が付きます。頑張ってください。

（理II・1年）

おすすめの参考書

基礎的な知識や考え方を体系的に鍛える

『センサー地学　改訂版』
啓林館／学校採用商品

図表で理解を深めよう

『フォトサイエンス地学図録』
数研出版／学校採用商品のため書店で購入不可

教養学部長より

分野を超えた知の創造を

太田邦史《おおたくにひろ》 教授

東大総合文化研究科・教養学部長
90年理学系研究科博士課程修了。理学博士。理化学研究所准主任研究員などを経て、07年より総合文化研究科教授、19年より現職。

今回は生物学の教員と教養学部長の二つの立場から皆さんにメッセージを送りたいと思います。

生物学は、学部としては工・理・医・農・教養・薬学部の理系分野に含まれます。いっぽうで、人間自身も生物ですので、生物を知ることは、人間、ひいては自分自身を知ることでもあります。そのため、生物学にはある部分、哲学的な側面も含まれます。法律や行政、経営、教育など広範な文系分野の人々にも、教養として知っておいてほしい学問領域なのです。

山本七平『日本はなぜ敗れるのか 敗因21ヵ条』（角川書店）によると、旧日本軍の敗因の一つに「指導者に生物学的常識がなかったこと」が挙げられています。兵糧もないのに精神力で戦えというのは、生物学的に無理な話です。これは過去だけの話ではなく、生物学の限界を超えた労働を強いて過労死をもたらす現代の組織にも通じる話です。

また、似非《えせ》科学的な民間療法にはまって、却《かえ》って不健康になる現代人も後を絶ちません。生物学は現代において必須の教養科目といっても良いでしょう。近年、受験に有利かどうかで、生物学の履修を諦める高校生が多いと聞きます。東大を目指すのなら、そんなことは気にせず、ぜひ生物を勉強してほしいと思います。

次に、教養学部長として伝えたいことです。現代の学問には二つの潮流があります。一つは細分化・専門化であり、もう一つは分野横断・統合化の流れです。これからの時代は、人工知能などの発展により、人間にしかできない仕事が重要になるでしょう。それは、単なる知識の蓄積を超えて、知を統合し、新しい領域を開拓する創造活動に他なりません。

教養学部では、そのような創造力を持つ人材を育成したいと考えています。ぜひ教養学部で、学問領域を越境した知の本質に触れてほしいと思います。そのために、やる気のある出るクギを伸ばすアドバンスト理科など、挑戦的で新しい科目も用意して皆さんをお待ちしています。

合格体験記・
不合格体験記

日本最難関の入試も「東大主義」の表れであろう。

入試は人生のゴールではない。

しかし、突破しないと話は始まらない。

今年合格した先輩たちの成功談、失敗談を

あなた自身の合格を掴み取る一助にしてほしい。

高2の10月から受験勉強開始 勉強法は自分で見つける

文科Ⅰ類　首都圏×私立×現役

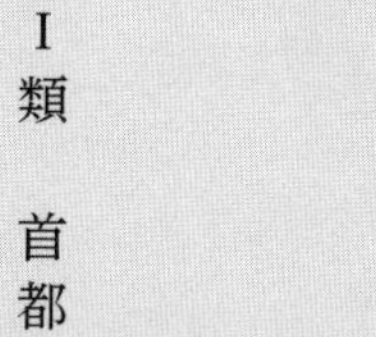

保田優太《やすだゆうた》さん
早稲田高校（東京都）出身
現役

高2の夏までサッカー部が忙しく、塾にも通っていませんでした。高2で科学地理オリンピック日本選手権に出場した際に、いろいろな大学の過去問を解きましたが、地理以外は学校以上のことはしていませんでした。真面目に学校の勉強をやっていた、という感じです。

勉強に本腰を入れ始めたのは、部活が終わる少し前、高2の文化祭が終わった10月です。1月頃から英語・国語・数学の塾に通い始めました。実を言うと、最初から東大を目指していたわけではありません。自分の学校は早稲田大学への推薦枠があり、推薦で進学しようと思えばできる状態でした。

高2終わりの引退までは、部活後は家で勉強し、部活がない日は自習室に行っていました。苦手意識のあった数学は『松田の数学Ⅰ・A／Ⅱ・B典型問題Type100』（東進ブックス）を買い、基礎を固めました。引退後は、毎日自習室に行きました。放課後5時間くらい勉強していたと思います。

高3の春は五月祭に行きました。ここで先輩から「推薦で倍率の高い学部を目指すのは努力がいるけれど、そもそも東大を目指しておけば、急に気持ちが変わっても対応できる。自分の可能性が広がる」と聞いて、東大を目指そうと決めました。数学の勉強はこの頃、基礎より少しレベルを上げた『数学Ⅰ・A／Ⅱ・B最高の演習160』（東進ブックス）を解き始めました。

夏は1日8～9時間と、周りと比べてあまり勉強できなかった記憶があります。この頃から数学は、過去問の入った問題集を解き始めました。他にも、ベクトルや整数など苦手な分野は問題集で演習し、カバーしました。

秋は模試の結果を踏まえて返却されると、毎日5時間勉強するようになりました。世界史の知識がほぼ完成したのもこの頃で、山川出版社と東京書籍の教科書を1周する予定でしたが、東京書籍しかできず、センター前にもう1周しました。

　秋までは予備校の自習室で勉強しましたが、人が多くて集中できなかったり、知り合いも推薦入試を経ていなくなったりしていき、メンタル的に良くない環境だったので、冬からは学校の自習室を利用しました。センター対策は12月半ばくらいに冬期講習が一区切りついてから始めましたね。そこからセンターまでは2次試験の勉強はほぼしていませんでした。数学など独特な問題が多いので、過去問を解くことを重視して勉強を進めました。

　冬と2次直前期は一番頑張ることができました。1週間に2日くらいは少し休む日を作っていましたが、8時〜午後6時まで学校で自習して、家の時間も含めて1日10〜12時間くらい勉強しました。古文と漢文は塾や学校での添削を利用しました。英語の2次対策は、過去問をたくさん解くよりも文章を完全に理解することを重要視しました。過去問は1年分だけ真面目に解きました。音読して、自分のものにすることを繰り返していました。時間の節約になっていたと思います。

　2次試験当日は、空気に気おされないように常に前向きな気持ちを保っていました。数学の時間が終わった後、全く自信がなかったのですが、周りもできていない、と自己暗示をかけ、落ち着きを保っていました。

　勉強法は人それぞれにあったものがあります。自分で勉強法を見つけるのも大事なことで、受験以降も役に立ちます。特に現役生だと、受験に必要なこと全てを完璧にするのは難しいと思います。自分に合った優先順位をつけましょう。

センター合計	786
国語	86
英語	71
数学	26
世界史	37
地理	42
総合成績	358.0666

英語過去問は量よりも1文を丁寧に理解

↓

時間の節約に

苦手は反復学習で克服 友達と協力してスマホ使い過ぎ防止

文科Ⅱ類　地方×私立×現役

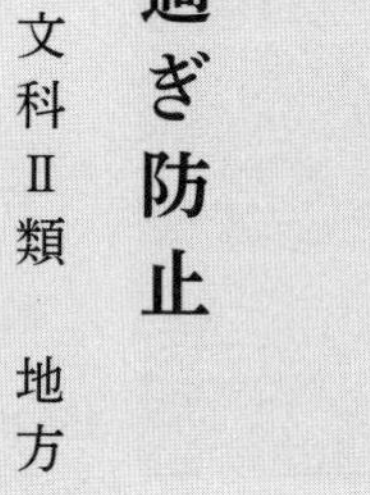

吉《よし》田《だ》彩《あや》伽《か》さん
四天王寺高校（大阪府）出身
現役

東大受験を決めたのは高2の1月です。経済方面に興味はあったものの、商科系や経済系との間で決めきれませんでした。塾の先生に相談した際、進学選択のある東大を薦められたことが、東大を目指したきっかけです。

高2の1月まで特段受験勉強は行わず、学校の課題と試験勉強に取り組みました。例えば英語は、授業の予習・復習で英作文や文法、長文を1日1時間以上勉強しました。高1の間は理系コースに在籍していたため、数学も学習の中心はテスト勉強。古文漢文は、毎週の単語の小テストと、授業で扱う文章の品詞分解・全訳のおかげで単語・文法力が固まったと思います。

数学に限っては、高2から地元の塾に通いました。高2で文転してから勉強時間が激減し、夏の記述模試で成績が下がったからです。同時に『文系数学の良問プラチカ』（河合出版）、『東大の文系数学27カ年』（教学社）を買って自分で進め、1日1～2時間は勉強するようになりました。

高3からは塾の授業を増やし、夏以降は東大の英語、数学、古文漢文の授業をそれぞれ週1回ずつ受けました。自主的には、苦手だった数学を克服するため、夏から東大の過去問に集中的に取り組み、秋模試で成果を発揮できたと思います。夏までは英数がそれぞれ全体の勉強量の4割くらいを占め、残りは世界史に割きました。世界史は通史を早く仕上げた方が良いと聞き、高3の5月に映像授業の予備校に入会して7月までにウェブ受講で通史を終了。現代文の対面授業も受講し、学校の課題より予備校の対面授業で扱う過去問の予習復習を優先しました。

秋からは時間を計りながら過去問演習を始め、全教科通信添削を受けました。ただ、日本史は学校で通史を終えたのが高3の11月なので、本格的に論述対策を始めたのは11月以降です。

12月に入っても月末まではセンター

試験の勉強量は全体の1割に抑え、12月末から割合としてはセンター9割、2次試験1割に切り替えました。伸び悩んでいたセンター現代文は、同じ問題を何度も自分で演習したおかげで得意意識が生まれ、2次の高得点にもつながったと思います。理科基礎は最後まで学校の授業と宿題だけで勉強し、1月に市販の問題集を解きました。センター後は、覚えきれていなかった日本史と世界史にかなり時間を割き、古文漢文も本番までの間に10年分解いて、塾で添削を受けました。

受験期に勉強面で工夫したことは、完璧にできた問題には丸印を付け、印が付かなかった問題を反復学習したことです。生活面では、高3の4月から勉強計画や意気込み、日々の鬱憤《うっぷん》などを書いた日記を付け始め、2次試験本番まで続けました。成績が落ち込んだときにモチベーションを保てたのも、日記のおかげです。他にも、自習中はスマホを触らず、友達と使う曜日を一緒に決めて使い過ぎを防ぎました。

2次試験1日目、朝はあまり緊張してはいなかったものの、気負い過ぎてしまい、数学で失敗したと思いました。それでも明日もあるから大丈夫、と切り替え、2日目は気負わず適度な緊張で臨みました。試験が終わった時は、運次第かな、という感触でしたね。センター利用で私立大学に合格していたので、東大受験の際の精神的な支えになった部分はあったと思います。

受験は最後までどうなるか分かりません。つらいこともあると思いますが、楽しい大学生活が待っているので、心を強く持って頑張ってください。

センター合計	852
国語	86
英語	69
数学	20
日本史	31
世界史	40
総合成績	350.1333

勉強計画や悩みを日記に記録

↓

成績が落ち込んでも
モチベーション維持

夏休みは毎日10時間勉強 模試の判定は気にしすぎないで

文科Ⅲ類　首都圏×公立×現役

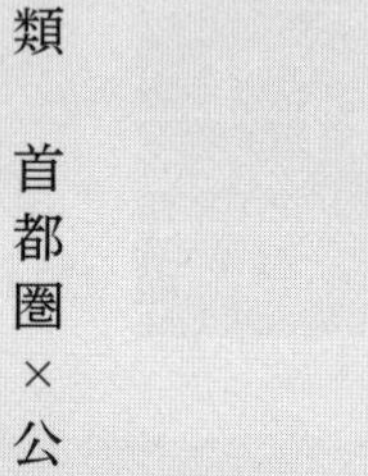

矢口実結《やぐちみゆ》さん
県立土浦第一高校
（茨城県）出身
現役

高1の頃から学校での成績を見て先生に東大受験を勧められていました。どうせ勉強するなら一番上を目指そうと考え、高3の6月に部活を引退してから東大の文Ⅲを志望することに決めました。

高1・2時点では受験を意識した勉強というより、学校の課題やテスト勉強がメインでした。英語では英語の本を読むことも課され、これをきちんとこなしたことが英文に慣れる上で有効だったと思います。数学は、未修範囲を受け身になって教わる状態から、高2の後半に授業が演習形式になったことがきっかけで、取り組み方が変化しました。問題から何を得られるのかを意識しながら勉強することで力を伸ばせたと思います。国語は高2までの間、古文漢文は基礎文法や単語をコツコツ暗記していたものの、現代文は課題をこなしていただけで不安がありました。

志望校を決めた後の、高3の夏休みごろからは勉強への意識が大きく変わりました。高校が東大受験生へのサポートに手厚く、先生から鼓舞されたのもあり、夏休みは毎日10時間勉強を目標とし、最後は少し緩んでしまったもののほぼ達成できました。どの科目も学校から課された教材が多かったため、同じ問題を繰り返すというより、たくさんの問題を解き、共通している大事な部分を吸収するようにしていました。高3でも具体的な勉強内容は学校の授業が中心でした。英語は夏休み明けから過去問を自分で解いて、先生に添削してもらいました。最終的に20年分ほど解いたと思います。数学は問題への姿勢は変えず、授業で東大・京大や模試の過去問を演習しました。自分で過去問を解き始めたのは冬ごろです。国語は、高3の初めから古漢では授業で初見の文章読解が始まり、時々基礎知識の抜けに焦りもしましたが「後で解けるようになっていること」

を目標に演習しつつ古典常識に慣れていきました。また現代文は、設問の解説と先生から頂いた本文解釈プリントを読むという方法で過去問を解いていき点が取れるようになりました。世界史・日本史は通史を学習し知識を固めるのと同時に、授業・補講で論述の練習もしました。特に日本史は、実際の入試形式である史料文読解や時代背景、枠組みの概観などを念頭に置きながら練習すると良いです。また、センター試験対策は学校が主で、必要そうな分野は自分で過去問を解き強化しました。センター試験から2次試験までの自由登校期間も学校で8時半から午後5時まで毎日勉強し、本番を迎えました。

暗記が苦手だったのですが、英単語は自分に合った単語帳を使って克服できました。『鉄緑会東大英単語熟語鉄壁』（KADOKAWA）は単語が意味やテーマで分類され、覚えやすくてお薦めです。日本史・世界史の暗記は、友人と問題を出し合ったのですが、声に出すことで用語の覚え間違いを防げ、自分の弱点にも気付きやすく効果的でした。

模試の判定は、過剰に気にし過ぎなかったのが良かったと思います。判定よりも受験生の各問題の正答率を確認し、課題をあぶり出すのに役立たせました。本番でもセンター試験・私大入試の結果や2次試験の感触は気にしないようにしました。手洗いうがいなど基礎的な体調管理、効率を落とさないための睡眠時間の確保も重要です。

今年は例年と状況が大きく異なり受験生の皆さんは不安だと思いますが、目の前の勉強を全力で楽しむことで結果はきっとついてきます。頑張ってください。

センター合計	802
国語	75
英語	87
数学	39
日本史	36
世界史	35
総合成績	370.0222

日本史・世界史の知識は友人と問題を出し合う

↓

声に出すことで覚え間違い防止

受かる人の勉強ペースを知ることが大事 本番の動揺を克服することが合格の鍵

理科I類　首都圏×私立×浪人

松崎文香《まつざきあやか》さん
成蹊高校（東京都）出身
1浪

高1時に予備校で数学と英語を習い始めましたが、具体的な志望校はありませんでした。大学進学について深く考えるきっかけになったのは、高2春に読んだ科学誌『ニュートン』の「宇宙背景放射」に関する記事です。熱放射という身近な現象が宇宙の起源解明に関わっているという話に感動を覚え、大学で物理を学びたいと思うようになりました。親戚の研究者から「大学で物理をやるなら東大が良い」と勧められ、東大に決めました。

高2秋までは文化祭実行委員や部活で忙しかったですが、10月からは国語の塾に通い始め、勉強時間も週に50時間程度とるようにしました。現役時代に苦労した科目は理科です。英語と現代文・古文は予備校の授業のおかげで東大に対応できるような成績になってきましたが、模試を受けた時に理科だけはいつも未修範囲が含まれていたため、参考書も活用して全範囲をカバーしようと必死でした。中でも物理は微積分を使って数学的に理解することに努めました。

12月から2次対策と並行して社会や漢文、英語のアクセントなどのセンター対策も始めました。特に化学は2次試験を意識して総復習しました。センター後は理科や数学の過去問に集中しましたが、英語リスニングを放置していたのが本番で痛手になりました。さらに、2次試験では数学の試験終了直前に計算ミスを発見してしまい、最後の全国模試で成長を実感していた物理の試験まで動揺を引きずってしまいました。

結果は10点差で不合格でした。原因の一つは「東大に受かる人の勉強のペース」をつかめなかったことです。同じ高校に東大を目指す人がほとんどおらず、定期試験前以外に勉強したり参考書を自分で買ったりする習慣が周りを含めてありませんでした。このような環境で東大を目指す場合は、東大に合格する生徒はどのような過ごし方をしているのか、情報を意識的につかみに行くことが大事です。過去問に触れるのが遅かったことも反省点です。東大の過去問を初めて見たのは高2の3月でしたが、2次の英語で求められる処理能力などはもっと早い段階で認識しておくべきだったと思います。

浪人時代には数学を本格的に勉強し始めました。数学では、問題を抽象化して解くことや対称性に注目することなど、幅広い問題に応用の効く方針の立て方があります。間違った問題を解き直すときは、正しい道筋をたどるために必要だった考え方をノートにまとめておき、新しい問題を解くときにも使えるようにしました。

2年目の2次試験では、2日目午前の物理の感触が良くなかったため、1年前のことを思い出してしまいました。昼休みに友達に愚痴を聞いてもらって発散しましたが、そのおかげで午後の英語は集中して受けられました。

浪人している間はA判定で安定していたので自信を失わずに勉強を続けられましたが、本番に弱いことが私の弱点だったと思います。もちろん、本番で多少動揺しても合格できる実力を付けることも大事ですが、自分で落ち着けない場合は家族などに相談して発散してしまうことも大事です。加えて、失敗しそうな問題を後回しにすることも有効です。例えば理科の試験では、物理の出来が悪いときに動揺して化学に引きずらないように、知識問題が多く得点がぶれにくい化学から先に解くという作戦もあります。本番に弱い人はぜひ実践してみてください。

センター合計	823
国語	44
英語	96
数学	36
物理	36
化学	35
総合成績	347.5889

数学は道筋の立て方をノートに整理

↓

幅広い問題に応用可能

分からないことは放置せずに質問 毎日の散歩で健康維持

理科Ⅱ類　地方×私立×浪人

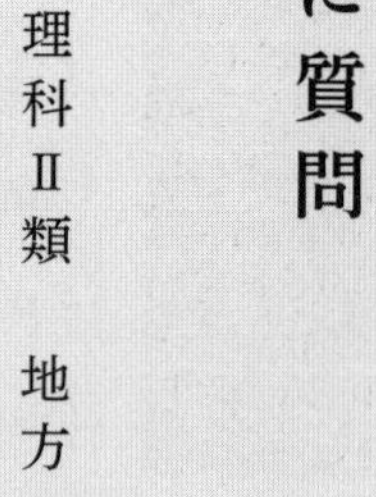

八木輝《やぎひかる》さん
灘高校（兵庫県）出身
2浪

東大受験を意識したのは中2の頃でした。お世話になった先輩方が東大にたくさん合格しているのを見て、自分も東大に行けたらいいなと思いました。生物に興味があったことに加え、自分の実力を考慮して理Ⅱを志望しました。

現役時は実力が全く足りずに不合格となり、結局2年間浪人しました。1浪目のときは予備校に通い、2浪目のときは自宅で勉強しました。特に2年目はずっと夜型の勉強スタイルを取っていましたが、実際の試験時間に頭が働くように1月からは朝型に切り替えました。健康面に気を遣って毎日の散歩も心掛けていました。浪人生として臨んだ2次試験当日は現役時より何倍も緊張しましたが、直前まで好きな曲を聴いて気持ちを落ち着かせたり、東大の友人に昼休みに会場まで来てもらって緊張をほぐしたりしました。

受験生活を通じてなかなか勉強する気力が湧かずに苦しみましたが、とりあえず机の前に座るようにしていました。また意識して勉強するのではなく、勉強しているモードを基本にして意識的に息抜きをするという考え方で毎日過ごしました。モチベーション維持の助けになったのはプロ野球で、応援している阪神タイガースの選手を見て自分も頑張ろうと思いました。

勉強全般において、分からないことは放置せずに先生に質問するようにしました。また模試は1週間以内に解答確認を済ませ、返却時は実際の点数と自分の感触が合っているかをチェックしていました。教科別だと、得意だった国語は句法の暗記などの基本的な勉強が中心で、化学は暗記事項が抜けないように毎日学習時間を確保しました。数学は、さまざまな解法が学べる模試の解答冊子を積極的に活用しました。演習を積むことで必要な考え方を完璧に身に付けることが、数学の得点を伸ばす一番の近道だと思います。

苦手だった英語と物理は特に勉強法を工夫しました。まず英語は英語に関する情報をすべて書いていくノートを作り、単語や類語、文法事項などを集めていきました。例えば模試中に使えそうな表現や知らない単語が出てきたらチェックして、家に帰ったらすぐにノートにまとめました。模試の後は疲れて勉強する気力があまり起きませんでしたが、これだけは必ず取り組みました。努力の成果が目に見えるので、このノートは受験中のお守りにもなりました。リスニングはＢＢＣのホームページにある6 Minutes Englishを１日１題聴いて対策しました。東大のリスニングは１問約５分なので、これでリスニングの時間感覚をつかみました。また２浪目のときは『The Intellectual Devotional』（Rodale Books）という洋書を買い、毎日少しずつ読んで内容をまとめることもしました。その本は話題がさまざまな分野に及ぶので、知らない内容を英語で読み取る練習になりました。

　物理は、東大入試で必ず出題される力学と電磁気を中心に勉強しました。力学は物体の運動を図に描いて把握しようとしました。電磁気はなかなかイメージがつかめなかったので『電磁気学の考え方（物理の考え方２）』（岩波書店）という大学生向けの参考書を買い、式の背景や歴史的経緯から理解しようとしました。

　全教科について言えることですが、東大の入試では理不尽な問題はあまり出題されないので、頑張って対策をすれば必ず点が取れるようになると思います。諦めずに頑張ってください。応援しています。

センター合計	790
国語	55
英語	75
数学	75
物理	35
化学	34
総合成績	370.5556

英単語・文法を一つのノートに整理

↓

試験時のお守りに

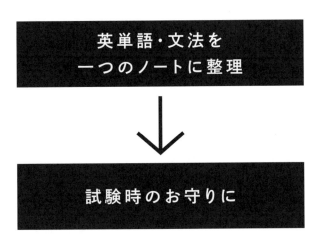

予備校勤務で生計を立てながら受験勉強 他人に説明できるかを理解度の基準に

理科Ⅲ類　地方×私立×浪人

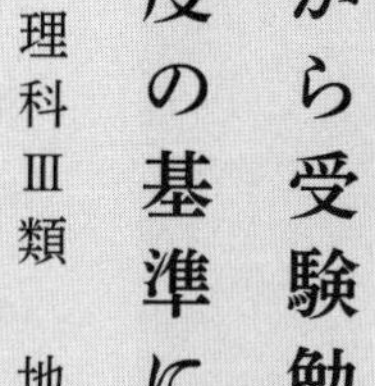

片山湧斗《かたやまゆうと》さん
岡山白陵高校（岡山県）出身
6浪

高1の時に学校の企画で東大見学に行きました。その時に「優秀な同期と一緒に東大で勉強したい」と思ったことが、東大を志望したきっかけです。

高3夏までは野球部中心の生活でした。勉強は定期試験前の1週間にまとめてこなすだけで、本格的に始めたのは部活引退後です。高校では東大志望クラスに所属し、英数は先生から添削を受けました。現役時、数学は過去問を50年分解き、秋ごろから他大の過去問も解きました。理科はセンター向けの参考書で基礎を固めた後、夏に重要問題集を1週間に1周しました。苦手科目は英語と国語でした。英語は毎日リスニングをし、国語はセンター直前に古典単語・文法を覚えただけでした。

現役時は理Ⅱを受験。秋、冬ごろから合格は無理かもしれないと思い始めていたので、落ちた時もショックは大きくありませんでした。1浪目は他の国公立大学医学部に進学しましたが家庭の事情により通うことが困難になり、教育業界で働き始めることになりました。生徒の指導を通じて自分の人生の在り方を見つめ直し、やはり東大に行きたいという思いから働きながら東大理Ⅲの再受験を決意しました。

実家を離れ、予備校勤務で生計を立てつつの再受験だったので、仕事と強制力のない勉強との両立が大変でした。通算6浪目で合格するまで、夏から秋までは日中働いて夜に数時間勉強、直前期は一日中勉強するという生活でした。息抜きには趣味のサイクリングをしていました。

浪人時は英単語・文法の基礎固めに力を入れました。現代文は家庭教師と共に本文を読みほぐすことから始め、センター試験や東大の過去問を解く他に各段落の要約を書きました。古典は全文の逐語訳を書き、小手先にとらわれない読解力の滋養を目指しました。

直前期には、東大の過去問や模試を1日で全科目1年分解き、復習まで終わらせました。その際復習は間違えた問題の原因分析に絞って効率化しました。また現役時からの意識として、問題の要点を他人に明快に伝えられるかを自分の理解度を測る基準としていました。東大模試では実際の入試を想定するとともに、各問題の難易度をその場で判断し「この問題のセットなら合格には何点必要か」を考える訓練をしました。

今年の受験前日には、入試本番の戦略をまとめ直しました。問題の核心を見極める力と自分の戦略への自負があったので、当日は難易に動じず問題を解き切ることができたと思います。

受験勉強の中で合格を見据えて自己分析する過程を通じて、自分で考える力が付いたと思います。高校での勉強と違い、受験は個々人が考えて勉強しなければなりません。客観的に自分の学力を測る力が必要になると思います。

社会人として1人暮らしを始めていたので、家族からの直接の支援は少なかったですが、東大受験に関しては全面的に肯定してくれました。家族が干渉し過ぎず陰で支えてくれたので、勉強に集中できたと思います。東大に落ちるたび「自分には無理だ」と落ち込みましたが、周囲の励ましや「ここで諦めたら人生に後悔が残る」という思いから再度東大を目指す決意ができました。もし今年東大に落ちても、また東大を目指していたと思います。

東大では素晴らしい教員や仲間と勉強することができますが、そのためにはそれ相応の勉強をする必要があると感じています。「どうしても東大に行きたい」という気持ちを貫き通すために、諦めず勉強を頑張って欲しいです。

センター合計	811
国語	54
英語	78
数学	84
物理	36
化学	46
総合成績	397.1222

間違った問題の原因を分析

↓

効率的に過去問を復習

外国学校卒業学生特別選考とは

東大には外国学校卒業学生特別選考（通称「帰国生入試」）がある。帰国生というと「外国に住んでいたから英語ができるのは当たり前」などの意見が散見されるが、これは全くの誤解だ。海外で生まれ育った者は日本語に、英語圏以外の国々に滞在した者は英語に苦労する中、現地の高校や国家試験で好成績をとり、日本語も英語も高水準の能力を持たなければ、東大入試には受からない。そのような苦労の中で培ってきた経験の一つ一つが、東大構成員に多様性という強みをもたらす。言い換えれば、帰国生入試は「東大主義」にとって重要な制度なのだ。本コーナーでは異なるバックグラウンドを持つ市橋紅呂瑛さん（養・3年）と弓矢基貴さん（文Ⅱ・1年）に話を聞いた。

市橋紅呂瑛《いちはしくろえ》さん
フランスに滞在
教養学部3年

フランス人の父と日本人の母を持ち高校までパリに住んでいた市橋紅呂瑛さんは現在、教養学部で国際関係論を専攻する。専攻のきっかけとなったのは在住時に経験したイスラム過激派テロリストによる同時多発テロ事件だ。

テロ発生の直後は「言論の自由というフランスの根本的な価値観が攻撃されたのだから、我々はここで屈してはならない」という世論に自分も賛成だった。だが後にフランスが報復としてシリアに対して行った爆撃を多くのフランス人が支持したことに、違和感を抱くように。「私も周囲の人たちと同様にナショナリズムの波に取り込まれていました」。やがてナショナリズムが生み出す排外主義や民族間対立の解決策を模索したいと思うようになった。

高校まではフランスの公教育に加え母語の日本語で学ぶカリキュラムの学校に通っていた市橋さんは日仏英のトライリンガルだが、道のりは決して容易ではなかった。「課題で森鷗外の雅文体の作品を読まなければならなかった時はとても苦労しました」。高1の夏には日本の高校に体験入学するなど、日本語を使う機会を活用してきた。

バカロレア（フランスの高校生が修了時に受験する国家試験）では高得点を取りプレパ（エコール・ポリテクニークなどの高等教育機関に進学するための予備学校）に合格したが、それを辞退し東大受験を決意。「『ハーフ』と呼ばれてきた自分のアイデンティティーは何だろうと考えたとき、一度日本に住んで学んでみたいという思いが強くなったのです」

外国学校卒業学生特別選考を経て入学する学生には、一般入試の学生にはない視点や考え方を持ち、彼らと相互補完していくことが求められるのではないかと市橋さんは語る。「帰国子女というと『アメリカ帰りのイキったやつ』と思われがちですが、決してそうではありません。長らく滞在国の社会を見てきて、〈住む〉ことと〈旅する〉ことの違いがいかに大きいかを分かっている人たちなのです」

弓矢基貴《ゆみやもとき》さん
アメリカに滞在
文科Ⅱ類1年

15歳の3月にアメリカのケンタッキー州に引っ越し、現地の学校に通いました。アメリカにいた頃はまだ東大は視野にはいれておらず、高校では学校の勉強とインターナショナル・チューターリングクラブの活動を中心に過ごしていました。クラブの活動は外国出身の生徒への学習支援や、学祭の利益の難民への募金で、部長も務めました。11年生（日本の高2）の後半からは、どこの大学を受験するにも必要なＴＯＥＦＬやＳＡＴの受験が近づいてきたので、その対策を始めました。

日本の大学とアメリカの大学で、進学先に悩むことがありましたが、兄が日本の大学に行ったことと、アメリカの大学は学費が高額であることから日本の大学への進学を決めました。

高校を卒業し、日本の学年でいう高3の6月に日本に帰国してからは、東京の予備校の帰国生コースに通って、帰国生入試の対策を行いました。この頃に予備校の先生の勧めで、東大受験を決意しましたね。9月に慶応義塾大学、早稲田大学の帰国生入試があり、それが終わると過去問を解くなど、本格的に東大入試の対策を行いました。

予備校では小論文の添削を中心に指導を受けたり、自習室を活用したりして、勉強に取り組みました。アメリカ暮らしが長く、あまり日本語に触れていなかったため、日本語で文章を読み、書くことに特に力を入れました。英語小論文に関しては高校の時英語で文章を書く練習を積んでいたため、そこまで苦労することはありませんでしたが、小論文に必要な知識を吸収するために本をたくさん読みました。予備校で同じ帰国生コースの友人と休憩中に話をすることで気がまぎれ、楽しく勉強することができました。（談）

2次試験に進めず不合格

理Ⅰ・男子・首都圏私立中高一貫出身・1浪

センター試験を甘く見て……

周囲に東大を目指す同級生が多く、自然と東大を志望。模擬国連など文系寄りの活動をしていましたが、そのまま文系に進むと理系科目の素養が身に付かないと感じ、高2で理系を選択しました。高3の6月に吹奏楽部を引退してから、本格的に受験勉強を始めました。

平日は5、6時間、休日は10時間程度勉強し、うち4分の1くらいをセンター試験対策に充てました。日本史の基礎が固まっていなかったので、その暗記が主です。国語も苦手でしたが、諦めてセンター試験対策はほとんどしていませんでした。数学はセンター試験の特殊な形式に慣れるため、過去問などで演習していました。

センター試験模試の点数は750点程度でした。しかし苦手な日本史・国語以外の感触は悪くなく、加えて理Ⅰ、理Ⅱの第1段階選抜の最低点は例年700点前後なので、そこは受かるだろう、と高をくくっていました。

本番で足元をすくわれる

そして迎えたセンター試験本番、数学で異変が起きます。数学Ⅰ・Aの問題で手が止まり、焦り、ますます手が動かなくなるという悪循環に陥りました。さらに失敗を数学Ⅱ・B、そして物理にも引きずり、数学・物理だけで100点ほど失いました。

後から見直すと、難しい問題ではあ

私が不合格だったのは…

1. 第1段階選抜では落ちない、と油断

2. 苦手科目を放置

3. 本番での失敗を想定した対策が不足

2019年度入試（理Ⅱ）※第1段階選抜不合格

センター合計	705
国語	-
英語	-
数学	-
物理	-
化学	-
総合成績	-
合格者最低点	330.3778

2020年度入試（理Ⅰ）

センター合計	826
国語	31
英語	100
数学	42
物理	30
化学	30
総合成績	333.9556
合格者最低点	320.7222

りませんでした。敗因は、形式に慣れ切れていなかったことに加え、手が止まったときの対処法を考えていなかったことです。日本史と国語も悪かったのですが、こちらは想定内でした。

同じ失敗をしないように

不合格と分かってから1カ月は映画を一日4本見るなど堕落した生活を送りました。しかし3月に受験を終えた同級生と遊んでリフレッシュし、4月から予備校で勉強を再開。センター試験対策は12月から集中的にやると決めていたため、11月までは2次試験対策に注力しました。

その分センター試験の点数はあまり伸びず、11月のセンター試験模試では日本史が45点でした。そこで地理の過去問を数年分解いてみたところ平均60点以上だったため、地理選択に切り替え、分厚い参考書を一気に読むなど猛勉強しました。この決断が功を奏し、本番は89点を取ることができました。

現役時に諦めていた国語は、重点的に取り組みました。読解力を高めるため、各予備校が出すセンター試験型問題を使い、各問につき120字の要約を作成していました。

数学は、手が止まったら躊躇《ちゅうちょ》なく飛ばして先に進み、後で戻ってくる練習を重ねました。並行して、50分で全ての問題を解き切る訓練も積みました。

2度のセンター試験を通じ、文系科目の底上げと、理系科目で大失敗しないことの重要性を感じました。文系科目は一度得意になれば本番でも失敗しにくいでしょう。理系科目は大失敗があり得るので、残り数点を取りにいくより、失敗パターンに陥ったときの切り抜け方を準備するのが大切だと思います。

自信を持てずに不合格

理Ⅱ・女子・地方私立中高一貫出身・1浪

勉強不足で自信が持てず……

両親が医師のため、中学の時から医学部進学を望まれてきたものの反抗期で医師にはなりたくなく、かといって目標もなしに漠然と過ごしていました。そのような「フラフラした」状態だった高校1年生の頃に担任から薦められたことが東大を志望したきっかけです。

このように成り行きで東大を志望した私は、合格を目指してコツコツ勉強してきた東大志望の同級生に対して負い目を感じていました。また、確固たる目標を持っていなかったことからあまり真面目に勉強してきておらず、3年生になって周りが演習を始めているにもかかわらず自分だけ基礎の勉強をやっている状態が続いていたので、ますます自分に自信が持てなくなりました。2年生までの間に十分に基礎を身に付けておくべきだったと思います。

失敗引きずりいつの間にか不合格

演習どころではない状態で臨んだ入試は自信が持てなかったこともあり、ずっと緊張していました。落ち着かず、夢の中にいるような精神状態で受けた2次試験。1科目目の国語での失敗から立ち直れず、苦手教科の数学でも大苦戦。国語で失敗したと思っていたら、いつの間にか入試が終わっていました。そのため不合格という結果にも納得。原因が勉強不足やそこからくる自信の

私が不合格だったのは…

1. 目標がなく勉強がおろそかに
2. 間に合わず演習が不足
3. 勉強不足で自信が持てず

2019年度入試（理Ⅱ）

センター合計	822
国語	41
英語	77
数学	30
物理	31
化学	25
総合成績	304.4667
合格者最低点	330.3778

2020年度入試（理Ⅱ）

センター合計	821
国語	42
英語	73
数学	45
物理	39
化学	21
総合成績	320.3444
合格者最低点	313.0222

なさであることは明らかだったので、今度はしっかりと勉強してもう一度チャレンジしようと浪人を決意しました。

しかし、地元の予備校に通って受験勉強を再開した私は、高校までのように出席が義務ではなくなったため生活リズムを大きく崩してしまいます。加えて初めのうちは授業が基礎的な内容だったことから、だんだんと予備校から足が遠のくように。一時は勉強が手に付かなくなってしまいました。

そんな中転機となったのが、夏に東京の予備校で受講した夏季講習でした。同じ大学を目指す人がたくさんいることを改めて認識し、強い意志を持って勉強に取り組むようになったのです。現役時に基礎の勉強をやっていたことから演習に集中でき、模試の成績も大幅に良くなりました。

「浪人でいいや」はNG

熱心に勉強するようになったことや模試などでその成果が安定して出るようになったことから、次第に自信が持てるように。センター、2次試験共にドキドキしましたが、模試を受けるくらいの程良い緊張感を保つことができました。少し失敗はしたものの「受かっているかな」くらいの感覚。それでも合格した時はほっとしましたね。浪人によって止まっていた時間がようやく動き出したような心地でした。

私が大学受験を経て感じたのはやはりメンタルを保つことの重要性です。自信は勉強量がものを言いますし、本番では普段は隠せている不安も顕在化します。また、私が一時期生活リズムを崩してしまったように、浪人生活を過ごすのには相当な覚悟が必要です。「浪人すれば成績が伸びるだろう」とは考えずに、とにかく現役で受かるんだという気持ちで頑張ってください。

基礎が身に付かず不合格

文Ⅱ・男子・首都圏国立中高一貫出身・1浪

底力をつけられず……

「日本銀行の総裁になりたい」という夢があり、歴代総裁の多くは東大経済学部出身であることから、高2の4月から漠然と東大を志望していました。また、東大は全国の大学で唯一、2次試験で地歴2科目が要求されます。そのため東大から他大学に志望を変更するのは簡単ですが、その逆は難しいと考え、とりあえず東大を目指しておこうという思いもありました。

私の現役時の主な失敗は、数学と地歴の基礎を固めなかったことです。数学は焦りから、難しい問題に早い段階から手を出すことを繰り返した結果、底力が付かないまま時間だけが過ぎていきました。本腰を入れて勉強を始めたのは高3の4月だったので、基礎から始めても入試までの1年弱の期間があれば間に合っていたのではないかと、後悔しています。地歴も同様で、基礎をおろそかにした結果、本番で目標としていた合計80点に届きませんでした。勉強時間は現役時・浪人時通して、平日5時間・休日10時間程度でした。時間を決めていたというより、自分で設定したノルマを達成するのにそのくらいかかっていたという形です。

解答速報を見てしまう

現役時の本番では、友人が簡単だったと話していたことに不安を感じ、数学の解答速報を1日目の時点で思わず

私が不合格だったのは…

1. 基礎があいまいなまま演習
2. 入試当日に解答速報を見る

2019年度入試（文Ⅱ）

センター合計	793
国語	70
英語	71
数学	10
世界史	41
地理	37
総合成績	325.9222
合格者最低点	358.0667

2020年度入試（文Ⅱ）

センター合計	827
国語	58
英語	69
数学	44
世界史	48
地理	43
総合成績	363.0778
合格者最低点	337.6111

見てしまいました。ほとんど点数が取れていないことが分かり、不合格を確信しました。2日目は開き直り、せめてギリギリで落ちたいなと思って受けました。

　不合格と分かった時はやはりショックで、泣きました。楽観的な性格で、不合格になった後のことをほとんど考えておらず、浪人するという現実が最初は受け止めきれなかったです。再受験を決意したのは、特に他に行きたい大学もないのに、志望校を下げるのは情けないと考えたからです。

徹底的に基礎を反復

　数学の苦手を解消するため、入塾した大手予備校の授業の予習・復習をこなしつつ、1年を通して基礎の確認を繰り返し、演習問題にも取り組みました。地歴は、教科書をひたすら何度も読み返していました。この方法は自分には合っていたと思います。現役時に点数の取れていた国語・英語は単語の確認をする程度に留めました。

　一方で生活面、精神面は現役時よりも悪化してしまいました。浪人期は後がないという思いが常にあるため、気持ちが張り詰めます。特に春先は、現役合格を果たした友人たちが大学生活を楽しんでいるのがＳＮＳで目に入るとつらかったです。規則正しい生活をすることまで神経を使ってしまうのが嫌だったので、生活リズムに関しては自分を解放していました。

　浪人時の本番は、人生の岐路に立っていることを意識し、本当に緊張しました。合格が分かった時はほっとして涙がこぼれました。受験生の皆さんには、基礎を怠ると点数が下がり、しっかりやれば必ず上がるということを忘れないで欲しいです。基礎を積み上げた人が、合格を手にします。

コロナと東大2

両国国技館での入学式は実現せず

世界中に猛威を振るった新型コロナウイルス感染症（ＣＯＶＩＤ―19）に対し、東大や東大生はどのように関わったのだろうか。ここでは、開催中止になった2020年度学部入学式と大学院入学式について振り返ってみよう。

東大に入学したことを実感できる重要な日として、入学式が重要な位置を占めているのは言うまでもない。東大は例年、創立記念日に当たる４月12日に日本武道館で入学式を開催している。ただし、20年度は東京2020オリンピック・パラリンピック競技大会に伴う日本武道館の改修のため、両国国技館で開催される予定だった。

しかし東大の合格発表日の３月10日、東大は予定していた両国国技館での開催を取りやめ、中止も含めて式の在り方を検討すると発表。18日には正式に中止が発表された。入学式で伝える予定だった、総長の式辞や来賓の祝辞などは、東大のウェブサイトで動画配信されることになった。

４月12日に東大の公式ウェブサイトで五神真総長、太田邦史教養学部長、星野真弘理学系研究科長の式辞と共に、元国連事務次長で現在は国立京都国際会館理事長の明石康氏の祝辞が公開された。

五神総長は学部入学者に向けて、細かく定められた指導要領に沿って用意された学習内容をこなすという大学入学以前の学び方からの「ギアチェンジ」の必要性を主張。加えて「私たちは、皆さん全員に、学びの機会を途切れることなく提供していく」とし、新型コロナウイルス感染拡大に際して学生と教職員がそれぞれ知恵を絞りながら困難に立ち向かうよう呼び掛けた。

明石氏は「東京大学から、もっともっと世界を目指す人物が輩出され、その誰もが色々な国々に知己や友人をつくり、一緒になって世界の未来を創っていく日がやってくることを祈ってやみません」とコメント。太田学部長、星野研究科長もそれぞれ「多様な他者を尊重し、それぞれが志を抱いて人類社会の幸福のためにその持てる力を発揮し、活躍して頂きたい」「しっかりとした専門知識とその叡智を学び、未来社会に貢献して頂きたい」とエールを送った。こうして学部生3118人、大学院生4519人が一堂に会することなく春季入学を果たした。

前期入試
突破への道を
シミュレーション

大学入試共通テストと東大2次試験。

制度を知り、先輩の試験当日の過ごし方を学んで

準備を万全にしよう。

21年度入試

東大入試と大学入試共通テスト

２０２１年度入試から導入される「大学入学共通テスト」。センター試験からの大幅な変更はないが、英語・数学といった主要科目の一部の変更には注意する必要がある。

学習指導要領自体が変わるわけではないため、試験科目の変更はない。つまり、文科各類志望者は５教科８科目または６教科８科目、理科各類志望者は５教科７科目（表）が課される。そして形式もセンター試験と同じマーク式だ。ただ、「数学Ⅰ・Ａ」では、試験時間がセンター試験（60分）から10分増えた70分になることを念頭においた時間配分をする必要がある。さらに、「英語」では読解問題とリスニング問題の配点比率が１：１（センター試験では４：１）となり、リスニング力の重要性が大きくなることに注意したい。

「あれっ？　東大は英語リスニング試験があるの２次試験だけじゃなかったっけ？」と思ったそこの君。なんと、今年度からは共通テスト「英語」のリスニング成績も選抜に利用されるのだ。ただし、東大に関しては、リーディング１４０点満点、リスニング60点満点に換算した上で成績評価に利用される。比重は小さくなるものの、例年以上にリスニング試験対策に力を入れる必要がありそうだ。

学校推薦型選抜（旧・推薦入試）

２０２０年度までは、１校から推薦できる人数は最大２人（男女各１人）だったが、21年度からは、１校から最大４人（男女各３人以内）と推薦可能人数が増加した。ただし、同一学部（医学部の場合は各学科）へ推薦できるのは男女各１人までという規定ができたことに留意しておく必要があろう。

大学入学共通テスト試験科目

【文系】５教科８科目または６教科８科目

<table>
<tr><td>国語</td><td colspan="2">「国語」</td></tr>
<tr><td>数学</td><td colspan="2">「数学Ⅰ・Ａ」必須、および「数学Ⅱ・Ｂ」「簿記・会計*」「情報関係基礎*」から１科目選択（*は高校で履修した者などしか受験できない）</td></tr>
<tr><td>地理歴史</td><td>「世界史Ｂ」「日本史Ｂ」「地理Ｂ」</td><td rowspan="2">左の４教科から２科目選択</td></tr>
<tr><td>公民</td><td>「倫理、政治・経済」</td></tr>
<tr><td>理科</td><td colspan="2">「物理基礎」（「物理」）「化学基礎」（「化学」）「生物基礎」（「生物」）「地学基礎」（「地学」）から２科目選択（基礎を付していない科目は、同一名称科目を含む基礎を付した科目を選択していない場合に限り基礎を付した科目として扱う）</td></tr>
<tr><td>外国語</td><td colspan="2">「英語」「ドイツ語」「フランス語」「中国語」「韓国語」から１科目選択</td></tr>
</table>

【理系】５教科７科目

<table>
<tr><td>国語</td><td colspan="2">「国語」</td></tr>
<tr><td>数学</td><td colspan="2">「数学Ⅰ・Ａ」必須、および「数学Ⅱ・Ｂ」「簿記・会計*」「情報関係基礎*」から１科目選択（*は高校で履修した者などしか受験できない）</td></tr>
<tr><td>地理歴史</td><td>「世界史Ｂ」「日本史Ｂ」「地理Ｂ」</td><td rowspan="2">左の４教科から２科目選択</td></tr>
<tr><td>公民</td><td>「倫理、政治・経済」</td></tr>
<tr><td>理科</td><td colspan="2">「物理」「化学」「生物」「地学」から２科目選択</td></tr>
<tr><td>外国語</td><td colspan="2">「英語」「ドイツ語」「フランス語」「中国語」「韓国語」から１科目選択</td></tr>
</table>

2次試験シミュレーション

ここでは、地方から上京して
2次試験を受験した
Kさん（文Ⅰ・1年）と
Wさん（理Ⅰ・1年）の体験談を紹介する。
前日はどのように過ごしたのか、
当日はどのような流れだったのか。
合格した先輩たちの戦いを追体験してほしい。

Kさん（文Ⅰ・1年）

試験前日まで

試験4日前に北海道から飛行機で東京に着いた。雪の影響で飛行機が運航停止になった場合に備えて早めに東京入りした。

政治学を勉強したいとの思いから文

Wさん（理Ⅰ・1年）

試験前日まで

新幹線で2時間ほどかけて東京に到着。現役の時とは違い、試験会場である本郷キャンパスまで歩いて10分ほどのホテルに泊まった。試験会場の下見がてら、ホテルからの道のりと昼食を

Ｉを志望した。「まあまあ出来た」センター試験後は、友人と一緒に、時には高校の先生を頼りながら過去問演習に取り組んだ。

　試験会場となる駒場Ｉキャンパスの下見に行った後は、過去問の見直し。ガリガリ勉強を続けるわけでもなく、15時ごろには切り上げた。気晴らしに母とホテルのある渋谷から代々木公園まで散歩し、夕食を食べた後早めに就寝。

入試1日目

　満員電車を避けるため歩いて試験会場へ。20分弱かかったが、いい気晴らしになった。正門の前が予備校関係者たちの応援でお祭り状態だったのには圧倒されたが、友人とも話をして気持ちが軽くなった。

　最初は、模試でも得点が安定してい

購入するためのコンビニを確認した。
　センター試験後は出願科類に迷いながら東大の過去問演習と併願対策に力を注いできた。試験前日は今まで取り組んできたことの最終確認をして寝た。

入試1日目

　開場30分前には現地に着くように早めにホテルを出たものの、到着するとすでに受験生の列が。周囲には友人同士で話をしている受験生もいて、一人で戦いに来た身としては辛かったが、英語のリスニングで気を紛らわした。並んでいる場所で予備校のスタッフにも声を掛けてもらえたことで、少し気持ちが落ち着いた。

　国語は現役時代から得意だったため、今回も大きな失敗だけはしないだろうと感じていた。現代文は難しかった国語だ。随筆は難しかったが、評論は楽しんで解くことができた。古文・漢文も時間をかけずに解答できたため、悔いはない。

昼休みには他校の受験生と話をしながら昼食を取った。次の数学の試験まで残り30分になったところで教室に戻り、簡単な関数の問題を解いて試験に備えた。

数学は、模試では2問完答できればいい方だった。本番もやはり難しく、第1問、第2問は解けたが、残りの2問はほぼ手付かずのままだった。

1日目の試験が終わり、ひとまず次の日に備えて気持ちを落ち着かせることにした。お気に入りの和食屋チェーン店で夕食を済ませた後に、英単語・文法の復習をしてベッドに入った。緊張でなかなか寝付けなかった。

たが、古文・漢文の感触は良かった。

次はこの1年で得点力を上げた数学だが、今年は難化。問題演習で培ってきた時間配分も上手くいかず、他の受験生もできていなかっただろうと自分を励ますしかなかった。ホテルに帰ってからはとにかく理科と英語の確認に徹した。終わったことを振り返っている場合ではない。

入試2日目

試験会場に向かう途中で事件が起きた。いつも食べていた弁当がコンビニにない！　今更何を食べても関係ない、そう自分に言い聞かせて試験会場に向かった。

最初は、模試でも高得点が取れなかった理科だ。物理と化学を選択。物理では力学・電磁気の問題が難しかったが気体分野の問題では上手く得点で

入試2日目

　空模様が良くなかったため電車で行くことに。世界史はいつも分野による得意・不得意がはっきりと分かれていた。どうか得意な分野が出ますように。本番では形式の変更・時間不足が少々痛かった。日本史は模試の得点も良く、本番でも楽しんで解くことができた。

　昼休みには教室で昼食を取り、少しだけ外を散歩した。その後は英単語の最終確認とリスニングのための耳慣らし。グミを食べながら気持ちを落ち着かせた。

　最後は模試でもあまり高得点が取れなかった英語。得意な方だったリスニングで手こずりはしたが、なんとか全ての問題を解くことができた。早く解き終えることに精いっぱいで、内容に関してはほとんど何も覚えていない。

きたように感じた。化学は時間が足りなかった。

　昼食後はリスニングのための耳慣らしをしていざ英語へ。この1年で一番実力が伸びた科目であり、自分にとって最大の得点源だ。問題が例年より難しくなったため、全ての問題を解き切ることは出来なかったが、時間配分とリスニングは上出来だった。しかし、試験が終了した途端に大問第1番B（長文読解）の語句整序の答えを思い付いたのは悔やまれる。

　試験終了後は、高校同期の東大生の友人に電話をかけて、試験会場近くで待つ母と合流するまで試験の話をして過ごした。母と合流した後、上野駅へ。あまりの疲労で、脳が全て溶けてしまったように感じた。併願先の面接試験が残ってはいたが、筆記試験はもうない。やるべきことをやったのだから、後はもう祈るしかないと思った。

解散まで教室で待機していた間は、配布された入学手続きに関する資料と持参した本を読んで過ごしたが、どうにも集中できなかった。会場を出た後は母と東京見物を楽しんだ。次の日には三鷹寮も見学し、帰路に着いた。

合格発表

発表の1時間前に起床し、家族全員落ち着かない気持ちで食事を済ませた。スマホで自分の番号を見つけるや家族は大騒ぎ。ホッとした気持ちで学校に報告に行ったが、まだ合格の実感は湧かなかった。

合格発表

他のことは何も考えられず、自室で音楽を聞きながら合格発表を待った。発表30分前から合格祈願の鉛筆を握りしめる。とにかく受かっていてほしい。自分の受験番号を見つけた時は自然と涙が出た。1年間の浪人生活が報われた瞬間だった。

合格後

合格発表

前期試験合格者の受験番号は例年3月10日本郷キャンパスの掲示板（16年度から再開）・東大ウェブサイトで発表される。正午ごろ、各科類の合格者の最高点・最低点・平均点と共に公表。なお合格者には同日中に電子郵便で合格通知書が送付される。

出願時に希望していれば、科目別の得点とセンター試験の得点、総合換算が記載された試験の成績を受け取れる。合格者には4月中旬、不合格者には前期合格発表の翌日に発送される。

入学手続き

入学手続きは郵送で行う。期間内に行わない場合は入学辞退と見なされる。入学金を振り込んだ後、必要事項を記入した申請書や受験票などを添えて大学に郵送。この時、入学後に履修する初修・既修外国語を登録する。履修する言語を考える期間は短く、後から変更はできないためあらかじめ検討しておく必要がある。手続きが完了すると、大学から新たに書類が自宅に郵送される。

健康診断・諸手続き

3月下旬から4月上旬にかけて身体測定、カウンセリングなどの健康診断が行われる。入学手続き後に送られて来る書類に既往歴や予防接種の有無などを記入して提出する。

同時期に入学のための諸手続きが行われる。駒場Iキャンパスの1号館で各種書類の提出、受け取りを行うが、毎年混雑する。諸手続き時に、選択した初修外国語別に決まるクラスが知らされる。

諸手続き後は前年度に入学したクラスの先輩（上クラ）がブースを開いており、オリ合宿についての説明を受ける。オリ合宿とは新入生と上クラが合同で行うオリエンテーションを兼ねた旅行で、新入生同士が親睦を深め、上級生から駒場での生活についてアドバイスをもらうことができる。

1号館を出ると「テント列」と呼ばれるサークル勧誘活動が行われている。多くの団体がテント列に参加しており、道は人で埋め尽くされ、にぎやかな行事となっている。各部活・サークルから熱烈な歓迎を受けるので、全てに対応していては5、6時間かかる。勧誘をきっぱり断ることも時には必要だろう。

例年諸手続きの翌日からガイダンスが行われる。初日は理系、翌日は文系が対象だ。教務課や教員から施設の利用や講義の履修上の注意などが説明される。ガイダンスは午前中に終了し、午後はサークルオリと呼ばれるサークル勧誘活動が行われる。テント列とは違い、各サークルが各教室にブースを出展しているため、行きたいサークルにだけ行くことができる。諸手続き後に配布される各サークルのビラを参考にして興味のあるサークルがどこにいるのかを確認しよう。

サークルオリの直後にオリ合宿があり、4月5日ごろから授業が始まる。入学式は毎年4月12日、日本武道館で行われる。

推薦入試
制度紹介

今年から「学校推薦型選抜」と改名した
推薦入試制度も「東大主義」を
考えるにあたって欠かせない特色の一つだ。
ここでは、制度について概観した後、
さまざまな推薦入学者たちの生の声をお届けする。

推薦入試制度の概要

2016年度入試から導入された推薦入試は、出願書類の内容を基に第1次選考が行われ、第1次選考合格者に対して学部ごとに面接やグループディスカッションなどの第2次選考が実施される。出願書類や面接の内容、およそ8割の得点が合格の目安となるセンター試験の成績などを総合的に評価して合格者を決定する。

出願の際は、入学志願票や調査書、志願理由書、学校長からの推薦書に加え、高校在学中に執筆した論文や科学オリンピックでの成績を証明する資料など、それぞれの学部が求める資料が必要。2021年度入試から、一つの高校につき合計4人以内、男女各3人までの出願が可能となる。ただし同一学部（医学部では各学科）につき男女各一人以内との制限付き。他の国公立大学の推薦入試との併願はできず、前期試験・後期試験との併願は可能だ。

入学後は法学部なら文Ⅰ、工学部なら理Ⅰまたは理Ⅱのように、学部が指定する科類に分かれ前期教養課程の学修を行う。前期教養課程では学生の志望分野への関心や意欲に応えられるよう、早期に専門教育に触れる機会の提供や個別の助言をする「アドバイザー教員」を設置。前期教養課程修了後は出願時に志望した学部に進学することになり、原則進学先は変更できない。

(表1)2018年度推薦入試の結果

学部(学科)	募集人員	出願人数(人)	第1次選考合格者数(人)	最終合格者数(人)	17年度合格者数(人)	16年度合格者数(人)
法	10人程度	26	18	11	13	14
経済	10人程度	10	6	4	3	4
文	10人程度	18	10	5	4	3
教育	5人程度	11	7	6	5	4
教養	5人程度	24	12	5	1	2
工	30人程度	43	39	16	23	24
理	10人程度	24	22	10	10	11
農	10人程度	11	11	7	7	9
薬	5人程度	6	6	3	2	3
医(医学科)	3人程度	5	4	2	2	2
医(健康総合科学科)	2人程度	1	0	0	1	1
合計	100人程度	179	135	69	71	77

推薦入試の流れ
(2020年度入試の場合)

10月16日～11月6日	インターネット出願登録
11月1日～11月6日	推薦入試出願
12月2日	第1次選考結果発表 通過すると第2次選考受験票が交付される
12月14日、15日	面接
1月18日、19日	センター試験
2月12日	最終合格者発表
2月13日～2月19日	入学手続き

東大本部公表の資料を基に
東京大学新聞社が作成

推薦入学者座談会

「東大の推薦ってすごいんでしょ？」

そう推薦入学者に聞くと、意外な答えが返ってきた。

「自分のやったことがちゃんと評価してもらえる機会に挑戦したんです。貪欲に学んできた人にはチャンスがあります」

多彩な才能を持つ推薦入学者は高校時代どのような活動をしていたのか。そして、推薦入試ではどのような力が求められるのか。今回は、推薦入試で入学した3名に話を聞いた。

高校時代の実績は？

学部によって、求める学生像や推薦要件は異なる。合格者の高校時代の探究活動も人それぞれだ。

東京都出身の越田勇気さん（理Ⅰ・2年→理）は、国際地学オリンピックで銀メダルを獲得し、国際物理オリンピックの日本代表候補でもあったため「自然科学において卓越した能力」の実績の例示に合致していた。所属していた地学部の活動では、観測や考察で自然科学への興味や関心を深めた。

宮城県出身の樋野菜々子さん（文Ⅲ・2年→文）は、高校3年間、文芸作品の創作に取り組み続け、各種コンクールでの受賞歴もあった。文芸部で

左から順に、安保さん、樋野さん、越田さん

の日頃の活動をレポートにまとめ「自主的な研究活動の具体的内容や成果」を示した。

千葉県出身の安保友里加さん（文Ⅲ・2年→育）は、旧満州（現在の中国東北部）へ渡った開拓移民が語る戦争体験の継承について問題意識を基に、探究活動に取り組んでいた。コンクールで受賞した論文だけではなく、戦争体験の継承に携わる人々への聞き取り調査や実習の記録を提出し、教育学部の求める「卓越した探究心」の根拠とした。

自分に合った対策を

3人が異口同音に「手こずった」と述べたのは、各学部の書式に合わせた志願理由書などの出願書類。3人とも、学校の先生に添削を依頼し、客観的に主張が伝わるか何度も相談することで対処した。越田さんは「夏休み明けから、一般入試の勉強と並行して取り組みました。自分の考えてきたことや、実績、大学で学びたいことを論理立てて書くのに苦労しました」と語る。

越田さんは現在、理学部地球惑星物理学科3年

第1次選考合格者は面接を中心にプレゼンテーション、口頭試問などが課される。形式は学部によりけりだ。「面接では志望理由書や提出した書類について、どんなことも自分の言葉で説明できるまで考え続けることが一番です」と3人は口をそろえた。

「情報収集も戦略の一つ」であると話すのは越田さん。理学部に推薦入試で

各学部が求める学生像・推薦要件（抜粋）

	求める学生像	推薦要件
理学部（越田さん）	自然科学において卓越した能力を有する学生	自然科学に強い関心を持ち、自然科学の分野において、卓越した能力を有することを示す実績があること
文学部（樋野さん）	人間のさまざまな精神的営みや、人間の織りなす社会の歴史と現代の諸問題に関する探究心に富み、自らの考えたことを口頭発表や論文などを通して他者に伝える能力を有し、将来、社会的な貢献が期待できる学生	人文社会系諸学に関連する分野において、卓越した能力を有することを示す実績があること、あるいは社会貢献活動において優れた成果をあげたこと
教育学部（安保さん）	自ら設定した課題を探究する卓越した資質・能力を有する学生	東大のカリキュラム履修に必要な教科の基礎学力があり、探究学習の卓越した実績・能力を、論文、作品、発表等を通じて示すことができること

※東大の募集要項を基に東京大学新聞社が作成。2020年度の各学部が求める学生像・推薦要件（抜粋）
3人が受験した年のものとは表現が異なる

合格した学校の先輩や、通っていた一般入試対策の塾から、過去の面接などの情報を入手した。面接で聞かれる質問事項や、難易度の高い課題の遂行能力を試す口頭試問があることを知って、対策に役立てたという。塾の大学生チューターと相談しながら、難易度の高い問題を想定し、勉強した。

一方で、樋野さんは、そもそも過去の試験の実施回数が少ないからか、インターネット上にも詳細な情報はほとんどない状態だったと振り返る。「地方では通える塾や予備校にも限りがあり、首都圏に比べると情報格差があると思います」と、情報収集の難しさを懸念する。

樋野さんは現在、文学部人文学科日本語日本文学(国文学)専修3年

安保さんは「情報収集も戦略の一つとして大事だが、その人の特性に合わせて対策を考える必要がある」と言う。書類の提出後、プレゼンテーションでの質疑応答を想定し、学校の先生と練習を繰り返した。「学校の先生など、自分の志望動機や探求活動を評価してくれる人と試験形態に合わせた対策をすることが役立ちました」

推薦入試をきっかけに

推薦生として入学してから1年以上経過した今、安保さんは、推薦入試を「自分の考えや学びの動機、将来像について直接評価をしてもらえる貴重な機会」と捉える。樋野さんは、推薦入試に対して「自分がなぜ文学部で学びたいのか、これまでの創作活動を見直しながら深く考える絶好の機会でした」と振り返る。

推薦入試ではどのような力が求められているのか。「とがった人材でありながら、一芸に秀でるだけではなく、多角的な見方を備えて考え続ける力」が求められると3人は推測する。受験生には「貪欲な姿勢で挑んでほしいです」と締めくくった。

安保さんは現在、教育学部教育心理学コース3年

医学部医学科推薦

精神科医の道を志して

下野《しもの》ひな子《こ》さん

高校1年次に訪れたオープンキャンパスで、東大を意識し始めた下野さん。推薦入試制度について知ったのは、テレビ番組『東大王』で活躍中の鈴木光さん（法学部推薦入学生）がきっかけだった。

「両親が医師だから医師を目指すという考え方には違和感を抱いていて進路には悩みました」と語る。自分が何を学びたいのか、どんなことをしたいのかと悩みぬく中で、うつ病や統合失調症への医学的アプローチに関心を持ち、精神科医の道を志すようになった。

帰国子女で、英語力では右に出る者はいない。中学時代には英検1級取得、高校ではTOEICやTOEFLiBTでほぼ満点を記録。医学部医学科の要件を満たしている自分にはチャンスがあると、推薦入試の受験を決意した。

「心の病を体内物質で診断できるようにならないか」と研究目標を立て、提出書類や面接に向けた具体的な準備を始めたのは高校3年の夏。推薦入試に関する情報が身近にはなく手探りの状態で、図書館で本を読んだり、インターネットで読める論文にアクセスしたりと医学への理解を深めていった。

面接では、高校時代に訪れた東南アジアやアメリカ、ヨーロッパでの学びや、時計の仕組みについての研究成果を英語で、医学部で研究したい内容について日本語で発表した。「ただやったと報告するのではなく、何を得たのかを考え抜いて伝えました」

推薦入試を、能動的に動き、将来について真剣に向き合う良い機会となったと振り返る。「推薦、理Ⅲ……余程の進学校でない限り、無理だと言われてしまう受験に、諦めず挑戦したことに意味があったと思います。関心事に真剣に取り組みたい人には推薦入試にも挑戦してほしいです」と締めくくった。

下野さんの経歴

中高時代	英検１級取得
	TOEIC990点
	TOEFLiBT108点
	海外研修や、学校交流活動に精力的に取り組む
2020年	医学部推薦入試合格 理科Ⅲ類入学
	将来は、精神科医として研究に携わりながらも、臨床現場での知見も生かしていきたいと検討中

文学部推薦

翻訳の広がりを絵本の世界に

萩《はぎ》野《の》　聡子《さとこ》さん

高校入学時から、文理問わず視野を広げられる前期教養課程のある東大に魅力を感じていた。推薦入試受験のきっかけは高校の先生の勧め。準備の大変さから、やるからには受かりたいと思いながらも、期待しすぎるのは良くないと考えていた。

高校では普通科よりも英語教育の比重の大きい外国語科に所属。インターアクト部でも英語ディベートに取り組んできた。さらに留学、スピーチコンテストや英語劇・英作文・翻訳など、英語で表現をする経験を積んだ。

外国の絵本が大好きで、小学生の頃から絵本の原画展に足を運んでいた。「きれいな絵が気に入っています」と話すイスラエルの絵本は、ほとんど日本語に翻訳されていない。他のマイナー言語の絵本でも、日本語版はあまり見かけない現状に気付いた萩野さんは、翻訳に関心を持った。「まずは英文学から翻訳の基礎を学べないかと文学部を志望しました」

今では「推薦入試で自分の言葉で考えをまとめていく力がつきました」と自信を持つ一方で、当時は悩みが尽きなかったと言う。高校3年次の夏休みには文学部指定の小論文を、10月頃には志願理由書を執筆し、いずれも複数の先生に何度も見てもらった。それでも、どんな人が受かるのか分からないという不安が付きまとう。一次選考通過後に始めた面接練習では、ポスター発表と質疑応答で伝えたいことは何なのかと自分に問い続けた。そんな中で常に思っていたのは「受かったら、東大で自分のやりたいことができると認められる」という推薦入試の強みとのこと。

大学卒業後はイギリスの大学院に進学を希望。語学に触れ、多国籍の絵本で彩られる未来への期待はやまない。

萩野さんの経歴

高校時代	英語教育に力を入れている外国語科に入学
	英語スピーチコンテストや英語ディベート、翻訳など多彩な活動
	アメリカやカナダへ短期留学し、語学力を磨く
2020年	文学部推薦入試合格　文科Ⅲ類入学 翻訳論やヘブライ語の授業に意欲的に取り組む
	将来は、イギリスの大学院への進学を希望

工学部推薦

研究の道を突き進む

藤澤《ふじさわ》　雄太《ゆうた》さん

研究がしたいと思っていた高校2年次に訪れた東大のオープンキャンパスで、群を抜いて研究環境が整っている東大に感銘を受けた。現役では一般入試前・後期日程（当時）ともに不合格で、浪人に。何としても東大で学びたいという思いが原動力だったという。

浪人時に東大が後期日程を廃止し推薦入試を導入。東大を受けるチャンスを見逃せないと、受験を決意した。高校時代には化学部での研究で日本一となりロサンゼルスでの国際大会に参加、英語で研究発表をしていた藤澤さん。「どうしても東大で大好きな研究をしたい」と思いを伝え、工学部推薦入試に合格した。

理Ⅰ入学後は、「進学振分けがないので、興味分野に力を入れました」。アドバイザー教員から勧められた展開科目（135ページ）では企業が取り組む研究活動の話を聞き、見聞を広めた。科学系サークル・東大CASTの活動を通じたサイエンスコミュニケーションとの出会いも新鮮だった。科学教室でいかに科学の面白さを伝えるかと試行錯誤した経験は、大きな成長となったと振り返る。毎年春には地元・大分でも、科学教室を開いている。

化学の応用分野に興味があり、工学部化学生命工学科に進学した。研究室への早期配属制度を利用して、3年次から積極的に研究に励んでいた。研究の達成感にやりがいを感じ、修士課程への進学の際には博士課程との一貫プログラムを選択した。今年春には、卒論研究で第69回高分子学会年次大会パブリシティ賞を受賞するなど、対外的な研究発表にも力を入れている。

新たな出会いや学びの充実は、大分県から上京して、東大に進学したからこそだと胸を張る。「推薦入試は学びたいから受ける。その挑戦は必ず生きてくる」と受験生を激励した。

藤澤さんの経歴

高校時代	化学部でチーム研究に取り組む
	日本学生科学賞で内閣総理大臣賞を受賞
	ロサンゼルスで開催されたインテル国際学生科学技術フェアに参加
2016年	工学部推薦入試合格 理科Ⅰ類入学
2018年	工学部化学生命工学科へ進学
2020年	大学院工学系研究科 化学生命工学専攻（一貫研究プログラム）へ進学

経済学部推薦

新卒でスタートアップへ

朱《しゅ》　元《げん》さん

今年の春に経済学部を卒業し、現在はスタートアップ企業で働いている。振り返れば、推薦入試から始まった挑戦の姿勢がそこにはあった。

高校時代、さまざま価値を社会に還元していくビジネスの仕組みを作りたいと考えていた。経営の最先端を学ぶには東大しかないと、経済学部推薦入試を受験。持ち前の語学力を武器にするも、経済学部で重視される数学はむしろ苦手だった。合格の決め手を聞くと「それでも東大で経営を学びたいと食らいついたのが良かったのかもしれません」と答える。

経済学部進学後は、大学で深く学びたかった経営に関するゼミと、マクロ経済を扱うゼミの二つに所属した。数学が苦手だからと気後れしていたが、経済の枠組みや分析手法を研究対象とするマクロ経済の考えは刺激的だった。「苦手だと思っていたことに挑戦したら、視野が広がりました」

3年次には、起業やスタートアップについて初歩から体系的に学ぶ一連のプログラム「アントレプレナー道場」を受講。豊富な講演者に引かれての参加だったが、チームでアイデアを出し合い、ビジネスモデルを作り上げることにやりがいを感じ、スタートアップへの興味が湧いた。

コンサル業界に内定していた4年次の初めには、卒業までビジネスを実践的に学ぼうと、スタートアップでのインターンシップを始めた。働く中でBtoBのビジネスを作り出したいと思うように。ロールモデルとの出会いが決定打となり、内定先を辞退してインターンシップ先に就職した。

「東大がゴールではなく、自分のやりたいことを早くから考えることが大切です」と朱さん。挑戦するには持ってこいの環境が、東大にはある。

朱さんの経歴

高校時代	さまざま価値を社会に還元していくビジネスの仕組みに関心を寄せる
2016年	経済学部推薦入試合格 文科Ⅱ類入学
2018年	経済学部経営学科へ進学 ゼミやアントレプレナー道場に積極的に取り組む
2019年	コンサル会社内定 スタートアップであるキャディ株式会社でのインターンシップを開始
2020年	内定を辞退し、 キャディ株式会社に就職

第2章 課程編

前期

CONTENTS

コロナと東大3

異例のオンライン授業実施に向けて

世界中に猛威を振るった新型コロナウイルス感染症（ＣＯＶＩＤ—19）に、東大や東大生はどのように対応したのだろうか。ここでは、急ピッチで進められた授業のオンライン化をどのように実現させたかについて見てみよう。

総合文化研究科・教養学部で授業のオンライン化が検討され始めたのは３月上旬だった。新学期開始までのＣＯＶＩＤ—19の終息が期待できない中、６日には早稲田大学が授業開始の延期を発表した。しかし、例年２年次の夏に実施される進学選択がある東大では開始延期には限界がある。危機感を抱いた研究科は12日に四本裕子准教授（総合文化研究科）をリーダーとし、教職員をメンバーとしたタスクフォースを結成。既に授業のオンライン化を進めていた北京大学の事例などを参考に議論を進めた。

オンライン授業開始に際して懸念していたのは学生側がオンライン授業を受講できる体制を整えられているかどうか、という点。新入生がパソコンを持っているかどうかすら分からなかった。受講環境が整わない学生に対し、当初は学内のパソコンを使ってもらおうと考えていたが、学生を大学に呼べないほどＣＯＶＩＤ—19の流行が深刻化。学生に貸与するためのパソコンやＷｉ—Ｆｉルーターの確保に追われた。大量の機材を準備するには時間がかかったが、少しでも早く発送するため、教職員自らが発送するなどし、前期教養課程の学生には本格的に授業が始まるＳセメスター３週目までになんとか発送を終えた。

新入生の精神面にも気を配る必要があった。本来なら語学のクラスなどで友人ができるが、セメスターの１～２週目で予定していた対面授業も行えなくなった。教養学部では、３週目以降、学生が必修授業を欠席したら報告するように教員に要請。複数こま必修授業を欠席した学生には連絡するなどの対応を実施した。

多くの教職員の努力で実現したオンライン授業。新しい大学の可能性や在り方を問い掛けるものになるかもしれない。

オンライン授業に関する学生の声

・動画公開されている授業はありがたい
・たまに人数制限で入れない授業があるのは困る
・教員には、ミュートが外れていてうるさい学生への対応をしっかりしてほしい
・教員があまりにも丁寧に質問対応をし過ぎると授業のテンポが悪くなってしまう

科類紹介

駒場の前期教養課程では、
文科と理科それぞれ三つの科類に分かれている。
入試制度上の違いは目で見えても、
入学後の実態については分かりにくいもの。
ここからは、現役東大生に駒場での
キャンパスライフを紹介してもらう。

文科Ⅰ類

砂漠、砂漠って言うけれど

進む法学部離れ

文Ⅰと言えば法学部――そんなイメージが壊れつつある。2019年度進学選択では、定数割れが続いていた進学選択における文Ⅰ→法学部の指定科類枠が遂に削減された。これまでは文Ⅰから法学部に進学するなら、前期課程で成績を気にする必要はさほどなかった。だが今後は成績評価を気にして勉強に取り組む必要がありそうだ。

官僚離れの影響もあるのか、法学部志望の文Ⅰ生は減少傾向にある。東京大学新聞社が18年3月末に行った新入生アンケート（回答率92％）では38７人の文Ⅰ生回答者のうち341人が法学部志望と答えたが、彼らの多くが参加した19年度進学選択第1段階の文Ⅰ生の法学部志望者は323人と、全科類枠が設定された08年度以降で最低だった。

法学に触れる機会が豊富

クラスは文Ⅱと混合で、全文Ⅰ生のうち女子は約4分の1と東大全体の平均よりやや多い。在学中の司法試験合格を目指し初年次から予備校に通う人もいる。大人数での講義形式の授業が文Ⅰ・法学部を通じて多いことから、人間関係は希薄になりがちだと言われる。

早くから法学部進学を意識する文Ⅰ生の多くは、2年次Sセメスターから法学部専門科目を履修する。例年、駒場で一番大人数が収容可能な講堂で授業を行うが、文Ⅰ生間で教員が話した内容を担当制で書き起こし共有する制度があるため、出席しない人も。しかし成績評価は学年末の試験で決まり、その範囲は膨大なため、計画的に勉強しないと大変な目に会う。

主な進学先

・法学部
・教養学部

教えて！ 文Iライフ

小野崎《おのざき》修平《しゅうへい》さん

●1年Aセメスターの時間割

	月	火	水	木	金
1			法II	中国語初級（インテンシヴ）	
2		中国語初級（インテンシヴ）	中国語一列②	中国語初級（演習）②	宇宙科学I（文科生）
3	経済II	認知脳科学	英語二列S／英語一列②	英語二列W（ALESA）	身体運動･健康科学実習II
4	歴史と文化			教育臨床心理学	
5	日本文化論I	哲学II			

法律と政治への興味を両立

ニュースや読書を通じ法律や政治に興味を持っていました。東大は他大学の法学部と違い、入学時点で法律学科か政治学科かを選ばなくてもよかったので、文Iを志望しました。

1Sセメスターの授業はほとんど必修科目でしたが、数少ない選択科目には法律や政治以外の授業を意識して選びました。

1年次で面白かった授業は二つあります。一つ目は山本芳久教授（総合文化研究科）の「哲学Ⅱ」で、アリストテレスとトマス・アクィナスの原典を読み解いていくというものです。学期を通して、トマス・アクィナスに対する権威主義的な学者というイメージがガラっと変わりました。二つ目は「法Ⅱ」です。「法学オードブル」という副題で、話題豊富でとても粋な石川健治教授（法学政治学研究科）が、西欧諸国の法や法学の歴史的・社会的な経緯を解説します。最終回は、欧法に学んだ日本の三菱樹脂事件という事例を用いた説明で授業内容を総括するという、ドラマのような展開の授業でした。

文Ⅰから法学部に進むなら前期課程では成績をあまり気にせず、興味に応じて授業を取ることができます。後期課程では法学部の政治コースに進み、法律の勉強もしつつ国際関係について学びたいと思っています。

文Ⅰの初修外国語別学生数（19年度入学者）

性別	韓国朝鮮語	中国語	スペイン語	ドイツ語	フランス語	ロシア語	イタリア語	合計
男	4	92	59	56	95	13	11	330
女	1	22	9	12	35	4	4	87

文科Ⅱ類

もう「ニート」ではいられない？

主な進学先

・経済学部
・教養学部

暇な科類とは限らない

1学年約380人。法学部や文学部に進学する人もいるが、経済学部進学が大多数。ちまたでは「ネコ文Ⅱ」や「文ニート」と称されるように、出席せずに進学できる暇な科類というイメージもあるだろう。しかし指定科類枠で経済学部に進学できるのは287人で、約4分の1の文Ⅱ生は進学できない。19年度からは文Ⅱ用の指定科類枠が21人分増加したが、それでもある程度勉強して点数を取らなければ経済学部に進学できないのが実状だ。

とはいえ、クラスが同じ文Ⅰと比べると雰囲気は緩め。文Ⅰ生がテスト前に熱心に勉強して優を取る一方、文Ⅱ生はさぼるという風景はありがちだそうだ。男女比は約4対1で女子は少ないが、文Ⅰと合同クラスのため気にならないかもしれない。

数学は助け合いで乗り切る

数学と経済が必修なのが特徴で、開講される四つの授業全てを履修する人が多い。どちらも数学の知識が必要で、数学の授業で扱う数学より経済の授業で扱う数学の方が難しく感じることも。難解な内容は、数学強者が作成した神シケプリを活用して乗り切る。

2年次Sセメスターでは文Ⅰ生は専門科目の履修で、文Ⅲ生は追い出しで忙しくなる。しかし文Ⅱ生は専門科目の履修がなく、文Ⅲほど成績評価も意識する必要がない。そのため、初年次で大体の単位を取り切れば2年次にはコマ数を抑えてアルバイトやサークルに専念できる。ニートになるのではなく授業と自分のやりたいことを両立するのが、今の文Ⅱ生なのかもしれない。

教えて！ 文Ⅱライフ

禾《のぎ》ゆきなさん

●1年Aセメスターの時間割

	月	火	水	木	金
1			数学II	中国語初級（インテンシヴ）	
2		中国語初級（インテンシヴ）	中国語一列②	中国語初級（演習）②	翻訳論
3	経済II	認知脳科学	英語中級／英語一列②	英語二列W（ALESA）	身体運動・健康科学実習II
4	歴史と文化				
5	基礎統計	歴史II			地球環境論

あえて翻訳にも挑戦、数学を克服し経済学部へ

大学で学びたいことが決まっていなかったため、入学後に学部を選べる東大を受けました。文学や教育学にはあまり興味がなかったので、文Ⅰか文Ⅱで悩み文Ⅱを受けました。

数学が苦手で、必修科目の数学や経済では特にクラスの人に助けてもらいました。1Sセメスターはクラスの人の時間割を参考に履修を組みましたが、外れの授業もあったので自分が興味あるものを履修した方が良いと気付きました。特に面白かった授業は翻訳論です。英語が好きで、前期課程のうちに文学を学んでみようと思い履修し、『源氏物語』の英訳や映画字幕の和訳に取り組みました。入試問題のように一字一句を訳すのではなく、言語に表れる文化の違いを含めて訳を考える作業が新鮮でした。

所属する中国語の文系TLPクラスは、帰国子女など多様な経歴を持つ学生が多いです。第二外国語の授業が週5回あり2年次も必修で互いによく会うため、みんな仲が良いです。

文Ⅱは勉強を少し頑張れば進学先の選択肢が広がるので、文Ⅰや文Ⅲに比べ進学選択が有利だと思います。私は授業を通して自分の興味が経済学寄りだったことに気付いたので、経済学部に進む予定です。

文Ⅱの初修外国語別学生数（19年度入学者）

性別	韓国朝鮮語	中国語	スペイン語	ドイツ語	フランス語	ロシア語	イタリア語	合計
男	5	99	109	25	56	9	13	316
女	1	14	22	4	7	0	3	51

文科Ⅲ類

華やかさの裏の「点取り合戦」

興味に応じた幅広い履修

文Ⅲの特徴は女子率の高さ。文Ⅲの男女比は大体6対4で、他科類に比べて飛び抜けて多い。特にスペイン語やフランス語のクラスに集まる傾向がある。文Ⅰ・Ⅱのように社会科学で必修となる科目がないため、総合科目で一般教養のいろいろな分野に触れられる。自分の興味に応じて幅広く学びたい人や、興味ある学問分野が定まっていない人にお勧めの科類だ。

入試の合格最低点が文科の中で最も低いことが多い文Ⅲ。だが、20年度入試では7年ぶりに文Ⅱの最低点を上回り、「一番簡単に入学できる科類」というイメージに疑問符がついた。今後の動向を注視したい。

入学後は「いばらの道」?

文Ⅲの履修は常に点数を意識する必要がある。文学部志望は比較的進学しやすいが、法学部や経済学部、後期教養学部を目指す人は高得点が必要だ。入学後は「いばらの道」が待ち受けているかもしれない。

高得点を取りたい学生が多いためクラス全体で勉強への意識が強い。試験前になるとシケプリを作る各クラスのシケタイの責任は重大だ。分かりやすいシケプリを入手するのが高得点の鍵になることもあるため、他クラスのシケプリ入手に奔走することも。優を成績上位3割にとどめる「優3割規定」が取られる前期教養課程において「あの授業は文Ⅲの優争奪戦」などという会話を文Ⅰ・Ⅱ生がすることは日常茶飯事。女子が多く華やかに見える裏側で繰り広げられる「点取り合戦」は、時に熾烈《しれつ》だ。

主な進学先

- 文学部
- 教育学部
- 教養学部

教えて！ 文IIIライフ

青柳雅大《あおやぎまさひろ》さん

●1年Aセメスターの時間割

	月	火	水	木	金
1			数学II		
2			ヘブライ語初級	英語中級	現代国際社会論
3	心理III	英語二列S／英語一列②		社会環境論	フランス語初級（演習）②
4		身体運動・健康科学実習II	フランス語一列②	学術フロンティア講義（写真演習ー自己表現としての写真）	
5	惑星地球科学II（文科生）	ことばと文学III			全学体験ゼミナール（じっくり学ぶ数学II）

自分の興味分野を真剣に問う

もともと文Ⅱを志望していましたが、現役・1浪共に不合格でした。「ここで東大を諦めたらずっと引きずる」という思いや父の後押しもあり、とにかく東大に入りたいと仮面浪人を経て文Ⅲを受けました。

部活に集中するため1Sセメスターは単位が取りやすい授業を中心に履修しました。楽しかった授業は通年の「スポ身」（身体運動・健康科学実習）です。大学で体育があるのは珍しいですが他の授業の合間に汗を流して息抜きになり、他クラスとの交流もありました。

特に興味分野がなかったので、いろいろな授業を受けました。その中で一番面白いと感じたのは、英語中級で扱った政治思想学です。米国における政治思想の潮流の変遷がテーマで、この授業をきっかけに法学部を志望するようになりました。

文Ⅲは成績が良くないと進学選択で苦労します。バイトや旅行などもしたかった自分にとって、学業面で気が抜けなかったのは残念でした。一方で文Ⅲは文Ⅰや文Ⅱと違い後期課程の「既定路線」がないので、自分が何に本当に興味があるのかを問う必要があります。将来について真剣に考える機会があったのは良かったです。

文IIIの初修外国語別学生数（19年度入学者）

性別	韓国朝鮮語	中国語	スペイン語	ドイツ語	フランス語	ロシア語	イタリア語	合計
男	5	66	84	48	75	16	21	315
女	5	37	43	17	50	14	12	178

理科Ⅰ類

ハイレベルな理系集団

男子とオリンピアンが多い

理Ⅰは全科類最多の1学年約1100人で、その約9割は男子。女子は最低2人以上になるよう各クラスに分配されるが、中には全員男子のクラスもある。男子にとっては異性の友人を作る機会が減り、女子にとっては同性の友人ができにくいという、理想とは違った学生生活になるかもしれない。理系女子を増やそうとする東大の取り組みに、期待したい。

主な進学先は理学部や工学部だが、学科が細分化されているため進路は幅広い。理学部物理学科や工学部航空宇宙工学科といった人気学科に進学するためには高得点が必要なので、勉学に励む人も多い。中高時代に数学オリンピックや科学オリンピックを経験したことなどから入学時点ですでに大学レベルの知識を持つ人もいて、授業で分からないところは教えてもらえることもあるという。

負担の大きい理数系科目

1年次は理Ⅱ・理Ⅲと同じく必修の科目が時間割の大半を占め、集中講義を除く選択科目は取れて10単位。履修の自由度は高いとは言えない。1限に必修科目が入っている場合も多く、朝型生活が苦手な人にとっては出席するだけで一苦労かもしれない。

理Ⅱ・理Ⅲと異なり、数理科学基礎演習と数学基礎理論演習が必修。進度は非常に速く、板書もすさまじい量になるので、一度欠席しただけで付いていけなくなり、数学が嫌になる人も。1年次A1タームから始まる基礎実験（物理学）、基礎実験（化学）も必修。毎回の予習・課題提出が必要で、実験に失敗をするなどで長引けば帰宅が遅れることもある。

主な進学先

・工学部
・理学部
・教養学部

教えて！ 理Ⅰライフ

稲《いな》田《だ》栞《しお》里《り》さん

●1年Aセメスターの時間割

	月	火	水	木	金
1	記号論理学II			振動·波動論	アルゴリズム入門
2			ドイツ語一列②	電磁気学A	学術フロンティア講義（海研究のフロンティアII）
3	構造化学	基礎実験	英語一列②／英語中級	線型代数学②	英語2列W（ALESS）
4	微分積分学②	基礎実験		微分積分学演習／線型代数学演習	身体運動·健康科学実習II
5	生物物理学				物質·生命工学概論

※集中講義「生命の普遍原理に迫る研究体験ゼミ」

前期の授業で専攻定まる

建築学や物理学など多様な分野に興味があったため、進学選択の幅が広い理Ⅰを受験しました。

理Ⅰは必修・準必修科目のコマ数が多いですが、それ以外の自由選択科目は、自分の視野が広がりそうな講義や何らかのスキルが得られそうな講義を選びました。特に印象に残っている講義は二つあります。一つ目は主題科目「生命の普遍原理に迫る研究体験ゼミ」です。半年間、後期教養学部の研究室に所属し、人工細胞を観察するデバイスの作成を体験しました。大学院生が研究について熱く語る姿を見て、研究者への憧れが強まりました。二つ目は海洋研究者らによるオムニバス講義「海研究のフロンティア」です。長い時の流れの中で動く地球資源へ関心を持ち、地球科学を学びたいと思うきっかけになりました。進学選択制度は、前期教養課程で多様な分野の講義を受けた上で専攻を決められるので良い制度だと思います。

クラスには真面目で勉強熱心な人が多いです。テスト前には過去問の答えを突き合わせて議論し合いました。数学や物理、化学を深く学ぶには、理Ⅰは最適な環境だと思います。

理Ⅰの初修外国語別学生数（19年度入学者）

性別	韓国朝鮮語	中国語	スペイン語	ドイツ語	フランス語	ロシア語	イタリア語	合計
男	16	293	303	164	173	44	63	1056
女	7	20	30	11	23	7	6	104

理科Ⅱ類

文転、医進…進学先いろいろ

主な進学先

- 理学部
- 農学部
- 薬学部
- 教養学部
- 医学部

多彩な進路

理Ⅰと比べて生命科学に重点を置いたカリキュラムとなっているため、医学部に進学する人がほとんどである理Ⅲと同じクラスに編成される。理Ⅱの主な進学先のうち薬学部は人気が高く、80点以上の高得点が必要な年も多いため諦める人も少なくない。理Ⅲ以外から医学部へ進学する「医進」を目指す人もいるが、理Ⅱ生の枠で要求される成績は例年90点前後で全科類枠と大差なく、難関と言える。医進のためにサークルやアルバイトのような「普通の大学生活」を犠牲にして勉学に注ぎ込む場合も多く、理Ⅲに入り直した方が楽だという説も。文学部や経済学部などに文転する学生も珍しくない。

女子が約2割と他の理科類に比べて多いのも特徴。「女子がしっかりしていると、クラスがまとまる」とも言われ、五月祭や駒場祭での出店の時も企画がまとまりやすいという。

実は少ない生物選択

クラスは理Ⅲ生と合同だが、クラスによって理Ⅱと理Ⅲの関わりはさまざまだ。同じ科類同士で固まっていることもあれば、分け隔てなく仲が良いこともある。クラスメイトの交流は長く続きやすい傾向にあるという。

カリキュラムは数学がハードな理Ⅰと似ているため、数学弱者には厳しいようだ。ただ、理Ⅰよりも数理科学の必修が2単位少なく、生命科学の必修が3単位多い。生物選択は理Ⅱでも少数派で、力学や電磁気学は物理初学者向けの科目が用意される。生命科学系の講義や実験は、生物選択者にとっては高校で習ったことの連続だそう。ただし高校の学習内容と比べ分量は多いので、油断は禁物。

教えて！ 理IIライフ

井上《いのうえ》太《たい》喜《き》さん

●1年Aセメスターの時間割

	月	火	水	木	金
1		英語中級	線型代数学②		
2	微分積分学②	環境物質科学	中国語一列②	電磁気学A	
3	線型代数学・微分積分学演習	基礎実験	英語一列②／英語二列S	構造化学	
4	生命科学II		身体運動・健康科学実習II	教育臨床心理学	
5	現代社会論			分子生命科学	

※集中講義「伊豆に学ぶゼミ」「医科学最前線」

生物に興味を持つきっかけに

理Ⅱを受けたのは、理系の科類の中で最も合格しやすいと思ったからです。高校では物理と化学を選択していたものの、理Ⅱで必修授業が多い生物を学ぶことにそこまで抵抗はなかったので、それなら合格最低点が低い傾向にある理Ⅱを受験しようと思いました。

1Ｓセメスターは必修科目が多く、その課題や試験で手いっぱいになってしまいましたが、授業はとても面白かったです。初年次ゼミナール理科では３、４人ずつのグループで難解な論文を読み議論・発表したり、初めて研究室を見学したりしました。ALESSでは友人と３人で小松菜とビーツを用い、水の塩分濃度と植物の成長の関係などについて実験したことが印象に残っています。

所属している理Ⅱ・Ⅲ中国語選択のクラスは、落ち着いている人が多いです。コンパなどはあまりやりませんが、試験前はみんなで団結し協力して勉強します。

生命科学の授業が必修の理Ⅱに入ったおかげで、生物に興味を持つきっかけが増えました。後期課程では農学部に進学し、日本の農業を良くするような、社会に役立つ研究がしたいです。

理IIの初修外国語別学生数（19年度入学者）

性別	韓国朝鮮語	中国語	スペイン語	ドイツ語	フランス語	ロシア語	イタリア語	合計
男	12	112	134	72	64	15	31	440
女	2	17	40	22	27	4	4	116

理科Ⅲ類

なかなか出会えないエリートたち

主な進学先

・医学部

秀才たちの意外な一面

1学年約3000人のうち100人しかいない。人数が少ない上に理Ⅲ・医学部限定の部活・サークルに参加している学生も多いため、共に授業を受ける理Ⅲ生でない限りキャンパスで出会うことはめったにない。塾や家庭教師のアルバイトをしても待遇は別格で、他の科類では時給2000円程度なところ理Ⅲ生は時給4000円を超えることもある。

ただし、理Ⅲ生全員が入学後も真面目に勉強し続けるかといえば、必ずしもそうではないようだ。理Ⅲ生は単位をそろえれば基本的には医学部医学科へ進学できるため、理Ⅰ・理Ⅱ生のように点数を心配する必要はない。そのため、授業にほとんど出席しない理Ⅲ生もちらほら。もちろん、1・2年生のうちからゼミで医学に触れる熱心な理Ⅲ生も多い。シケタイとして特定の科目を真面目に勉強し、過去問の解答を作成する人などもいる。

医学部に入る前のモラトリアム

医学部に進学すると、必修科目が増えて勉強が忙しくなる。月曜日から金曜日までほとんど必修の講義や実習で埋まってしまい、これらの授業のために、毎日帰宅後には復習と翌日に向けた予習が必要。他の大学ならば6年間かけて習得する医学の知識を、東大では4年間で習得しなければならないと言えば、その大変さは伝わるだろう。理Ⅲ生にとって、前期教養課程は息抜きができる貴重な時期なのかもしれない。中には、根っからの数学好きが理学部数学科へ進学するなど、駒場の2年で自分を見つめ直して医学部以外に進学する学生も時々いる。

教えて！ 理Ⅲライフ

上田《うえだ》彩瑛《さえ》さん

●1年Aセメスターの時間割

	月	火	水	木	金
1			線型代数学②		
2	スペイン語一列②	科学技術社会論	英語二列S	身体運動・健康科学実習II	振動・波動論
3	構造化学	基礎実験	微分積分学②	英語中級	
4	生命科学II		微分積分学演習／線型代数学演習		電磁気学A
5			相対論		

医学部でも他学部の人と交流できる

高1の時、予防注射を受けた後になぜか体調を悪くするという怖い体験をしました。体の仕組みを学び、同様の不安を抱える人の力になりたいと、医者を志望するようになりました。東大を選んだのは、前期教養課程で幅広い分野を学びたいと思ったからです。

授業はクラスのみんなと同じものを中心に、生活リズムを意識して履修しました。1Aセメスターでは相対性理論など興味のある授業に1人で乗り込み、いろいろな科類の人と知り合うことができました。初年次ゼミナールでは、約20人中女子は私1人で初めは心細かったです。暗号理論に関する英語文献を読み実際にプログラミングする授業で、だいぶ難しかったですが、班で協力して乗り切りました。

クラスはとてもアットホームで仲が良いです。みんなで受けるスペイン語の授業が3限にあったので、授業前の昼休みに教室に集まって一緒にお昼を食べていました。

理Ⅲの魅力は、医学部に進む人でも授業や部活、サークルで他の科類や学部の人と交流できる点です。医学部では、自分の体の中で起きていることを理解し勉強していく中で、将来についても考えたいと思っています。

理Ⅲの初修外国語別学生数（19年度入学者）

性別	韓国朝鮮語	中国語	スペイン語	ドイツ語	フランス語	ロシア語	イタリア語	合計
男	0	15	30	16	17	3	1	82
女	0	1	5	6	6	0	1	19

コロナと東大4

授業のオンライン化で浮上した問題

世界中に猛威を振るった新型コロナウイルス感染症（ＣＯＶＩＤ—19）に対し、東大や東大生はどのように関わったのだろうか。ここでは、急きょ実施されることになったオンライン授業で相次いだトラブルについて見てみよう。

4月3日から一部の学部や研究科でウェブ会議システム「Ｚｏｏｍ」を利用したオンライン授業が始まった。全学でのオンライン授業の導入は初の試み。大学側も急な対応を強いられたことで、開始当初はトラブルが複数件発生した。

授業が始まった一部の学部では、東大の学務システム「ＵＴＡＳ」にアクセスが集中し、システムの利用が困難になる状態が相次いだ。ＵＴＡＳ内のシラバスに掲示されるオンライン授業のＵＲＬを求めて学生のアクセスが殺到し、想定以上の負荷がかかったためだ。その後、学生が授業のＵＲＬを保存したことや、ＵＴＡＳとは別に存在する学習管理システム「ＩＴＣ—ＬＭＳ」上にもリンクを記載するなどの措置により、接続困難は避けられた。経済学部はＵＴＡＳへのアクセスが困難となったことを受け、所属学生にオンライン授業のＵＲＬの一覧を送付する対応を取った。

経済学部のある授業は、授業の進行が妨害される「荒らし」の被害に。複数人の部外者が授業に乱入して奇声を上げながら授業スライドが映っている画面に落書きするなどし、授業の継続が困難となった。そのため、一度オンライン授業を解散し、再度学生を集めて授業を再開。Ｚｏｏｍのミーティングに悪意を持って入室し、ミーティングの進行を妨害する行為は「Ｚｏｏｍｂｏｍｂｉｎｇ」として問題となっていた。東大はＺｏｏｍを安全に使用するため、ソフトウエアを最新版にアップデートすること、授業参加にパスワードが必要となる設定にすることを推奨している。

他にも、授業のオンライン化に当たり、インターネット上で著作物を教材として用いる際の著作権に関わる問題も上がっていた。しかし4月10日、文化庁から著作物を教材として用いる許諾を簡潔にする「授業目的公衆送信補償金制度」を28日から施行することが発表され、オンライン授業を円滑に進めることが可能になった。

成績の評価が困難であるため、課題を出す授業が増え、学生が大量の課題をこなさなければならない状況も問題に。前期教養課程の必修授業であり、例年は学生の多くが種目を選んで実際に体を動かす「身体運動・健康科学実習」は、教科書を使った座学形式で実施され、レポートで成績を判断されるように変更となった。

遠隔の利点を用いつつ、オンライン授業の弱点を補うことが今後求められている。

初修
外国語
紹介

合格を勝ち取った新入生たちが
最初に行う手続きの一つが初修外国語の選択だ。
必修科目のため、慎重に決める必要がある。
新入生の中には、日本語・英語を含む3カ国語を
使いこなす学生を育てる
「トライリンガル・プログラム(TLP)」の受講条件を
満たす人もいるだろう。初修外国語の授業を担当する
教員にそれぞれの言語の魅力と特徴を
語ってもらった。

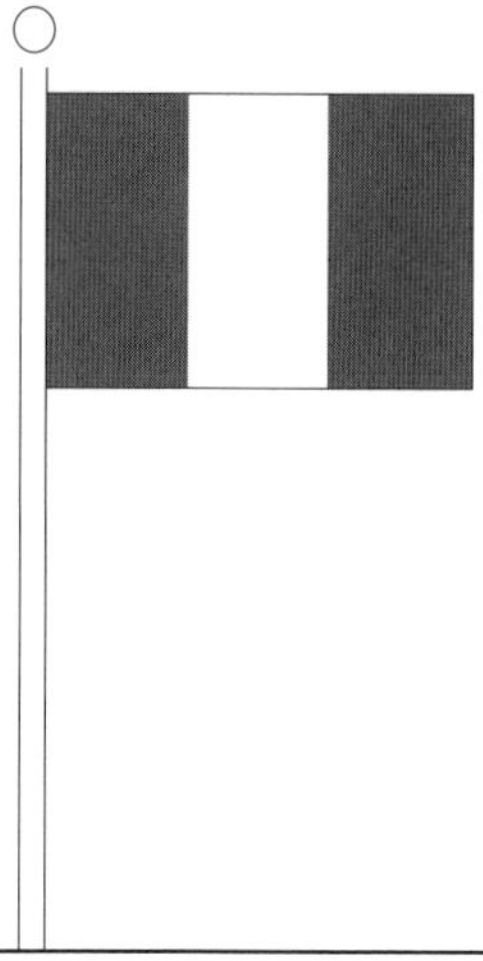

フランス語

On échoue toujours à parler de ce qu'on aime.
人は愛するものについていつも語りそこなう。
（ロラン・バルト）

とりわけフランス語が他の言語よりも魅力的というわけではない。例えば、すべての名詞に男女の性別があり、人称ごとに動詞の活用があるため、暗記事項は少なくない。発音は美しいと思うが、習得にはやはり練習が必要となる。フランス語はカナダ、スイス、ベルギー、モロッコ、アルジェリアなど多くの国で使われ、多様なアクセントと響きをもつだけでなく、国際舞台に出るために有利な言語だ、と言われているが、南米諸国でも使われているスペイン語や、グローバル化の進む現代での中国語の存在感を持ち出されたら、説得力は半減する。

とは言え、敢えてフランス語を学ぶ利点を考えてみよう。まずフランス語と英語を併せて学ぶことは、両言語の能力を上げるのに効率が良い。中世イギリスにフランス語が流入した歴史的経緯から、フランス語由来の英単語は少なくないからだ。また、社会に出ても、モード、食、アートに関わる分野では思いのほか重宝される。衣食住のうち衣食の分野は今もなおフランスの力はかなり強い。最後に、フランスの大学への道が開かれる。英語圏はもちろん、日本の国立大学と比較しても、フランスの大学の学費は極めて安い。人生に迷ったとき、国際的なキャリアを積みたいとき、遊学したいとき、フランスはかなり良い留学先となるだろう。

カリキュラムに関しては、基礎文法の他、インテンシヴやTLPなど実用重視の授業、文献講読の授業などが用意されており、フランス研修も毎年計画されている。ネイティヴの先生との気軽な「しゃベランチ」も是非《ぜひ》活用してもらいたい。

（桑田光平・総合文化研究科准教授）

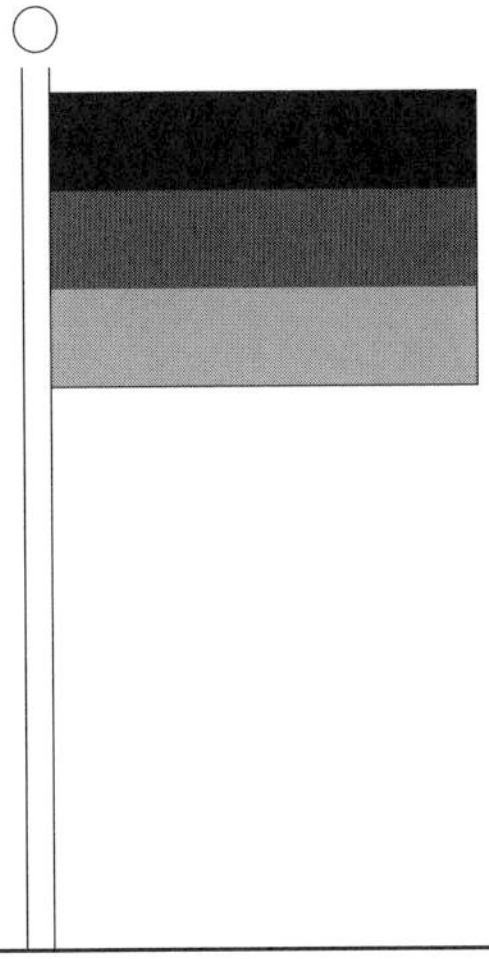

ドイツ語

Wovon man nicht sprechen kann,
darüber muss man schweigen.
語りえないことについては、沈黙しなければならない。
（ルートヴィヒ・ヴィトゲンシュタイン）

サッカー、ビール、ソーセージなど、ドイツについてはイメージがわくもの、ドイツ語となると何となく難しそう――そんな印象を抱いている方も多いでしょう。ですが、ドイツ語は、同じインド＝ゲルマン語族に属している英語と共通点が多く、みなさんにとって比較的学びやすい言語です。また、発音も基本的にほぼローマ字読みです。もっとも、名詞に性があったり、主語に合わせて動詞が微妙に変化したりと、はじめは英語との違いに戸惑うかもしれませんが、慣れていけば必ずマスターできます。

ドイツ語はドイツだけでなく、オーストリアやスイスなどで公用語として使用されています。ドイツ語圏からは、哲学、医学、化学、芸術などの幅広い分野ですぐれた業績が生み出されてきました。将来、カントの哲学書やカフカの小説に原文でチャレンジしても面白いかもしれません。また、今日のドイツは、EUの主要国として、経済や政治、環境問題などで世界をリードする存在です。ヨーロッパの〈いま〉を知るためにも、ドイツ語の能力は必ず役に立つことでしょう。

前期課程では、初年次の必修科目で、基礎文法を中心に、読解・会話・ヒヤリングを総合的に学習します。一年間で日常的なドイツ語表現をきちんと理解し、用いる力を養うことが目標です。そのほか、会話や作文など、初級から上級まで、さまざまな選択授業が用意されています。また、ドイツでの国際研修のプログラムもあります。一緒に楽しく学んでいきましょう。Viel Spaß!

（竹峰義和・総合文化研究科准教授）

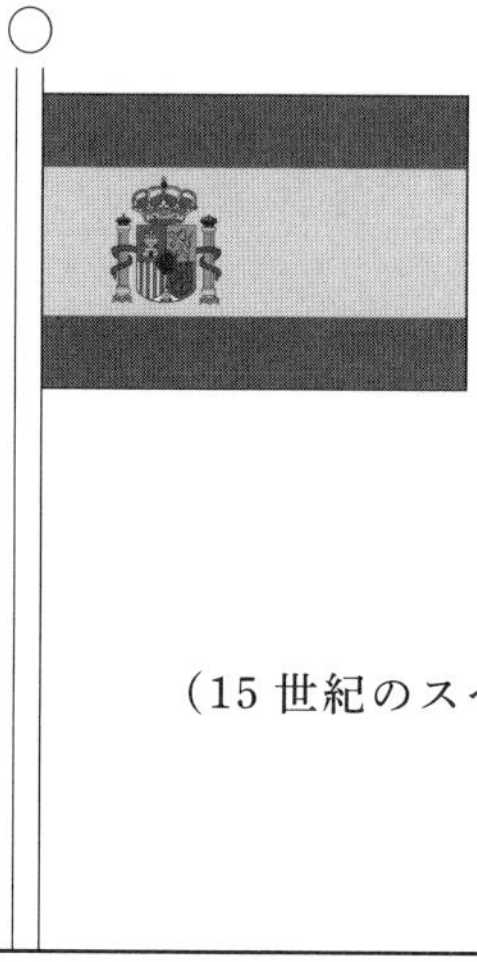

スペイン語

Nuestras vidas son los ríos que van
a dar en el mar, que es el morir.
われらの人生は川であって、死という名の海にそそぐ。
（15世紀のスペイン詩人ホルヘ・マンリケ作『父の死を悼む詩』より）

スペイン語は、比較的学びやすい言語といえる。発音はいくつかの規則を覚えれば、あとはローマ字読みで通用する。単語の意味も英語から類推できるものが多い。人称や時制を表す動詞の活用はかなりの数にのぼり、覚えるのに少々骨が折れるが、これにも規則性があるので恐れるに足りない。

スペイン語はスペインやラテンアメリカ諸国の人々をはじめ、全世界で約4億人に日常的に使われている（使用人口は世界の言語の中で第4位）。スペイン語を知れば、これだけ多くの人々との意思の疎通が可能になる理屈だ。文学を研究する立場から、もうひとつこの言語を学ぶ利点を挙げれば、それはスペイン語圏の文学を原文で味わえるようになることだ。近代小説の元祖『ドン・キホーテ』の作者セルバンテスを筆頭とする「黄金世紀」（16〜17世紀）の巨星たち、ガルシア・マルケスやバルガス・リョサら、20世紀後半に世界的なブームを巻き起こしたラテンアメリカの作家たち――読み応えのある文豪が目白押しだ。

統一教材を用いる「初修」の授業は、「文法」、「講読」、「演習」（理科生は選択）の三本柱で構成され、辞書を片手に新聞や雑誌の記事などが読めるようになることを目指す。さらに深く学びたい人のためにはインテンシヴ・コースや「中級」、「上級」の授業が用意されており、昨年の4月からTLPも始まった。

（竹村文彦・総合文化研究科教授）

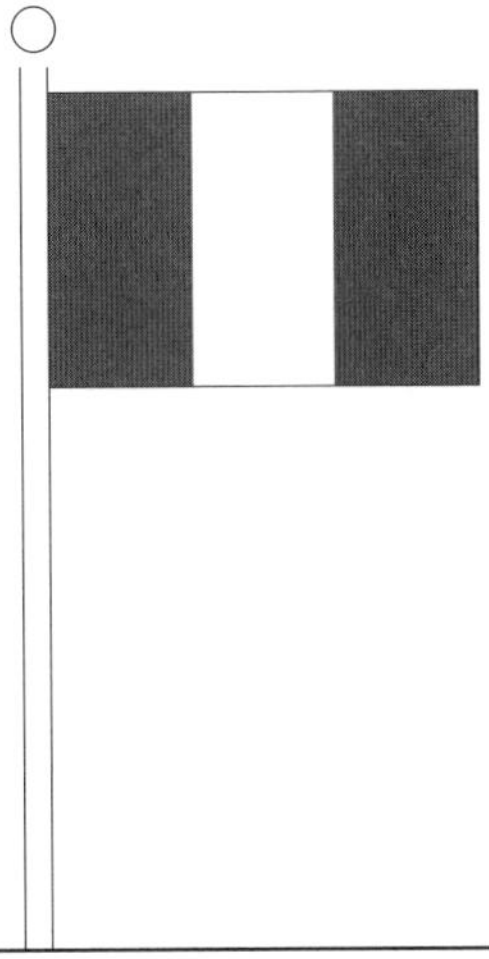

イタリア語

Il mondo è un bel libro,
ma poco serve a chi non lo sa leggere.
世界は美しい書物だが、
それを読むことのできない者には
ほとんど役立たない。
（カルロ・ゴルドーニ）

初修者にとって有り難いイタリア語の特徴は、母音が日本語と同じ「アイウエオ」の五つで、文字をローマ字のようにほぼそのまま読めばよいということです。また音楽の言葉とも言われるだけあり、歌のような節回しが耳にとても心地好く聞こえます。もう一つ、イタリア語はフランス語やスペイン語などとともにロマンス語の一つですが、古代ローマ帝国とそのラテン語との歴史的繫《つな》がりがどの国よりも強いために、その言語には、いわばラテン的精神が最も濃厚に宿っています。そしてまだ日本に紹介されていない魅力的な現代イタリア文学作品が数多くありますし、中世・ルネサンス期まで遡るならば、文学はもとより、思想や科学の分野でも、イタリアが世界をリードしていました。ダンテやボッカッチョなど中世のイタリア語も、今の普通の辞書でほとんど読める、というのも英独仏などにはない長所です。

前期課程のカリキュラムでは、クラス授業で文法の基礎を一年かけて習得し、一年の最後にはある程度長いイタリア語の文章を読みこなせるまでになります。よりモチベーションの高い学生には、会話、作文、中級イタリア語などの授業も準備しています。TLPは今年開始したいと思っていますが、まだ調整中です。これまでもTLPクラスに匹敵するインテンシヴやネイティブの先生方の授業科目が豊富に開講され、他言語の教育プログラムと比べて全く遜色ありません。毎年恒例のペルージャ外国人大学での夏季研修も検討中です。二千年以上の歴史に培われた「芸術的センス」と「人文的教養」の豊かな源泉で、皆さんの今後の人生にも大いに資するに相違ないイタリア語を、是非《ぜひ》学んで下さい。

（池上俊一・総合文化研究科教授）

ロシア語

…как ветром, как морем, как тайной,
Россией всегда окружён.
風、海、神秘かのように、
ロシアによって永遠に囲まれている。
（ウラジミール・ナボコフ「ふるさと」より）

サンクトペテルブルグに生まれ、のちに亡命しヨーロッパやアメリカで生きた作家ウラジミール・ナボコフは、自伝をロシア語と英語で書いていますが、タイトルも内容も異なり、それぞれの言語によって構成される特有の世界観の存在が確認できます。ナボコフはその自伝において、キリル文字とラテン文字を音として発音した際に感じる色合いや触覚、味覚について語っています。たとえば白っぽいものとして、キリル文字のНはセモリナ粥《がゆ》を、ラテン文字のNはオートミール粥を思い起こしているように、その感覚には生まれ育った場所や亡命した場所で彼が経験した物事が含まれています。このような事例から、2言語以上学ぶことは感性をどれだけ豊かにする力があるのかが伝わってきます。発音が極めて幅広いロシア語を勉強すれば、今まで気にしなかった自然や音楽の音が耳に入るようになります。また、世界時勢について新たな視点を持つための情報源としてロシア語で探してみるのも良いでしょう。理系の学生にとっては、数学や物理学のロシア語のインターネットフォーラムを見るのが有意義であるようです。旅行をする際には、ロシア語はロシアに限らず旧ソ連の多くの国やその他のロシア系移民の多い国で使用できます。近年では、ロシア語オリンピックのようなコンテストも行われ、チャレンジすることができます。前期課程では、ロシア語の基礎を身につけ、ロシア語話者とのコミュニケーションが取れるようになります。また、TLP下で習うロシア語の授業では、ヨーロッパ言語共通参照枠でのB1レベルを目指すとともに、文化的な事象にも触れる多くの機会があります。

（ゴロウィナ・クセーニヤ・東洋大学准教授）

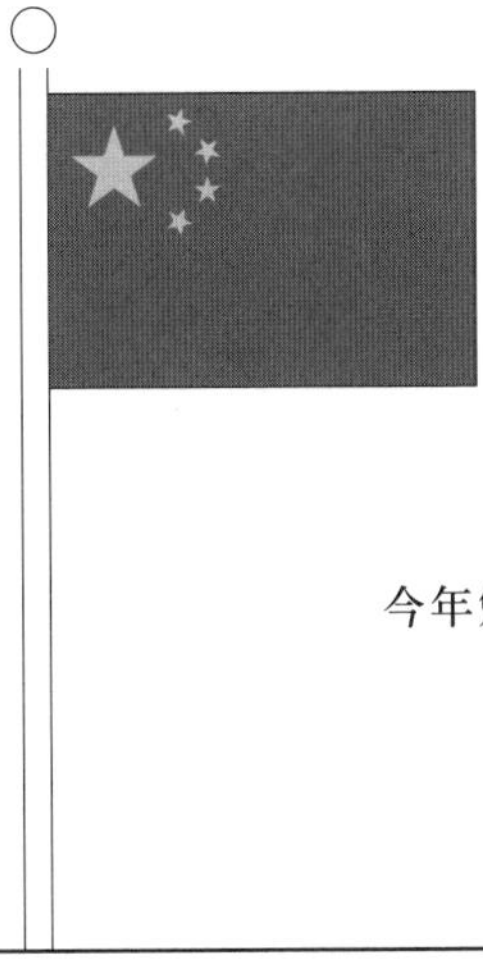

中国語

勿谓今年不学而有来年

Wù wèi jīnnián bù xué ér yǒu láinián

今年勉強しなくても来年が有るからなどと言ってはいけない。

（『古文真宝』「朱文公勧学文」より）

現代中国語は、漢語の北京方言を母体として構築された言語で、正式には「普通話」と称します。国家語として使用しているのは中華人民共和国のみですが、今日では国際的に重要な言語の一つとなっています。世界中どこでも中国人を見かける時代になりましたが、今やグローバル経済を担う一翼となった彼らの言語を身につけておくことは、実社会に出たときに経済・金融分野などで大いなる強みとなります。

現代中国語は発音・語彙《ごい》・文法とも漢文（古典中国語）とは異なりますが、習得したことで漢文をより合理的に理解できるようにもなるでしょう。発音面では、タイ語やベトナム語と同様に声調言語であり、音の高低が意味の弁別に関わる点が最大の特徴です。また、清音に強い呼気を伴う「有気音」と伴わない「無気音」の二種類が有ります。文字も中華人民共和国の言語政策による独自の筆画の簡略化を経た「簡体字」が正字体となっています。また、発音表記のためのローマ字「ピンイン」を覚える必要が有ります。

本学教養学部には、初修外国語のみならず既修外国語にも現代中国語の授業が用意されています。また、インテンシヴやTLPといった特訓型の授業も開講されています。勿論《もちろん》、第三外国語としても開講されています。本学には中国からの留学生が数百名在学していますが、現代中国語を履修することで、彼らとの相互理解を深めることができます。隣の中国人と如何《いか》に理解し合うか、その方法も会得されることを私たちは期待しています。

（吉川雅之・総合文化研究科教授）

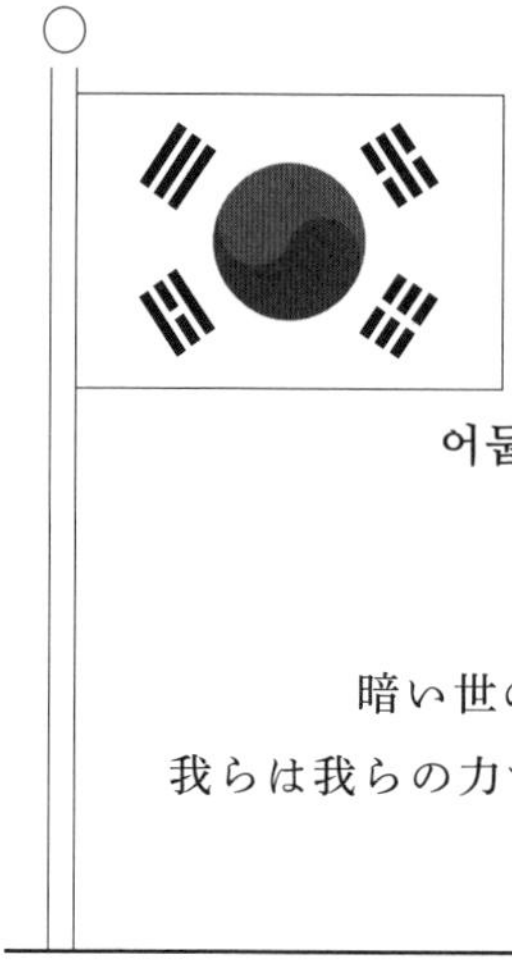

韓国朝鮮語

어둡던 세상이 평생 어두울 것이 아니요 무정할 것이 아니다.
우리는 우리 힘으로 밝게 하고, 유정하게 하고,
즐겁게 하고, 가멸케 하고, 굳세게 할 것이로다.
暗い世の中がいつまでも暗いはずはないし、無情なはずがない。
我らは我らの力で世の中を明るくし、情をあらしめ、楽しくし、豊かにし、
堅固にしていくのだ。（李光洙『無情』より）

古来、日本と朝鮮半島との関係は深く、韓国朝鮮語学習の歴史も長いものがあります。それは、朝鮮半島との長い間の交流と葛藤の歴史のなかで韓国朝鮮語の知識が、隣国の政治や社会、文化などを知るための重要な手段であったからです。

今日、日本と大韓民国・朝鮮民主主義人民共和国との関係は交流ないしは葛藤の局面にあり、しかも、朝鮮半島情勢は世界規模の関心事となっています。また、朝鮮半島にルーツを持つ人々も、いまや世界に広がって存在しています。いまだなお韓国朝鮮語の知識の重要性は失われていません。

さて、韓国朝鮮語は、語彙《ごい》や文法面で日本語と似たところが多いという点で特徴的です。初めて学ぶ人でも1年間しっかり学べば、辞書を引きながら論説文の類《たぐい》ならある程度読めるようになります。もっとも最初は、日本語にはない子音や母音の発音に少し苦労させられるかもしれません。また、韓国朝鮮語を表す文字ハングルも初めて接する人にはとっつきにくいかもしれません。ただ、努力さえすれば十分身につけられます。

駒場の韓国朝鮮語教育では、初級から上級にいたるまで文法、会話、講読、作文の授業は言うまでもなく、より応用力をつけようという人向けにインテンシヴの授業が開設されています。この他、TLPやソウル大学での語学研修プログラムも開設されています。ぜひ韓国朝鮮語を学び、隣国と世界、そして日本を見つめなおすきっかけとしてみてください。

（三ツ井崇・総合文化研究科准教授）

駒場生活
徹底解説

東大に入学したら、

全学生はまず駒場Iキャンパスで

前期教養課程の生活を送ることになる。

高校までと違い自分で受ける授業を全て

決めていかなければならず、

制度面に関して確認しておくべきことが山積みだ。

ただ、これらの情報を正確に把握しておくだけで、

有意義な東大生活をスタートできることは間違いない。

ここからは、駒場生活に関する基礎知識を紹介していく。

入学前後のイベントを予習

２０２０年度は新型コロナウイルスの影響で各種行事やイベントが中止となったため、ここでは２０１９年度を参考に「駒場生活」を解説する。

諸手続き

東大に合格して入学手続きを済ませた後の最初のイベントは、例年3月最終週にある諸手続き。理科、文科の順に2日にわたって開催され、入学に必要な手続きを1日で行う。具体的には、学生証番号や所属クラスの確認など。これらを済ませると、クラスの2年生との顔合わせやテント列（サークルの勧誘）へと誘導される。

◇

諸手続きは手続きが多いだけでなく、他にも多く来ている新入生を待つ時間もあるので、とにかく長い。手続きは前述の他、学生自治会や運動会の加入申し込み、各種資料の配布があり、受け取る書類も多い。そのため、多くの書類をまとめて入れられるような大きめのバッグを持参した方が良いだろう。

長い手続きを済ませると、所属クラスの2年生と会うことになる。そこでは主に、次に紹介するプレオリやオリ合宿の説明を受けることになるだろう。新入生にとっては恐らく最初に出会う先輩になるので、今後の学生生活で不安なことがあれば聞いてみるのも良いかもしれない。

例年1号館で行われる諸手続きを終えると、その出口にはテント列が待ち構えている。名前の由来は、いろいろなサークルがテントを張っている様子から来ている。各サークルは道を通る新入生に手当たり次第声を掛け、半ば強引にそれぞれのテントへと連れ込み、連絡先を聞くことも。その強引さから、テント列を嫌う東大生も少なくない。一度テント列に入ると、出口にたどり着くまで1〜2時間かかることも。テント列が嫌な人、諸手続きの後に用事がある人などは、入る直前にその旨を伝え、抜けることができる。しかし、新入生としてもてはやされる一生に一度の貴重な機会でもある。サークル探しも兼ねて飛び込んでみれば、案外良い思い出になるかもしれない。

諸手続きの次は学部ガイダンス。施設利用や履修上の注意、後述するFLOWのクラス分けなど、学生生活に関わる説明をされる。学部ガイダンスは午前中のうちに終了し、午後はサークルオリ（サークルが勧誘のため学内各所にブースを設置している）が行われる。テント列とは異なり、各サークルの説明を落ち着いて聞くことができるイベントなので、興味のあるサークルに足を運んでみよう。

プレオリ・オリ合宿

サークルオリとほぼ同時期に行われるのが、クラスの2年生が新入生と顔を合わせるプレオリ（懇親会）。その後には、オリ合宿で2年生と新入生が旅行に行くのが恒例となっている。

◇

プレオリではクラスの2年生と初めてきちんと対面するだけでなく、同じクラスの新入生を初めて認識することになる。後日彼らとオリ合宿に行くことになるので、ここで声を掛けて友達を作っておくのも良いだろう。プレオリの夜は、2年生に連れられてご飯を食べに行くことが多いようだ。

ほぼ初対面の人たちと行くオリ合宿は、クラスによって行き先や内容がさまざまだ。例としては、尾瀬や秩父、河口湖、山中湖など。行程表は全て各クラスの2年生が考えているため、オリ合宿が盛り上がるかどうかは2年生次第と言える。ただし、そこまでしっかりとしたスケジュールが組まれていなくても、周りと話す時間が増え結果的に友達も増える良いオリ合宿になることが多いようだ。

オリ合宿の夜は多くの場合懇親会が開かれ、クラスのさまざまな役職決めが行われる。具体的には、次年度のオリ合宿の計画などを担当するオリ長、クラスのコンパを主催するコンパ長、試験対策のプリント「シケプリ」を一括して管理するシケ長など。その後、履修の仕組みをまだ把握できていない新入生のために、2年生のアドバイスをもらいつつ履修を決めることが多く、後述する総合科目L系列英語中級・上級のように抽選が必要な科目の抽選登録を行うこともある。

入学式・五月祭

東大は珍しいことに、授業が入学式よりも前に始まる。ただ最初の1週間は簡単なガイダンスにとどまるものが多く、特に肩肘を張る必要もない。何を履修するかあらかじめ大まかに決めておき、興味のある授業の説明を受けるという程度だ。

入学式は例年、東大の創立記念日にあたる4月12日に開かれる。総長の話などを聞くだけでもちろん出席を取られることはないので、欠席する人も一定数存在する。しかし、自分が東大に入ったことを実感できる機会でもあるので、特別な理由がない限り出席することをお勧めする。

入学式が終わると、五月祭まで約1カ月。1年生はクラスで模擬店を出して親睦を深めるのが毎年の恒例で、その準備に追われることになる。何を売るかは各クラスの五月祭委員が主導となって決定するため、その種類は多岐に渡る。アイスやタピオカドリンク、牛串などクラスによってさまざまだ。ちなみに当日は晴れの場合気温がかなり高くなるので、冷たいものがよく売れるらしい。クラスによって赤字・黒字はもちろん異なるが、利益が出た場合は打ち上げなどに還元されるようだ。売り上げをきちんと出すために、装飾や宣伝に工夫を凝らしたものが近年は多く見られる。

駒場の履修の手引き

授業の開講期間や種類、必要な単位について徹底解説。
前期教養課程の基本を抑えよう。

東大に入学した学生は全員、２年間の教養学部前期教養課程に所属する。後期課程で専門的に学ぶ前に幅広い学問に触れ、豊かな知識と広い視野を身に付けることが狙いだ。

前期教養課程から後期課程に進む際には、進学選択という制度がある（15年までは「進学振分け」と呼ばれた）。前期教養課程での幅広い学びを経て自分の行きたい学部・学科を選択できるという制度だが、これには前期教養課程での成績が影響する。影響の程度は科類によって異なるが、学生からの人気が高い学部・学科に行くには好成績を取らなければならないことが多い。

ここでは、前期教養課程の授業の内容や、科類ごとに必要な単位の詳細を紹介していく。

◇

15年度から４ターム制の導入に伴い、前期教養課程では図のように１年がＳ１、Ｓ２、Ａ１、Ａ２の四つのタームに分かれ、各科目はターム型の授業もしくはセメスター型の授業が開講されることになった。ターム型の場合、各タームは２カ月ほどで、１０５分×７回の授業で構成される。セメスター型の場合、Ｓ１とＳ２を合わせてＳセメスター、Ａ１とＡ２を合わせてＡセメスターと呼び、各セメスターは１０５分×13回の授業で構成される。。４ターム制導入と同時に、科目ごとの学習時間確保のために基本的には１セメスター当たり30単位までしか履修できないというキャップ制も導入された。しかし18年度からは、１Ｓセメスターの成績優秀な者に限り上限を解除する例外措置が導入された。

◇

前期課程で履修できる科目は大きく分けて４種類存在する。一つ目は基礎科目で、前期課程で最低限身に付けておくべきとされる基本的な知識・技能などを習得するための科目。いわゆる「必修科目」で、割り当てられた基礎科目は必ず履修しなければならない。

二つ目は総合科目。総合科目が扱う分野は多岐にわたり、文理合わせて７系列に分かれて開講されている。15年度からは、これまでのＡ～Ｆ系列に加え、Ｌ系列が新設された。Ｌ系列は英語やその他外国語の授業で構成されている。

三つ目は主題科目だ。主題科目は講義形式

<table>
<tr><td>4月</td><td rowspan="2">S1ターム</td><td rowspan="4">S
セメスター</td></tr>
<tr><td>5月</td></tr>
<tr><td>6月</td><td rowspan="2">S2ターム</td></tr>
<tr><td>7月</td></tr>
<tr><td>8月</td><td rowspan="2"></td><td rowspan="2"></td></tr>
<tr><td>9月</td></tr>
<tr><td>10月</td><td rowspan="2">A1ターム</td><td rowspan="4">A
セメスター</td></tr>
<tr><td>11月</td></tr>
<tr><td>12月</td><td rowspan="2">A2ターム</td></tr>
<tr><td>1月</td></tr>
<tr><td>2月</td><td rowspan="2"></td><td rowspan="2"></td></tr>
<tr><td>3月</td></tr>
</table>

のものから実習形式のものまで、自由度の高い授業が展開される。

四つ目は、展開科目。展開科目は前期教養課程の基礎科目と後期課程の専門科目の懸け橋となることを目的に、社会科学ゼミナール、人文科学ゼミナール、自然科学ゼミナールの三つが開講される。

総合科目、主題科目、展開科目については、自分の興味に沿って比較的自由な選択が可能になっている。ただし、完全に自分の好きな科目だけというわけにはいかない。前期教養課程修了に必要な単位数を確保できるよう考えながら、好きな科目を履修しよう。

◇

後期課程に進学するためには以下の表に示されている必要最低単位数以上の単位を、2年生のA2タームまでに取得しなければならない。文科生は全部で56単位、理科生は63単位が必要となる。

第2章

前期教養課程修了要件（2019年度入学の場合）

<table>
<tr><th colspan="3">理科</th><th colspan="2" rowspan="2">科目</th><th colspan="3">文科</th></tr>
<tr><th>理III</th><th>理II</th><th>理I</th><th>文I</th><th>文II</th><th>文III</th></tr>
<tr><td></td><td></td><td></td><td colspan="2">基礎科目</td><td></td><td></td><td></td></tr>
<tr><td></td><td></td><td></td><td colspan="2">（文理共通）</td><td></td><td></td><td></td></tr>
<tr><td>5</td><td>5</td><td>5</td><td colspan="2">既修外国語</td><td>5</td><td>5</td><td>5</td></tr>
<tr><td>6</td><td>6</td><td>6</td><td colspan="2">初修外国語</td><td>6</td><td>6</td><td>6</td></tr>
<tr><td>2</td><td>2</td><td>2</td><td colspan="2">情報</td><td>2</td><td>2</td><td>2</td></tr>
<tr><td>2</td><td>2</td><td>2</td><td colspan="2">身体運動・健康科学実習</td><td>2</td><td>2</td><td>2</td></tr>
<tr><td>2</td><td>2</td><td>2</td><td colspan="2">初年次ゼミナール</td><td>2</td><td>2</td><td>2</td></tr>
<tr><td></td><td></td><td></td><td>（理科）</td><td>（文科）</td><td></td><td></td><td></td></tr>
<tr><td>3</td><td>3</td><td>3</td><td>基礎実験</td><td>社会科学</td><td>8</td><td>8</td><td>4</td></tr>
<tr><td>10</td><td>10</td><td>12</td><td>数理科学</td><td>人文科学</td><td>4</td><td>4</td><td>4</td></tr>
<tr><td>10</td><td>10</td><td>10</td><td>物質科学</td><td></td><td></td><td></td><td></td></tr>
<tr><td>4</td><td>4</td><td>1</td><td>生命科学</td><td></td><td></td><td></td><td></td></tr>
<tr><td></td><td></td><td></td><td colspan="2">総合科目</td><td></td><td></td><td></td></tr>
<tr><td colspan="3">3</td><td colspan="2">L　言語・コミュニケーション</td><td colspan="2">9</td><td rowspan="4">3系列以上にわたり、Lから9を含め17</td></tr>
<tr><td colspan="3" rowspan="4">2系列以上にわたり6</td><td colspan="2">A　思想・芸術</td><td colspan="2" rowspan="3">2系列以上にわたり6</td></tr>
<tr><td colspan="2">B　国際・地域</td></tr>
<tr><td colspan="2">C　社会・制度</td></tr>
<tr><td colspan="2">D　人間・環境</td><td colspan="2" rowspan="3">2系列以上にわたり6</td><td rowspan="3">2系列以上にわたり8</td></tr>
<tr><td colspan="3" rowspan="2">2系列にわたり6</td><td colspan="2">E　物質・生命</td></tr>
<tr><td colspan="2">F　数理・情報</td></tr>
<tr><td colspan="3">2</td><td colspan="2">主題科目</td><td colspan="3">2</td></tr>
<tr><td>2</td><td>2</td><td>3</td><td colspan="2">その他に取得しなければならない単位</td><td>4</td><td>4</td><td>4</td></tr>
<tr><td>63</td><td>63</td><td>63</td><td colspan="2">合計</td><td>56</td><td>56</td><td>56</td></tr>
</table>

（注）一部学生は例外あり

基礎科目

文理共通

・既修外国語

既修外国語は多くの学生が英語を選択するので、ここでは英語を既修外国語とした場合について説明する。もちろん、既修外国語は英語以外の言語も選択できる。

前期教養課程で必修の英語の授業には、「英語一列」「英語二列」「総合科目L系列」の3科目がある。

英語一列の講義は、教養学部英語部会が作成した教科書の読解を基本とし、全クラス共通の視聴覚資料を併用して行われる。クラスは習熟度別に3段階に分けられ、1年生のＳ1・Ｓ2タームは入試英語の点数、それ以降は英語一列の期末試験の成績が基準として用いられる。成績上位者のグループ1は全体の10％、次のグループ2は30％、グループ3は60％となるようにクラスの振り分けがされる。

英語二列は2単位のＷ（ライティング）、1単位のＳ（スピーキング）により構成されている。Ｗでは英語で学術論文を執筆する方法を学ぶ、文科生用のＡＬＥＳＡ（Active Learning of English for Students of the Arts）、理科生用のＡＬＥＳＳ（Active Learning of English for Science Students）を行う。ＡＬＥＳＡでは人文・社会科学系の英語論文を読み込み、実際に論文執筆・発表を行う。ＡＬＥＳＳは各自実験を行い、英語で論文にまとめ、発表・討論するものだ。Ｓでは15年度からＦＬＯＷ（Fluency-Oriented Workshop）が始まった。ＦＬＯＷは授業が全て英語で行われる少人数制の授業で、討論、個人やグループ単位での発表、自身の英語スピーチのビデオ撮影などが行われる。学生のスピーキング力を鍛えることを目的としている。

総合科目L系列には中級と上級が用意され、習熟度に合わせて学生が選択できるようになっている。リスニングや読解などさまざまな授業があり、学生が履修したい授業を選べるようになっている。

・初修外国語

新入生が入学手続き時に決めなければならないのが初修外国語だ。ドイツ語、フランス語、中国語、ロシア語、スペイン語、韓国朝鮮語、イタリア語の七つから選択できる。（各言語の特徴については１１９ページからの「初修外国語紹介」を参照）

文科生・理科生共に、主に文法などの内容を扱う「一列」「二列」を履修し、文科生はそれに加えて、総合科目L系列として会話練習などが中心の「演習」の授業を履修する。理科生は6単位、文科生は演習を含めて10単位が要求され、新入生はＳセメスターにおいて初修外国語を週に2〜3コマ履修することになる。

加えて、入学時に上位1割程度の英語力を有すると認められた学生は、初修外国語を集中的に鍛えるトライリンガルプログラム（ＴＬＰ）に参加することができる。２０２０年度は、イタリア語以外の言語でＴＬＰが用意されている。

・情報

高校の必修科目「情報」の延長となる科目。全科類で2単位必要となる。

授業は情報教育棟で実施され、iMac端末を利用した実習を交えて行われる。実際の授業の内容は担当教員によって異なるが、文科生は社会システムとの関わりを重視し、理科生はアルゴリズムなども扱う。

・身体運動・健康科学実習

高校までの「体育」に相当する科目。運動による健康増進を目的としている。全科類で2単位の取得が必要となる。

授業は種目ごとに分かれて実施。種目はサッカー、ソフトボール、バドミントン、サイエンスなど複数の中から選択できる。運動が困難な学生向けには、要許可制のメディカルケアコースも開講されている。また応急手当ての仕方など、「保健」のような実習形式の授業も何度か行われる。

学生の間では「スポ身」という略称で呼ばれているが、これはこの科目の旧称「スポーツ・身体運動実習」に由来する。

・初年次ゼミナール

初年次ゼミナールは15年度から1年生を対象に始まった必修科目で、20人程度の少人数で行わる。「初年次ゼミナール文科」では担当教員の専門に近い分野についてテーマを設定し、最終的には小論文を執筆。理科生向けの「初年次ゼミナール理科」では各教員が自身の専門を生かした授業を展開し、問題発見・解決・論文読解・実験データ解析など複数の手法で科学的な研究を体験する。学生はグループワークによる討論を行い、最終的には論文やプレゼンテーションの形で研究内容を他人に伝える方法を学ぶ。

文科生のみ

・社会科学

講義形式の授業で、「法」「政治」「経済」「社会」「数学」の5分野に分かれる。履修できる分野には制限があり、例えば文Ⅰは「法」2科目か「政治」2科目、文Ⅱは「経済」2科目か「数学」2科目を必ず履修しなければならない。

同じ科目名でも、担当教員や開講時期によって内容は異なる。20年度Sセメスターでは「社会における法の役割（法Ⅰ）」、「比較政治学入門（政治Ⅰ）」、「発展途上国における経済と社会（経済Ⅰ）」などが開講されている。

・人文科学

「哲学」「倫理」「歴史」「ことばと文学」「心理」の5分野の講義がある。文科生はこの中から2分野以上にわたり2科目以上を履修しなければならない。

社会科学と同様、同じ科目名でも担当教員や開講時期によって内容は異なる。20年度Sセメスターでは「人間探求 自己探求としての倫理、そして、他者とともにこの世界で生きるための倫理の探求（倫理Ⅰ）」、「東部ユーラシアの近世：海域と内陸の視点から（1）（歴史Ⅰ）」、「『万葉集』東歌を読む（ことばと文学Ⅱ）」などが開講されている。

理科生のみ

・数理科学

高校の「数学」の内容を発展させた科目。

「数理科学基礎」「微分積分学」「線型代数学」「微分積分学演習」「線型代数学演習」が理科全科類で必修となっており、理Ⅰではさらに「数理科学基礎演習」「数学基礎理論演習」が必修となる。

・物質科学

「力学」「熱力学」「電磁気学」という物理科目と「構造化学」「物性化学」「化学熱力学」という化学科目に分かれる。「大学では化学は物理に、物理は数学になる」という言葉通り、物理科目では法則に基づいた微分積分などの計算が主となり、化学科目では量子論など高校では物理として扱う項目を学ぶ。なお、理Ⅰは主に「熱力学」を履修し、理Ⅱ、理Ⅲは「化学熱力学」を履修する。

入試の時に物理を受験していない学生については、「力学」、「電磁気学」の2科目で初歩から学べるBコースが用意されている。

・生命科学

高校の「生物」の延長だ。理Ⅰは「生命科学」1単位のみが必修だが、理Ⅱ、理Ⅲは「生命科学Ⅰ」「生命科学Ⅱ」の計4単位が必修となる。

内容としては分子生物学、遺伝学を中心に、幅広く生命現象について理解を深めていく。

・基礎実験

物理学、化学、生物科学についての基礎実験を行う。各科目で1単位ずつ、計3単位が必修となる。

「基礎物理学実験」では実験の他に関数電卓を用いた複雑な計算を行ったり、データの処理などを行ったりする。「基礎化学実験」では無機化学、有機化学の両方について多岐にわたる実験を行う。どちらも基本的に2人1組で行うが、要領が悪いと実験が長引き、時間通りに終わらないこともある。

「基礎生命科学実験」では植物や動物の組織をスケッチしたり、カエルの解剖をしたりする。電気泳動を行ったり、大腸菌の遺伝子を改変させたりする実験もある。

総合科目

総合科目はこれまで見てきた基礎科目が入っていないコマに開講されている講義を履修することができ、学問分野ごとに7系列に分かれている。L系列は英語や第三外国語、古典語で構成されており、15年度に新設された分野だ。A～C系列は文系寄りの講義となっており、A系列は思想・芸術、B系列は国際・地域、C系列は社会・制度を扱う。D系列は人間・環境となっていて、文系と理系の中間に当たる。E～F系列は理系寄りの講義で、E系列が物質・生命、F系列が数理・情報となっている。

主題科目

主題科目には「学術フロンティア講義」「全学自由研究ゼミナール」「全学体験ゼミナール」「国際研修」の4種類がある。全科類で2単位が必修だが、何科目でも履修することができる。

「学術フロンティア講義」では、最先端の研究動向や領域横断的なテーマについての講義が行われる。「全学自由研究ゼミナール」は教員や学生が選んだ、学問分野にとらわれない幅広いテーマの下、演習や議論、講義を行うもの。「全学体験ゼミナール」ではより体験重視の授業が展開され、研究室に数日間体験入室して研究内容の一端を体験するというものから、作曲や指揮の指導まで、内容は実に多彩だ。「国際研修」は国際交流、グローバルな視野の養成を目的とし、海外の大学との共同実習や短期の海外研修などさまざまな形で授業が行われる。

主題科目は夏休みの短期間で集中的に実施されるものなど、普段の授業とは別の時間帯にあることも多い。

展開科目

展開科目は大きく社会科学ゼミナール、人文科学ゼミナール、自然科学ゼミナールの三つに分かれており、それぞれがさらに哲学・科学史、歴史学のように分かれている。内容としては基礎科目での学びを主体的に展開させるための素地となる能力を身に付け、専門的な学びへの動機付けを図るものとされている。15年のA1タームで初めて授業が行われた。なお、展開科目は必修科目ではない。

2020年度Sセメスターに開講予定の展開科目（一覧）

なお、新型コロナウイルスの影響により不開講となった科目には（※）を付した。

授業科目名		講義題目
社会科学	法･政治	The Economistを読む
	法･政治	ヨーロッパ中世（11-14世紀）の法学
	法･政治	公法学の判例を読む
	経済･統計	ルーマンを読む―マスメディアのリアリティ
人文科学	哲学･科学史	倫理学の重要文献を日本語で読む（※）
	歴史学	18世紀フランスの社会史――啓蒙期の公と私、公共空間を考える――
	テクスト分析	中国の都市=農村関係を考える。
	テクスト分析	ロシア語テクスト講読（※）
自然科学	生命科学	放射線関連技術の最先端と地域振興の現状（※）
	生命科学	「花と昆虫の野外生物学」（※）
	数理科学	圏論入門
	数理科学	自然科学に現れる微分方程式
	情報科学	COVIDに立ち向かう和と公共性

『2020年度　Sセメスター 科目紹介（シラバス抜粋）･時間割表』を基に東京大学新聞社が作成

履修体験記（総合科目）

20年度Sセメスターに開講予定の講義題目には、次のようなものがある。

系列	授業科目名	講義題目
L	英語中級	現代アメリカにおける差別と平等
	古典語初級（ギリシア語）I	古典ギリシア語の手ほどき
A	外国文学	フランス文学のエチュード
	現代思想	和歌と赦しの現代哲学
B	平和構築論	平和構築とメディア
	世界史論	「主権国家の克服？―国際連盟と国際連合の歴史」
C	日本の政治	日本の権力構造：安倍長期政権の解明
	現代教育論	教育・学校心理学
D	住環境の科学	人と木と木造建築
	身体運動メカニクス	スポーツ動作を科学する
E	相対論	相対性理論入門
	植物科学	植物の不思議を考える
F	計算機プログラミング	プログラム構成論
	情報システム基礎I	足からロケットまで…走る／飛ぶ／探る科学入門

『2020年度　Sセメスター 科目紹介（シラバス抜粋）・時間割表』を基に東京大学新聞社が作成

国際・地域I（PEAK）（B系列、17年度受講）

教養学部には英語コース（PEAK、Programs in English at Komaba）がある。初等・中等教育を日本語以外で学習した学生などを対象に設置されており、学生は原則全ての授業を英語で受ける。

PEAK生向けの授業は一般入試で入学した学生も受けることができ、本授業もその一つだ。17年度は、17世紀から20世紀後半までの東アジアについて、日本、中国、韓国で起きた歴史的出来事を切り口に考えていくという内容だった。毎週資料や論文などの読書課題が与えられ、授業は課題の内容を基に講義とグループディスカッションで構成される。約15人ほどの受講生の出身地は中国や韓国、ベトナムなどさまざまで、討論では新鮮な歴史の捉え方に触れることができる。駒場にいながら海外大学の授業に出ている気分だ。

人類科学（E系列、19年度受講）

人類学専攻の教員によるオムニバス講義。人類の進化をテーマに、遺伝学、解剖学、動力学から言語学や環境社会学まで、幅広い分野における最新の研究について学べるお得な授業だ。毎回異なる先生方はとても個性的で、「入門的な内容」をうたいながらマニアックな話を早口でまくしたてる先生、受講生をやたらと自分の研究室に勧誘する先生、授業開始1時間後に肩で息をしながら教室に駆け込み誤字脱字だらけのスライドで講義する先生など、各人の言動を観察しているだけでも楽しめるはず。成績評価はレポートで、与えられた問いの中から自分の好きな分野を選ぶことができる。問いに答えてさえいればアプローチの仕方は正しく何でもあり。筆者は人類の言語能力の進化をカント哲学における「分析」「綜合」概念に基づいて考察したところ、無事に「優」をもらった。

履修体験記（主題科目）

ここでは、20年度Sセメスターに開講予定だった主題科目の一端を紹介する。なお、開講予定だったものの新型コロナウイルスにより不開講となった授業には（※）を付した。

講義題目	
学術フロンティア講義	合唱音楽の実践的研究（※）
	彫刻演習─見方の角度を考える（※）
	エコで安全で健康な社会を実現する機械工学
	現代の数学─その源泉とフロンティア─
全学自由研究ゼミナール	豊かな人生設計に必要な金融リテラシーを学ぶ ─実務の最前線で奮闘する官僚が語る─
	多文化社会と教育─移民の子どもたちをめぐる現状と課題の理解
	日本の医療の光と影
	空飛ぶ車を実現するための機械工学（※）
全学体験ゼミナール	ラテンアメリカ音楽演奏入門（※）
	囲碁で養う考える力（※）
	細胞培養に挑戦してみよう（※）
	東大アントレプレナーシップ･サマー･ブートキャンプ
国際研修	イタリアで考古学を体験する（※）
	フィールドワークを通じて考えるインドネシアの環境と生活（※）
	ボン大学ドイツ語サマースクール（※）
	ソウル大学校韓国語研修 サマープログラム（※）

『2020年度　Sセメスター 科目紹介（シラバス抜粋）･時間割表』を基に東京大学新聞社が作成

森に学ぶ（ふらの）前編 北海道の大地に学ぶ（全学体験ゼミナール、18年度受講）

「大自然のただ中に身を置いて、人間の小ささを感じてみよう。そして、自分が押しつぶされそうな日頃の重大問題のことを思ってみよう。何かしら道が開けることがあるかも知れない…」（シラバスより引用）。本授業では北海道中央部に位置する標高1912mの富良野岳を登り、自然と深く関わりのある一次産業、特に林業について体験的に学ぶ。夏休み中の5日間を使って開講されたが、登山に慣れるため、学期中の週末を利用して2回ほど関東近郊の山を日帰りで登った。

頂上から目下に広がる壮大な景色を眺めながら、また青々とした湿原の中に身を横たえ五感で自然に浸かりながら、都会暮らしの中ではあまり意識しない一次産業の意義について深く考えさせられる。学生と農学部の教員が数人ずつというぜいたくな環境で寝食・苦楽を共にし、夜な夜な語らい合う夏のひとときを味わえることも、醍醐味《だいごみ》の一つだ。

「アイデアを形にするモノづくり体験～ロボットから家電まで～」（全学体験ゼミナール、19年度受講）

通称「ものゼミ」。micro:bit（マイクロビット）という初心者でも扱いやすいマイコンボードと付属キットを使い、ものづくりとプログラミングの基礎を学べる週末集中型講義だ。講義前半でプログラミングの基礎やツールの使い方を学び、後半の体験・実装の時間でまずは「オリジナルな時計」作りに向け手を動かす。講義中盤からはチームワークとなり、各チームが身近な課題解決を目指して立案・実装・発表に挑戦。過去には「料理中も触らずにスマホのレシピをスワイプできる装置」をはじめ、多彩な作品が生まれた。先生やTAもたくさんいるので、初心者でも安心。講義の合間に工学研究の雑談あり。進学選択前にこの講義を受けて工学部進学を決めた受講者もいるとか。進路に迷っている人もそうでない人も、ものづくりに少しでも興味があれば受けてみてほしい。

コロナと東大5

キャンパスなき大学生活の苦悩

世界中に猛威を振るった新型コロナウイルス感染症（ＣＯＶＩＤ—19）に対し、東大や東大生はどのように関わったのだろうか。ここでは、感染拡大を受けて翻弄された大学生活に目を向けてみよう。

ＣＯＶＩＤ—19の感染拡大に伴いオンライン授業が全面的に実施され、キャンパスに通学しない新学期が始まった。しかし、それに至るまでに学生の間にはさまざまな混乱が生じた。

九州出身で、新入生のＡさんは、諸手続きなど新入生向けの行事に合わせ３月下旬に上京し、新居に入居した。長距離移動による感染リスクが指摘される中「(３月19日に教養学部から）オンライン授業の導入が発表されていて、対面型の授業がないかもしれないのにわざわざ諸手続きに来させるという対応は疑問に思いました」。

結局、諸手続き以降に実施予定だった新入生向けの学部ガイダンスやサークルオリエンテーションなどの行事が中止になったため、３月28日に帰省。万が一ロックダウン（都市封鎖）が起きた場合に実家に帰れなくなることなどを懸念し、家族と相談した上での決断だった。新居はほとんど生活の準備ができないまま。「東京での生活がいつ始まるか分からないので仕方ないことですが、実家にいる間の新居の家賃が本当にもったいないです」

東大ではオンライン授業と並行して、ウェブ会議システム「Ｚｏｏｍ」などを使用したサークルの新歓活動が積極的に行われた。しかし「オンラインで顔を出すことに抵抗感があった」というＡさんはサークルの新歓イベントには参加せず、しばらくサークルに入る予定もないと語った。

学業に関わる問題も生じている。学内の図書館が閉館していた４月、学部４年生の中には卒業論文執筆に向けた研究が十分にできていない学生も。幸い一部の図書館は6月に再開したが「入社予定の企業の入社条件が『卒業すること』なので、万が一卒論を完成させられなかったときのことを考えるとぞっとします」という声もあった。

成績に関わる問題も生じた。前期教養課程では成績の点数が進学選択に関わってくるため、厳正に成績評価をつけることが教員に求められる。６月18日に発表された文書では太田邦史総合文化研究科・教養学部長が、期末試験における不正行為を行わないよう呼び掛けた。試験の中には、ウェブカメラもしくはスマホでパソコン画面・手元・顔の３点が常に映る状態で解くなどの「モニタリング」を義務付けるものも。

通学しない大学生活。この非日常が終わりを迎えるのは、まだまだ先のことかもしれない。

PEAK紹介

英語での学位取得コース、PEAK。

留学生のためだけのコースではなく、

全学の学生に開かれたものが目指されている。

キャンパスの国際化という課題への秘策としての

PEAKに迫った。

PEAKを知る

キャンパスの国際化へ

PEAKは、全授業が英語で行われるコースだ。各国から集まった1学年約30人の学生が学んでいる。1学年約3000人の学部生の中では小さなコースだが、かけられる期待は大きい。

東大ではキャンパスの国際化が長年の課題だった。PEAKが開設された12年当時、THE世界大学ランキングの総合評価で27位（国内首位）となった一方、国際性の概況では300位以下（国内5位）になるなど、外部からも国際性の低さが指摘されていた。

濱田純一前総長は「タフでグローバルな東大生であれ」というスローガンを掲げ、キャンパスの国際化を推進。その中で、留学生受け入れの拡大として開設が決まったのがPEAKだ。

PEAKの授業は前期課程生は誰でも履修でき、駒場キャンパスにいながら英語での学問を体験できる。

PEAK生を知る

各国から集まる学生

PEAKには各国からさまざまなバックグラウンドを持つ学生が集まる。どのような理由で東大に来て、どんな生活を送っているのか。2人へのインタビューから、PEAK生の素顔に迫った。

2020年Sセメスターに開講されたPEAK講義（一部）
Basic Energy Engineering
Decision Analysis Practice
Information Science
Introductory Chemistry
International Relations: World Politics and Globalization
Methodologies in Youth Research

文理さまざまな科目を英語で受講できる。

多様なバックグラウンドを持つＰＥＡＫ生同士で交流

カザフスタンの首都ヌルスルタン生まれのムスタフィナさん。日本との出会いは「全く唐突なもの」だったと話す。高校生の時、自宅で母が見ていたテレビのニュースから流れてきた日本語。その発音を聞いて「とても美しく聞こえた」のが、日本に興味を持ったきっかけだという。語学が好きだったムスタフィナさんは、国際協力機構のカザフスタン日本人材開発センターで日本語を習った後、独学でも日本語を学習。その中で日本の社会と伝統的な文化に関心が芽生え、日本への留学を決めた。

日本の文化や社会について英語で学べると、一昨年９月ＰＥＡＫに入学。多くの授業があり、教員も熱心だと評価する。ＰＥＡＫ生は前期教養課程の日本語で開講されている授業も履修でき、ムスタフィナさんも日本語で行われているフランス語の授業を履修。日本語で生物学の授業も受けたいと、日本語での学習に意欲を見せる。

友人の面でも、各国から多様な背景を持つ学生が集まっているのは面白いのだとか。ムスタフィナさんが暮らす東大の留学生向け宿舎「駒場ロッジ」には多くのＰＥＡＫ生が居住し、そこでも親交を深めているという。

サークル活動ではヨットサークルに所属。「海が好きなので」。サークルでは唯一の留学生で、仲間とは日本語で話しているという。週末は江ノ島周辺で３人乗りのヨットをチームで操る日々だ。

教育に関心があるため、将来は「教授になって、様々な国の大学を渡り歩きたい」と夢を語るムスタフィナさん。東大を目指す高校生に〝You can achieve anything if you really want it〟とメッセージを語ってくれた。

（取材は英語と日本語を交えて行われ、発言は適宜翻訳しました。）

ムスタフィナ・アネルさん
カザフスタン→PEAK2年生

日本語での講義内容がきっかけで現在の研究へ

王　嘉蔚さん
中国
PEAK
→文学部4年生

王さんが東大のことを知ったのは、中学生の時。東大受験をテーマとした漫画『ドラゴン桜』のドラマ版にはまった。同時に日本語学習にも興味を持ち、勉強を始めたという。

中国・上海の高校から、アメリカやアジアの大学から選択肢の一つとして東大ＰＥＡＫを受験、関心のあった東アジア研究ができると東大ＰＥＡＫに入学した。

ＰＥＡＫの授業を受けながら、日本語で開講される科目も履修していたという。学問での日本語という日常会話とは違う日本語での授業に不安もあったという王さん。法学に興味があったため司法試験予備校にも入り、添削課題などをこなすうちに「だいぶ学術的な日本語の基礎が身に付きました（笑）」。複数の会社でインターンとして働くなど、大学の外でも日本語での活動を行った。

現在の専門に進むきっかけとなったのが、後期課程の文学部の授業でありながら受講していた中国憲政史の授業。興味のあった東アジア研究と法学の二つともが関わる分野だと、熱中した。「授業の担当教員に進路についても相談しました」。通常、ＰＥＡＫの学生は後期課程でも、ＰＥＡＫ生として国際日本研究コースか国際環境学コースに進学する。しかし、東洋史学への関心を強めた王さんは交渉の末、文学部東洋史学専修に進学した。

昨年にはアメリカ、ジョンズ・ホプキンス大学への留学も経験。留学先の授業がきっかけで、現在では中央と地方という視点から郡県制と封建制に揺れる近代中国史を研究したいという。

留学も経験した王さんは、東大の特徴として自由度の高さを挙げる。アメリカの大学に比べて授業課題が少なく、進学選択制度もあるため、好きなことをやりやすい環境だと評価する。「目標を定めるのもいいですが、東大では色々な可能性を広げられます」

PEAKと関わる留学生と日本人学生の間の壁を壊す

PEAK授業体験記

前期課程の学生は誰でも履修できるPEAKの授業。実際に履修した日本人学生に話を聞いた。

■Mさん（当時文I・1年）

「Law & Politics」という講義を履修しました。専門用語を英語で聞き取れるのか不安でしたが、事前に出された資料を読み込み、理解できました。学生の英語力もさまざまで、発言で詰まっても待ってくれました。資料を読み込んだり大変でしたが、英語で学問する経験が少しだけできました。

交流サークル体験記

TGIFは、言語や文化の違いなど留学生と日本人学生の間の「壁を壊す」のを目標とする学生サークルだ。毎週木曜日の昼休み、駒場キャンパスの芝生で昼ご飯を食べながらおしゃべりをするGIランチや、夏の花火、ハロウィーン、クリスマスのパーティーなど季節に合わせた交流イベントを開催。PEAK生を始め、短期留学などの留学生とも楽しみながら交流することができる。

昨年のあるGIランチには20人ほどの学生が集まって交流していた。参加していたPEAK生は「PEAK生の間では有名で、よく参加している」と話した。

昨年の活動の様子、キャンパスの芝生でお昼ご飯を食べながら交流できる。（画像はTGIF提供）

コロナと東大6

オンラインの活用へ

世界中に猛威を振るった新型コロナウイルス感染症（ＣＯＶＩＤ―19）に対し、東大や東大生はどのように関わったのだろうか。ここでは、感染拡大を受けて実施されたオンライン化を東大生がどのように受け止め、また主に外国出身の学生からはどのような声が聞かれたかを見てみよう。

さまざまな障害を乗り越えて実現された授業のオンライン化。今年入学したばかりの学生はオンライン授業の感想を「思ったよりも戸惑うことはありませんでした」と答える。上京したばかりでインターネット環境が不安だったものの、整備が授業の本格開始に間に合い、特に容量制限などもなかったため、問題なく受講ができた。1限開始直前に起きれば間に合うため「朝ゆっくりできるのは楽」だが、大量の課題をこなすのが大変と語る。

授業は基本的にウェブ会議システム「Ｚｏｏｍ」を利用して行われるが、ＹｏｕＴｕｂｅで限定公開されている授業動画を見て、東大の学習管理システム「ＩＴＣ―ＬＭＳ」に課題を提出する授業も。「見逃したところをちゃんと見られるし、しっかり理解してから課題をやれるので助かっている部分はありますね」

オンラインを通した交流も行われた。毎日昼休みの時間帯に学生のマッチングを行い、コミュニケーションの場を提供する「東大シャッフルランチ」は学生が主催する。参加者からは「普段学年が離れた学生と話す機会は少ないため参加してよかった」「ランダムにマッチングするという仕組みが、いろいろな東大生と話せるため良い」などの声があり、毎回行っているアンケートの結果によると満足度は高いそうだ。今後はオンラインという特徴を生かして海外大の学生との交流の機会を模索するなど、終息後も見据えた展開を構想していると主催者は話している。

一方、ここまでの話題は主に日本の学生に限られる。東大には、日本語に不慣れな学生も多数いることも考慮しなければならない。ＰＥＡＫ（教養学部英語コース）に所属する学生を中心とする学内の英字メディア「The Komaba Times」は、主に英語話者の学生を対象に3月20〜29日にアンケートを実施。62人の回答が集まったアンケートの結果によると、大学から提供された各種情報は不十分だとする回答が目立った。健康や安全を確保するための手順や、渡航など旅行に関する手順についての情報を大学から十分に得られなかったとする回答が7割を超えた。

自由に外出ができなくなったため、多くの人は情報や人とのつながりをインターネットなどに頼る他なくなった。このような時だからこそ、オンライン化をうまく活用することが求められている。

郵便はがき

恐れ入りますが、62円切手をお貼りください。

1 1 3 - 8 6 9 1

東京都文京区本郷7―3―1東大構内

東京大学新聞社

『東大2021』係 行

ご住所（〒　　ー　　）	お名前		
学校名　　　学年		年齢	男・女
志望大学・科類・学部など 大学　科　類 学部	購入書店		
	購入日　　月　　日		

※アンケートにお答えいただいた方全員に、2020年度版『受験生特集号』（9月8日発行）をお送りいたします。学校名・学年・志望先などは、今後の誌面づくりの参考にさせていただきます。上記の個人情報は新聞送付のほか、当社の発行物のご案内など、情報をお届けするために利用させていただく場合がございます。受験生特集号送付をご希望でない場合には左の□に、個人情報を発行物のご案内などに利用するのをご希望でない場合には右の□にチェックをお願いいたします。 □ □

［1］次のうち良かった企画、つまらなかった企画の番号を記入してください。
（括弧内は開始ページを表します）

1. 片山さつきさんインタビュー（P9）
2. 熊谷晋一郎さんインタビュー（P19）
3. 江頭隆史さんインタビュー（P177）
4. 御厨貴さんインタビュー（P185）
5. 石井遊佳さんインタビュー（P273）
6. 五神真さんインタビュー（P281）
7. 写真で巡る東大キャンパス（P29-31）
8. 東大主義とは何か　鄭翌さん（P194）
9. 東大主義とは何か　三吉慧さん（P196）
10. 東大主義とは何か　河野遥希さん（P198）
11. 東大主義とは何か　前田健人さん（P200）
12. 東大主義とは何か　木下正高さん（P202）
13. 東大主義とは何か　吉見俊哉さん（P205）
14. COLUMN　コロナと東大1 縮小して挙行された卒業式（P38）
15. 東大教員・東大生からの勉強法アドバイス（P39）
16. 合格体験記・不合格体験記（P63）
17. COLUMN　コロナと東大2 両国国技館での入学式は実現せず（P84）
18. 前期入試突破への道をシミュレーション（P85）
19. 推薦入試制度紹介（P93）
20. COLUMN　コロナと東大3 異例のオンライン授業実施に向けて（P104）
21. 科類紹介（P105）
22. COLUMN　コロナと東大4 授業のオンライン化で浮上した問題（P118）
23. 初修外国語紹介（P119）
24. 駒場生活徹底解説（P127）
25. COLUMN　コロナと東大5 キャンパスなき大学生活の苦悩（P138）
26. PEAK紹介（P139）
27. COLUMN　コロナと東大6 オンラインの活用へ（P144）
28. 進学選択制度紹介（P145）
29. COLUMN　コロナと東大7 学生に対する就学支援（P166）
30. 部活・サークル紹介（P167）
31. COLUMN コロナと東大8 コロナ禍の東大の留学事情（P210）
32. 後期学部紹介　社会科学・人文科学編（P211）
33. 後期学部紹介　自然科学編（P223）
34. 大学院生活紹介（P235）
35. 東大卒業生の働き方（P242）
36. 就職先一覧（P252）

■良かった企画　［　］［　］［　］［　］［　］
■つまらなかった企画　［　］［　］［　］［　］［　］

［2］上の企画リストから一つ選び、ご意見・ご感想をお聞かせください。
［　］番について

［3］この本をどこで知りましたか？
1. 書店　2. 高校　3. 予備校・塾　4. 友人　5. イベント
6. ウェブサイト［　］　7. 雑誌・書籍等［　］
8. 東京大学新聞　9. その他［　］

［4］その他、ご意見・ご感想・ご要望などありましたら自由にお書きください。
（どういった情報・人を取り上げてほしいか、東大・東大受験についての質問など）

［5］プレゼント応募について一つに○をしてください。
希望する・希望しない　※プレゼント応募の締切は 2020 年 10 月 31 日（必着）

進学選択
制度紹介

リベラルアーツを重視する東大ならではの制度「進学選択」。

最先端の講義や研究に触れることで入学時には

想像もしなかった学部・学科に行く人も多々いる。

科類によって対応する学部・学科が変わってくるため、

入学前に制度の詳細を知るのも重要な戦略だろう。

「進学選択」六箇条

東大には10の学部があるが、1〜2年生(前期課程)は全員教養学部に所属し、3〜4年生(後期課程)では多様な学部に分かれる。後期課程に進学する際、自分で後期課程で所属する学部・学科などを決める制度が「進学選択」だ(学部によっては学科の他に類、コースなどが存在するが、以下本文では「学部・学科」と略記する)。

進学先は2年生の8〜9月に内定する。後期課程の各学部・学科が、どの科類から何人まで受け入れるかは決まっており、全員が希望通りに進学できるわけではない。各学部・学科を志望した人のうち、成績上位の人から順に内定する。

其の一 指定科類・全科類

進学選択の際、各学部・学科には2種類の定員がある。

一つは「指定科類」。特定の科類(「文Ⅰ・Ⅱ」や「理科」など複数の科類を含むこともある)の人のみが対象となる。文Ⅰなら法学部の、理Ⅰなら工学部などの定員が多く設けられ、これらの学部に進みやすい。行きたい進学単位が決まっている人は、そこに進学しやすい科類を受験するといいだろう。

もう一つは「全科類」。全ての科類の人が対象で、指定科類に比べて受け入れる人数が少ない学部・学科が多い。

指定科類と全科類が両方ある学部・学科では、指定科類で志望して内定しなかった場合、自動的に全科類で振り分けられる。「文Ⅰ→工学部」「理Ⅱ→経済学部」のように、大学に入ってから文転・理転したい人は、主にこの全科類枠を使うことになる。

理転の際に要注意なのが「要求科目」だ。一部の学部・学科で設けられ、その科目の単位を取得していないとそこには進学できない。要求科目の多くは文科生が対象で、理科生にとっては必修であるような理系科目が大半。例えば薬学部の場合「物性化学」「熱力学か化学熱力学」「生命科学か生命科学Ⅰ」から2科目以上の単位取得を文科生に課している。要望科目というものも存在し、これは進学選択で志望する際の必須条件ではないが、進学後の学習のために単位取得が望ましい。

其の二 3段階方式

進学選択は3段階で行われ、まず第1段階で定員の約7割の進学内定者が決まる。残りの約3割は第2段階で決定する。第1段階で進学先が決まった場合、第2段階で志望することはできない。

第3段階は、第2段階までに定数を満たさなかった学部・学科の一部が独自の判断で実施する。第2・第3段階では成績以外の基準を設ける学部・学科もあり、一部の学科は学生の望む学習と実際の教育内容との食い違いを防ぐため、面接や志望理由書を評価に用いている。

其の三 内定者の決め方

第1段階では、第1志望のみ単願で登録。最初に指定科類の志望者のうち、成績上位の人から順に定数まで内定する。次に、指定科類で内定しなかった人と、指定科類以外の科類からの志望者を合わせた人を対象として、全科類で内定者を成績順で決定する。

第2段階では、志望できる学部・学科の数は無制限。学生は志望する進学先全てに順位を付けて登録する。まず指定科類、次に全科類という内定の順番は第1段階と同じ。成績の高い人から内定可能な学部・学科のうち最も志望順位が高いところに内定させる「受入保留アルゴリズム」が特徴だ（図1）。面接や志望理由書、ＴＯＥＦＬなど英語民間試験の成績を条件とする学部・学科もある。

第3段階は、定数に満たなかった学部・学科が任意で実施。第3志望まで選択でき、面接や志望理由書が課される場合もある。

(図1) 受入保留アルゴリズムの仕組み

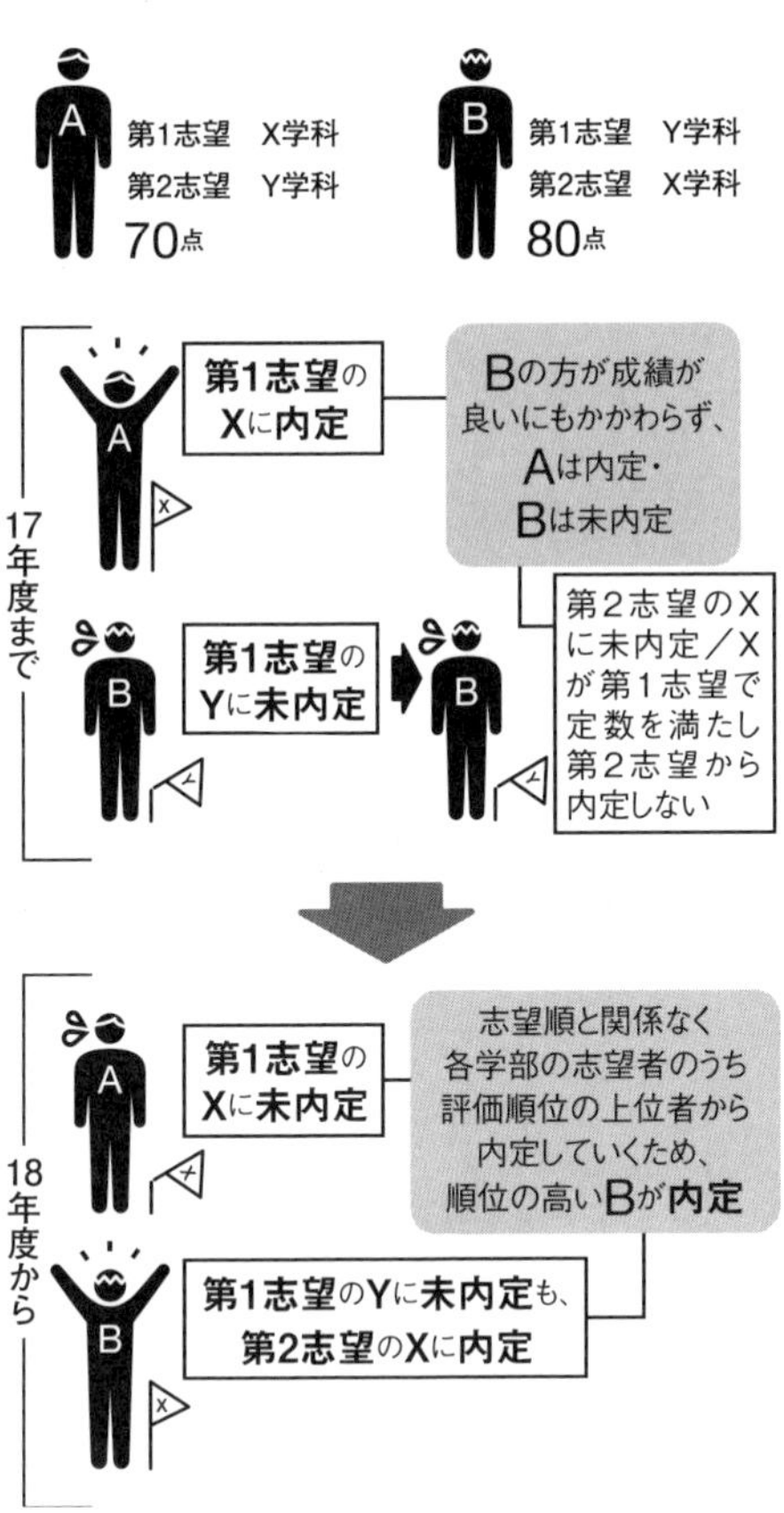

具体例
（19年度実施の進学選択の法学部第1段階、155ページ）

第1段階では、まず文Ⅰからの志望者の上位265人と、理科（理Ⅰ～Ⅲ）からの志望者の上位4人が指定科類枠で内定する。その後、指定科類枠で内定しなかった文Ⅰ・理科からの志望者、指定科類枠のない文Ⅱ・Ⅲからの志望者を全て合わせ、上位12人が全科類枠で内定する。

其の四 成績の出し方

2020年度実施の進学選択（2021年度進学選択）では基本的に、2年生のSセメスター・S2タームまでに履修した科目の基本平均点が利用される。

基本平均点は、各科目について（単位数×点数）を算出し、その和を取得単位数で割ったものだ。各科目の成績は学務システム上で確認することが可能で、優上・優・良・可・不可の5段階評価に応じて点数が付く（表）。

特定科目の点数の比重を重くしたり、上限を超えて取得した単位の科目の点数の比重を軽くしたりする「重率」を用いる学部・学科もある。他にも「指定平均点」という独自の得点計算を行う場合もある。

其の五 スケジュール

1年

進学選択での成績に算入される科目の多くは、1年次に履修する。進学選択を有利に進める上で重要。進学選択に必要な手続きはないが、要求科目など履修計画には要注意だ。

2年(図2)

1 4月上旬：『進学選択の手引き』の配布

この冊子上で、その年の進学選択の定員や条件、登録の日時など、詳細なルールが発表される。

2 4月下旬～5月：ガイダンス

各学部・学科のガイダンスが駒場で行われる。教員によるカリキュラムや卒業後の進路の説明、在学生による学生生活の紹介などがある。

（表）成績と点数の対応

成績評価	対応する点数	判定
優上	90点以上	合格（単位取得）
優	89～80点	合格（単位取得）
良	79～65点	合格（単位取得）
可	64～50点	合格（単位取得）
不可	49点以下	不合格
欠席	0点	不合格

3 6月下旬～7月上旬：第1段階定数発表・第1段階進学志望・不志望の登録

2年生は全員が、ウェブサイト上で第1段階の志望先を登録する（進学志望登録）。この段階での志望は後で変更可能。

「（進学）不志望」を選択して、9月下旬から1年生のAセメスターに戻る「降年」（詳細は後述）も可能だ。登録を忘れてしまうと自動的に「不志望」扱いとなり、降年となる。

4 7月上旬：第1段階志望集計表発表

進学志望登録が終わると、学部・学科別の志望者数一覧が発表される。志望先、その他の学部・学科における自分の成績順位はウェブサイト上で確認できる。

5 8月下旬：成績確認・第1段階志望登録の変更

2年生のSセメスター・S2タームの成績が発表され、進学選択で利用する自分の成績が分かる。志望登録変更期間ではこの点数を受け、第1段階の志望登録を変更することが可能だ。進学選択に参加するには、それまでの取得単位数など科類ごとに設けられた条件を満たす必要がある。この条件を満たしていない場合、進学選択に参加できず自動的に降年となる。

6 8月末：第1段階進学内定者発表・第2段階定数発表・第2段階志望登録

第1段階で内定したかどうかが、ウェブサイト上で発表される。ここで内定することができれば進学選択は終了。第2段階は対象外となる。同時に第2段階定数が発表され、未内定者は第2段階の志望を登録する（登録自

第2章

(図2)進学選択の日程

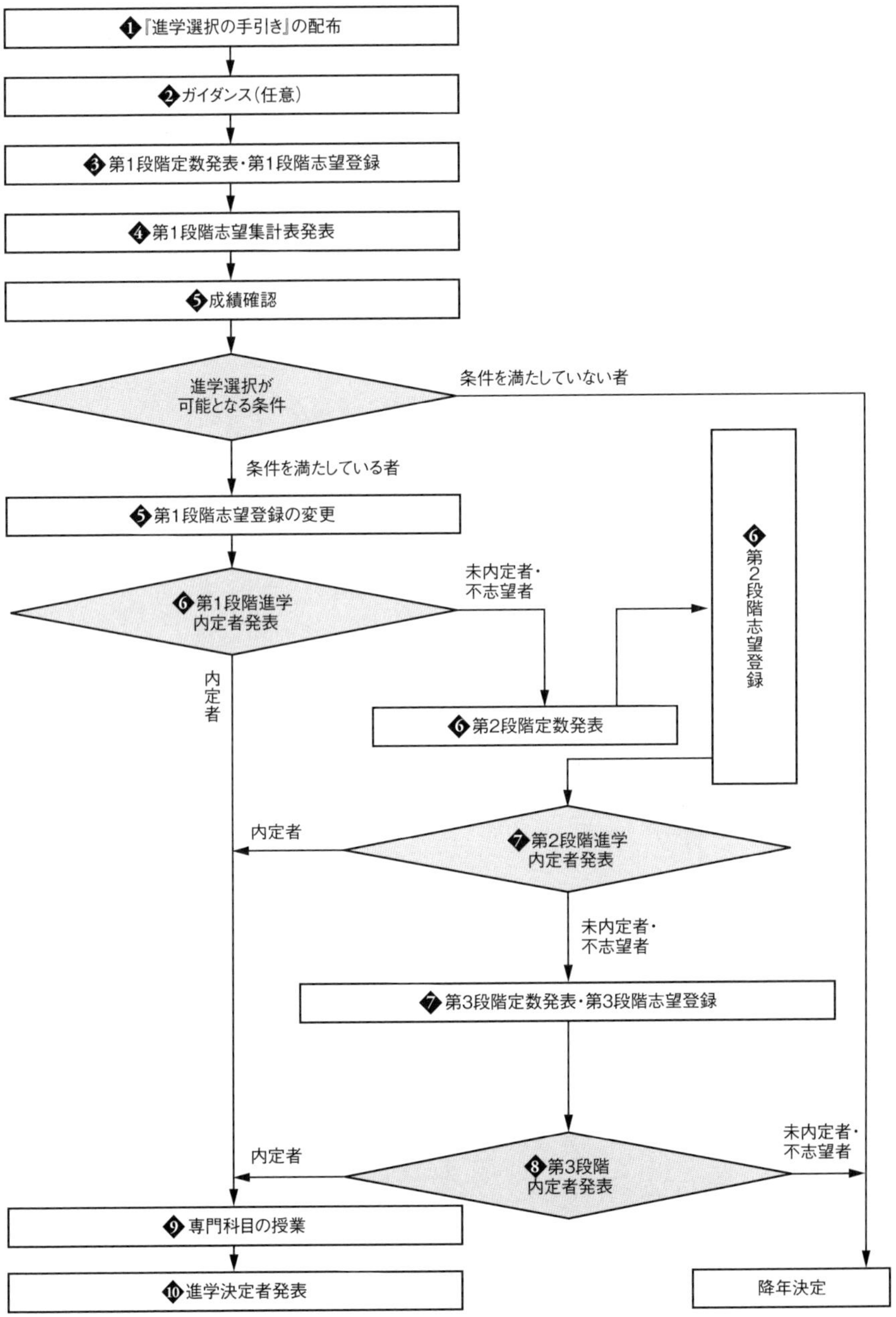

(注)❶〜❿は「其の五・スケジュール」と対応している

体は8月上旬から可能)。

7 9月上旬:第2段階進学内定者発表・第3段階定数発表・第3段階志望登録

第2段階で内定すればここで進学選択は終了。第2段階までに定員に達しない学部・学科の一部が第3段階の定数を発表するので、未内定者は翌日までに志望登録することになる。

8 9月下旬:第3段階内定者発表

第3段階では第1志望から第3志望まで登録でき、第1志望から順に内定の可否が判定される。第3段階までに内定できなかった場合は降年(詳細は後述)となり、1年Aセメスターに戻る。

9 Aセメスター~:専門科目の授業

進学内定者は、それまでの前期教養課程ではなく、内定した後期の学部・学科が開講する「専門科目」を履修する(法学部など一部の学部・学科では4月から専門科目が始まる)。専門科目が本郷で開講される学部・学科もある。

10 3月中旬:進学決定者発表

前期教養課程の修了要件を満たせば、4月から晴れて内定先の学部の3年生になる。修了要件を満たしていない場合には留年することになり、内定も取り消される。

其の六 救済制度

追試験

試験欠席や、不可(100点満点中50点未満)の場合、理科生の基礎科目を中心とした一部の科目で実施。与えられる点数の上限は原則50点で、試験を病欠し医師の診断書がある場合などは上限が75点になる。

平均合格

初修外国語や数学などの科目で不可があっても、同系統の科目を全て合わせた平均点が50点を超えていれば、全科目の単位を取得できる制度。例えばドイツ語選択の文科生の場合「ドイツ語一列①」「ドイツ語一列②」「ドイツ語二列」のうちどれかが不可でも、3科目の合計点の平均点が50点以上なら三つ全て単位を取得できる。

他クラス聴講・特修クラス聴講

2年生が、1年次に単位を取得できなかった必修科目を履修すること。他クラス聴講はSセメスターに1年生のクラスに交じる形で、特修クラス聴講はAセメスターに特別クラスという形で行われる。追試験と同様に成績には上限があり、いずれかで単位が取れないと留年になる。

留年・降年

留年とは、新年度に進級せず同じ学年を繰り返すこと。2年生がAセメスター終了時に前期教養課程の修了条件を満たしていない場合などがあり、この場合後期課程への内定も取り消される。

降年とは2年生Sセメスター終了時点で進学選択への参加条件を満たしていない場合や、進学先が最後まで決まらなかった場合などに、2年生のAセメスターに進まず1年生のAセメスターからやり直すこと。

進学選択までに志望進学先に必要な成績に達するのが厳しい、と判断した学生が自主的に留年や降年をして、来年度の進学選択への参加を選ぶ例もある。

進学選択体験記

進学先、どう決める？

文II→法学部第1類（法学総合コース）

佐々木大志《ささきたいし》さん

　父が国際的な仕事を手掛ける銀行員。仕事の話を聞くうちに金融の世界に憧れを抱き、経済学部を見据えて文IIに入学した。しかし経済学の授業は「思っていたのと違いました」。実践ではなく理論の話が中心で親しみづらく、直感的な理解も難しかったという。さらに父の友人である米国のエコノミストと雑談する中で、金融界で活躍するには経済学を本当に好きでなくてはならないことも知る。自分が経済学に本気で取り組めるか、疑問が生じた。

　一方で、法律や政治に携わる仕事に関心を持つように。高校生の頃から国際政治に興味があったが、法律や政治の新書を読む中で「自分がやりたいのはこれではないかと思いました」。理解のしやすさに加え、社会への貢献度の高さにも引かれた。外務省へのインターンシップを契機に官僚への興味が芽生えたことも後押しとなり、2年次からは法学部の科目を履修。第1志望を法学部にして進学選択に臨んだ。

　外務省を志す同世代、官僚、エコノミスト……。「多くの人に刺激を受けて悩むための材料を集められた」と進学選択を振り返る。「入学後はいろいろ主体的に挑戦し、多くの人に会ってみてください」。佐々木さんはサークル同期の口コミやクラスラインに流れた情報を挑戦につなげた。「所属する部活やサークルは大切かもしれません。ネットで調べて動くよりも、知人から『やってみない？』と誘われて動く方がハードルは下がると思います」

志望の変化を3段階で

	磯貝さん
1S	漠然と高校時代に好きだった世界史を学びたいと考える
1A	自分の興味を見失い、様々な分野の講義を受けつつ模索する
2S	農学部という選択肢が急浮上する

	佐々木さん
1S	経済学部進学に向け、普通に過ごす
1A	夏のビジネスコンテスト・学生サミットなどを経て、法学部進学の可能性も考え出す
2S	法律・国際関係論を学びたいという思いを確認し、法学部専門科目を受講

文Ⅲ→農学部環境資源科学課程国際開発農学専修

高校時代から世界史が好きで、歴史を学びたいという志とともに文Ⅲに入学した。しかし、1年次に社会科学の歴史の授業を受けた際、狭い範囲を深く掘り下げる歴史研究にそれほど関心が持てないことに気付いた。

　自分の興味の方向を見定められない中、転機が訪れたのは2年生になってから。所属するホッケー部の先輩のつてで農学部国際開発農学専修の話を聞く機会を得た。「農学部の前期教養」と呼ばれるほど多様な農学の分野を学べることや、実習が多いことに魅力を感じた。第1希望にした決め手は「フィーリングです」と笑う。「楽しそう、というワクワク感を大切にしました」

磯貝《いそがい》　聡子《さとこ》さん

　農学部の全ての専修では、第1段階でこれまでの取得単位の数が重要になる特殊な平均点を用いて進学選択を行う。そのため1年次に最低限の単位しか取得していなかったことが不利に働き、第1段階では内定せず。第2段階では第2・第3希望に従来興味のあった文学部人文学部東洋史学専修課程・西洋史学専修課程を登録し、点数への不安から「文学部になってもいいや」とも考えたが、無事第1希望の内定をつかんだ。

　進学選択の制度について「学部で専門を勉強する時間が短くなる」と指摘しつつも「自分が本当に興味のある学問を、広い視野で深く考えるきっかけをくれる」と評価。「前期課程に限らず、大学の時間いっぱいを興味の方向の模索に使ってもいいと思います。東大はそれに向いていますね」

〈進学選択、生の声〉

+ 興味の幅が広い自分にとって文科生でも本格的な理系の内容を学べてよかった。
+ 理系科目よりも人文科学・社会科学の方が自分に合っていることに気づけた。最初から学部が決まってなくて本当に良かった。
− 進学選択では成績だけでなく、志望動機なども重視した方が良いと思う。
− 理系科目が成績に多く反映されて、語学や文系科目が得意でもあまり成績に反映されなくて悲しいし、文転したい理科生は不利。

數藤さん	
1S	進学先は考えずに、さまざまな分野の授業を受け、必修に力を入れた
1A	物理が面白いと感じ、物理を中心にした履修に
2S	暇な期間を生かし、研究体験。授業での経験を踏まえ、理学部物理学科に

理Ⅰ→理学部物理学科

數藤《すどう》　広之《ひろゆき》さん

理系科目全般に興味があった數藤さん。理学や工学を学びたいと思い理Ⅰに入学した後は、輪講や研究室体験など特色ある授業がそろう主題科目を中心に積極的に授業を履修した。授業を通して特に物理への関心が高まり、後期課程に進んでも物理を学びたいと決意。主題科目などで、物理の持つ普遍性や適応範囲の広さを知ったことや工学系の研究室で応用の研究にも物理の素養が重要だと学んだことから物理の魅力を感じたという。

進学選択に当たり、理学部物理学科の他、工学部物理工学科や教養学部統合自然科学科の選択肢に悩み、学科の志望はなかなか固まらず。学科が開催するガイダンスに加え先輩に話を聞いたり、研究室見学にも参加したりして情報を集め、物理学科と物理工学科の2択に絞った。

6月の第1段階志望登録時には工学も学べることに魅力を感じ、物理工学科を登録した。しかし最終的には「学部ではまず物理に専念しよう」と考え、より広い範囲で物理を学べる物理学科へ第1志望を変更。授業に真面目に取り組み点数に余裕があったため第1段階で内定を獲得した。

「おかげで学びたいと強く思える分野を勉強できています」と進学選択を振り返る。「高校生の時に学科を選んでいたら、物理学科を選ぶことはなかったと思います」。前期教養課程を通して学部の先も見据えた道に進めたと、入学後に進路を選択できる魅力を語る。

進学選択失敗談

必修を甘く見すぎて……

Oさん（理Ⅱ・留年）

苦手な地理歴史に比べ理系科目は好きだったため理Ⅱに入学。しかし、大学では理系科目の抽象度が一気に上がり理解に苦労し、単位をギリギリで取得する状態に。理系分野への適性が無いことを悟った。一方で、総合科目で履修した授業で経済学に興味を抱き、経済学部への進学を決意。その他の選択肢は考えず、進学選択を迎えた。

理系科目が成績を下げていたが、2Sセメスターで語学など得意な授業を多く履修し成績を上げればよいと考えていた。しかし、点数を上書きできない理系必修科目の成績が響き、第1、第2段階共に第1志望に経済学部を登録したものの、内定できなかった。第2段階では経済学部の他に理系学部の学科を三つ登録したが、どこにも点数が足りなかった。

第2段階で全て落選して初めて進学選択について真剣に考えるように。進学情報センターにも行き自分に合った進学先を模索した結果、経済学部への思いを再認識した。また、工学部システム創成学科でも経済学に近いことを学べ、平均点の算出方法も単位を多く取っているOさんに有利であることを知った。現在は留年し、両学部・学科を目指して再び進学選択に臨む。

やり直せるなら1年次の理系必修科目をもう一度履修したいと話す。「必修科目は成績に大きく影響するので、不得意でも足を引っ張らない点数を取れるようにしましょう」。また、第2段階の志望登録の際、過去の底点すら調べなかった上、四つしか登録しなかったことも反省点だ。「普通は7～10学科登録するようです。事前の情報収集を徹底していれば留年することもなかったので学科についてきちんと調べましょう」とアドバイスを送る。

2020年度 進学選択データ（2019年度実施）

【注記】
(1) 内定の人数、志望登録した人数を表示している。
内定の人数のうち、最低点が同点の場合は定数を超えて内定する。

《内定の人数の見方（例）》

100	← その学部・学科などを志望登録した人数。
65　2	← その学部・学科などの内定の人数。 この例の場合、内定の人数が65人、最低点が同点の内定者数が2人だったことを示す。

(2) 外国人留学生《日本政府（文部科学省）奨学金留学生、外国政府派遣留学生、日韓共同理工系学部留学生、外国学校卒業学生特別選考第一種、公益財団法人日本台湾交流協会学部留学生》、PEAK生および推薦入学者は集計には算入していない。
(3) 経済学部の進学選択準則に記載されている「各科類の基本科類定数の6%」に当たる数とは次の通りである。
文I 25名、文III 30名、理I 69名、理II 34名、理III 6名

第1段階 進学内定者数

法学部	定数			内定者数											
	第1段階定数			指定科類						全科類					
	指定科類		全科類	文科			理科			文科			理科		
	文I	理科		文I	文II	文III	理I	理II	理III	文I	文II	文III	理I	理II	理III
	265	4	12	334 265			1	6 4		69	6 1	37 11	1	2	

経済学部 ※【注記】の(3)を参照	定数			内定者数											
	第1段階定数			指定科類						全科類					
	指定科類		全科類	文科			理科			文科			理科		
	文II	理科		文I	文II	文III	理I	理II	理III	文I	文II	文III	理I	理II	理III
	197	7	42		288 197		25 4	14 3		14 7	91	33 25	21 7	11 3	

文学部	定数		内定者数											
	第1段階定数		指定科類						全科類					
	指定科類	全科類	文科			理科			文科			理科		
	文III		文I	文II	文III	理I	理II	理III	文I	文II	文III	理I	理II	理III
A群（思想文化）	40	9			41 40				2 1	4 3	1	5 3	2 2	
B群（歴史文化・日本史学）	16	2			12 12				2 1			1 1	1	
C群（歴史文化・東洋史学）	13	2			4 4									
D群（歴史文化・西洋史学）	16	2			13 13					1 1				
E群（歴史文化・考古学）	4	1			4 4									
F群（歴史文化・美術史学）	9	2			2 2				2 2					
G群（言語文化）	59	14			46 46				4 3	8 4		4 4	7 3	
H群（心理学）	15	2			19 15						4	1 1	4 1	
I群（社会心理学）	12	2			21 12				2	3 1	9 1	2	1	
J群（社会学）	25	8			48 25				1 1	3 2	23 5	1	1	
	文学部合計		0	0	173	0	0	0	8	11	6	9	6	0

教育学部	定数			内定者数											
	第1段階定数			指定科類						全科類					
	指定科類		全科類	文科			理科			文科			理科		
	文Ⅲ	理科		文Ⅰ	文Ⅱ	文Ⅲ	理Ⅰ	理Ⅱ	理Ⅲ	文Ⅰ	文Ⅱ	文Ⅲ	理Ⅰ	理Ⅱ	理Ⅲ
基礎教育学	9		3			17 9				2 1	3 1	8 1		1	
比較教育社会学	8		3			12 8					2 2	4	1 1		
教育実践・政策学	10		5			19 10					1	9 3	4 2		
教育心理学	8	2	3			15 8	4	4 2		1	3	7 1	4 1	2 1	
身体教育学			11								1 1	1 1	1 1	3 3	
		教育学部合計		0	0	35	0	2	0	1	4	6	5	4	0

教養学部	定数					内定者数											
	第1段階定数					指定科類						全科類					
	指定科類				全科類	文科			理科			文科			理科		
	文Ⅰ・Ⅱ	文Ⅲ	文科	理科		文Ⅰ	文Ⅱ	文Ⅲ	理Ⅰ	理Ⅱ	理Ⅲ	文Ⅰ	文Ⅱ	文Ⅲ	理Ⅰ	理Ⅱ	理Ⅲ
超域文化科学	6	12			5	4 3	6 3	24 12				1	3	12 4	2 1	2	
地域文化研究	8	12			2	3 3	5 5	24 12						12 2			
総合社会科学	12	10			1	24 11	1 1	13 10				13 1		3	1		
数理自然科学				6	1				11 6	4					5	4 1	
物質基礎科学				12					16 9	6 3							
統合生命科学				10	3				1 1	8 8			1 1				
認知行動科学			3	3		2	2	6 3	3 2	1 1							
学際科学科A群 (科学技術論、地理・空間)			5	3		3	4	9 5	5 2	2 1							
学際科学科B群 (総合情報学、広域システム)			2	2	4			5 2	8 1	3 1				3 2	7 1	2 1	
国際日本研究コース					3									1 1			
国際環境学コース					3											1 1	
				教養学部合計		17	9	44	21	14	0	1	1	9	2	3	0

第2章

工学部	定数			内定者数											
	第1段階定数			指定科類						全科類					
	指定科類		全科類	文科			理科			文科			理科		
	理I	理II・III		文I	文II	文III	理I	理II	理III	文I	文II	文III	理I	理II	理III
社会基盤学A	12	1	1				15 12	7 1			1 1		3	6	
社会基盤学B	11		3				17 11					1 1	6	3 2	
社会基盤学C	4		3				9 4			2 1	1	2	5 1	4 1	
建築学	34		6				58 35 2			1	4 2	5 3	23	6 1	
都市環境工学	7	3	3				7 7	10 3			2 1	2 2 1		7 1 1	
都市計画	15		6				26 15			1 1	3 3	1 1	11	2 1	
機械工学A	57	2	2				75 57	5 2					18	3 2	
機械工学B	25		1				42 15						17	2 1	
航空宇宙工学	32	1					49 32	2 1							
精密工学	25	3	3				44 26 2	10 3					18	7 3	
電子情報工学	26	(6)	3				61 26	6 4			2 1	1	35 2	2	
電気電子工学	33	(6)	8				70 33	19 2			1		37	17 8	
応用物理・物理工学	32		3				41 33 2						8 1	5 2	1
計数工学・数理／システム情報	33	3	2				61 33	7 2	1 1	2	3 1	1 1	28	5	
マテリアル工学A	8	(10)	(3)				7 7	5 3						2	
マテリアル工学B	16	(10)	(3)				6 6	7 3						4 1	
マテリアル工学C	16	(10)	(3)				14 14	8 4		1 1				4 1	
応用化学	30	3	2				20 20	6 3						3 2	
化学システム工学	23	4	5				18 18	12 4						8 5	
化学生命工学	17	11	1				25 17	17 11					8	6 1	
システム創成A	22	4	4				32 22	12 4			2 1	3 1	10	8 2	
システム創成B	19		5				54 19			3 1	2 1		35	9 3	
システム創成C	24	2	4				47 24	9 2			2	2 2	23	7 2	
		工学部合計		0	0	0	496	52	1	4	11	11	4	39	0

理学部	定数				内定者数											
	第1段階定数				指定科類						全科類					
	指定科類			全科類	文科			理科			文科			理科		
	理I	理II・III	理科		文I	文II	文III	理I	理II	理III	文I	文II	文III	理I	理II	理III
数学	28			3				38 28				1 1	1 1	10	1 1	
情報科学	15			4				33 15						18 1	5 3	
物理学	42			5				59 42					1	17 2	3 3	
天文学	5			1				18 5						13	3 1	
地球惑星物理学	15			5				21 15						6 1	4 4	
地球惑星環境学			11	2				7 5	13 6				1 1	2	7 1	
化学	15	10		5				23 15	13 10					8 5	3	
生物化学			12	1				2 2	16 10						6 1	
生物情報科学			6	1				4 1	13 5					3 1	8	
生物学			11	2					16 11						5 2	
			理学部合計		0	0	0	128	42	0	0	1	2	10	16	0

農学部	定数					内定者数											
	第1段階定数					指定科類						全科類					
	指定科類				全科類	文科			理科			文科			理科		
	理II	理I・III	理科	文科		文I	文II	文III	理I	理II	理III	文I	文II	文III	理I	理II	理III
生命化学・工学	40				12					36 36				1 1	8 8		
応用生物学	14				5					10 10			1 1	1 1	2 2		
森林生物科学	4				2					3 3		1 1					
水圏生物科学	8				3					11 8		1 1		2 1		3 1	
動物生命システム科学	3				2					8 3					1 1	5 1	
生物素材化学	8									7 7							
緑地環境学			2		2					4 2		1		1 1		2 1	
森林環境資源科学	6				4					1 1				1 1	1 1		
木質構造科学			5						4 2	6 3							
生物・環境工学	11	5			2					6 6		1 1	1 1				
農業・資源経済学			13	6		1	7 3	3 3	3 1	17 12							
フィールド科学	3				2					2 2			1 1	1 1	1 1		
国際開発農学			9		4				3 1	16 8		3 1		8 3	2	8	
獣医学課程獣医学	18				3					28 18					1 1	10 2	
				農学部合計		0	3	3	4	119	0	4	3	9	14	5	0

薬学部	定数			内定者数											
	第1段階定数			指定科類						全科類					
	指定科類		全科類	文科			理科			文科			理科		
	理Ⅱ	理Ⅰ・Ⅲ		文Ⅰ	文Ⅱ	文Ⅲ	理Ⅰ	理Ⅱ	理Ⅲ	文Ⅰ	文Ⅱ	文Ⅲ	理Ⅰ	理Ⅱ	理Ⅲ
	29	16	8				17 16	59 29					1	30 8	

医学部	定数				内定者数											
	第1段階定数				指定科類						全科類					
	指定科類			全科類枠	文科			理科			文科			理科		
	理Ⅲ	理Ⅱ	理科		文Ⅰ	文Ⅱ	文Ⅲ	理Ⅰ	理Ⅱ	理Ⅲ	文Ⅰ	文Ⅱ	文Ⅲ	理Ⅰ	理Ⅱ	理Ⅲ
医学	65	7		2					16 7	98 65	1 1	1	2	2 1	9	33
健康総合科学科			13	18				2 2	5 5		2 2	1 1	3 3			
				医学部合計	0	0	0	2	12	65	3	1	3	1	0	0

第2段階　進学内定者数

法学部	定数				内定者数											
	第2段階定数				指定科類						全科類					
	指定科類			全科類	文科			理科			文科			理科		
	文I	文II・III	理科		文I	文II	文III	理I	理II	理III	文I	文II	文III	理I	理II	理III
	88	2	2	35	109 84	60	72 2	39 1	22 1	1	109	60 4	72 31	39	22	1

経済学部 ※【注記】の(3)を参照	定数			内定者数											
	第2段階定数			指定科類						全科類					
	指定科類		全科類	文科			理科			文科			理科		
	文II	理科		文I	文II	文III	理I	理II	理III	文I	文II	文III	理I	理II	理III
	86	3	18		133 86		106	70 3	1	36 2	133	50 4	106 8	70 4	1

文学部	定数		内定者数											
	第2段階定数		指定科類						全科類					
	指定科類	全科類	文科			理科			文科			理科		
	文III		文I	文II	文III	理I	理II	理III	文I	文II	文III	理I	理II	理III
A群（思想文化）	9	12			64 8				18 2	45 4	64	21 5	9 1	
B群（歴史文化・日本史学）	7	4			28 2				14 1	21 2	28	10	5 1	
C群（歴史文化・東洋史学）	13	6			28 3				14	20	28	9	3	
D群（歴史文化・西洋史学）	6	5			33 3				10	40 3	33	6	6 2	
E群（歴史文化・考古学）	3	3			26 2				11	21 1	26	12 1	7	
F群（歴史文化・美術史学）	9	2			22				10 1	16 1	22	6	5	
G群（言語文化）	28	15			70 11				17 1	53 7	70	19 2	19 5	
H群（心理学）	2	4			79 2				11 1	67 2	79 1	32	34	
I群（社会心理学）	3	3			62 3				13 2	53	62 1	23	31	
J群（社会学）	9	7			97 9				16	62 1	97 5	20	22 1	
		文学部合計	0	0	43	0	0	0	8	21	7	8	10	0

教育学部	定数			内定者数											
	第2段階定数			指定科類						全科類					
	指定科類		全科類	文科			理科			文科			理科		
	文Ⅲ	理科		文Ⅰ	文Ⅱ	文Ⅲ	理Ⅰ	理Ⅱ	理Ⅲ	文Ⅰ	文Ⅱ	文Ⅲ	理Ⅰ	理Ⅱ	理Ⅲ
基礎教育学	4		3			28 4				3	23 1	28	8 1	7 1	
比較教育社会学	3		2			27 3				4	15	27 1	7	7 1	
教育実践・政策学	4		4			28 4				3	18 1	28 2	8 1	5	
教育心理学	4	2	1			20 4	9 2	9		1 1	13	20	9	9	
身体教育学			10							1	21 3	10 3	4 1	7 1	
			教育学部合計	0	0	15	2	0	0	1	5	6	3	3	0

教養学部	定数					内定者数											
	第2段階定数					指定科類						全科類					
	指定科類				全科類	文科			理科			文科			理科		
	文Ⅰ・Ⅱ	文Ⅲ	文科	理科		文Ⅰ	文Ⅱ	文Ⅲ	理Ⅰ	理Ⅱ	理Ⅲ	文Ⅰ	文Ⅱ	文Ⅲ	理Ⅰ	理Ⅱ	理Ⅲ
超域文化科学	2	9			1	19 1	28 1	42 9				19	28	42	13	12 1	
地域文化研究	3	6			2	13	29 3	38 6				13	29	38 2	6	6	
総合社会科学	8	1			1	24 8	30	31 1				24	30	31 1		6	
数理自然科学				2					64 2	22	1						
物質基礎科学				8					58 5	19 3							
統合生命科学				8	1				28 5	34 2		3 1	4		28	34	
認知行動科学			1	1		8	24	17 1	32	30 1							
学際科学科A群 （科学技術論、地理・空間）			4	1		5 2	26 1	25 1	21	16							
学際科学科B群 （総合情報学、広域システム）			1	3		5	14	11 1	54 2	28 1							
国際日本研究コース					4							4	5	2	5	1	
国際環境学コース					4							1	8 1	2	6 2	5	
					教養学部合計	11	5	19	14	8	0	1	1	3	2	1	0

第2章

工学部	定数			内定者数											
	第2段階定数			指定科類						全科類					
	指定科類		全科類	文科			理科			文科			理科		
	理Ⅰ	理Ⅱ・Ⅲ		文Ⅰ	文Ⅱ	文Ⅲ	理Ⅰ	理Ⅱ	理Ⅲ	文Ⅰ	文Ⅱ	文Ⅲ	理Ⅰ	理Ⅱ	理Ⅲ
社会基盤学A	7	0	0				48 7								
社会基盤学B	6		0				46 6								
社会基盤学C	3		0				37 3								
建築学	13		4				96 13			3	5 2	7 1	96	26 1	
都市環境工学	4	0	2				59 4			1	4	3	59	31 2	
都市計画	10		2				94 10			4	6	17 2	94	37	
機械工学A	31	0	0				191 31								
機械工学B	13		0				153 13								
航空宇宙工学	18	0					67 18								
精密工学	11	0	3				183 11			1	3	1	183	39 3	
電子情報工学	14	(0)	(10)				177 14				5 2	2 1	177 4	44 3	
電気電子工学	21	(0)	(10)				201 21				3	2	201	32	1
応用物理・物理工学	14		3				97 14				1	1	97	19 2	1 1
計数工学・数理／システム情報	18	0	3				127 18			2 2	2 1	1	127	33	1
マテリアル工学A	7	(2)	(2)				92 7	41			2		92	41 1	
マテリアル工学B	17	(2)	(2)				101 17	33			2	1	101	33	
マテリアル工学C	10	(2)	(2)				147 10	37 2	1		1		147	37 1	1
応用化学	22	4	0				51 5	36 4							
化学システム工学	16	3	0				81 16	48 3							
化学生命工学	8	7	1				61 8	52 7			1		61 1	52	
システム創成A	12	2	(3)				128 12	40 2			5 1	2	128	40	
システム創成B	11		(3)				179 11			3	5	1	179	48	
システム創成C	12	2	(3)				174 12	59 2		3	8	3	174	59 2	
		工学部合計		0	0	0	281	20	0	2	6	4	5	15	1

理学部	定数		内定者数											
	第2段階定数		指定科類						全科類					
	指定科類	全科類	文科			理科			文科			理科		
	理科		文Ⅰ	文Ⅱ	文Ⅲ	理Ⅰ	理Ⅱ	理Ⅲ	文Ⅰ	文Ⅱ	文Ⅲ	理Ⅰ	理Ⅱ	理Ⅲ
数学	0	13									1	53 13	12	2
情報科学	0	10										101 8	33 2	
物理学	0	21									1 1	67 17	19 3	1
天文学	0	4									1	34 3	12 1	
地球惑星物理学	0	10									1	72 9	22 1	
地球惑星環境学	4	2				51 1	24 3				1	51 1	24 1	
化学	13					35 7	38 6	1						
生物化学	6					18 1	53 5							
生物情報科学	5					35 1	37 4							
生物学	0	10										16	34 8	
		理学部合計	0	0	0	10	18	0	0	0	1	51	16	0

農学部	定数			内定者数											
	第2段階定数			指定科類						全科類					
	指定科類		全科類	文科			理科			文科			理科		
	理科	文科		文Ⅰ	文Ⅱ	文Ⅲ	理Ⅰ	理Ⅱ	理Ⅲ	文Ⅰ	文Ⅱ	文Ⅲ	理Ⅰ	理Ⅱ	理Ⅲ
生命化学・工学	32						28 2	98 17							
応用生物学	13						9	50 4							
森林生物科学	2		4				7 1	30		1	3 1	3	7	30	
水圏生物科学	6						7 1	40 3							
動物生命システム科学	3		0				8	40 3							
生物素材化学	6						12 1	38 4							
緑地環境学	2		0				15	31 2							
森林環境資源科学	1		10				12	30 1		3	10 1	8 1	12 1	30 3	
木質構造科学	3						19 1	31 2							
生物・環境工学	5	1	12	1	4 1	5	14 1	45 4		1	4	5 1	14 2	45 3	
農業・資源経済学	8	5		11 1	46 2	24 2	38 2	64 6							
フィールド科学	2		1				7 1	29 1		3 1	8	4	7	29	
国際開発農学	3		5				15	47 3		9 1	17	15 4	15	47	
獣医学課程獣医学	8						6	30 8							
			農学部合計	1	3	2	10	58	0	2	2	6	3	6	0

薬学部	定数		内定者数											
	第2段階定数		指定科類						全科類					
	指定科類	全科類	文科			理科			文科			理科		
	理科		文I	文II	文III	理I	理II	理III	文I	文II	文III	理I	理II	理III
	29					57 2	78 27							

医学部	定数				内定者数											
	第2段階定数				指定科類						全科類					
	指定科類			全科類	文科			理科			文科			理科		
	理III	理II	理科		文I	文II	文III	理I	理II	理III	文I	文II	文III	理I	理II	理III
医学	35	3		2					8 3	34 34		1	2	1	8 2	34
健康総合科学科			11	20				7 2	12 4			5	8 2	7	12	
			医学部合計		0	0	0	2	7	34	0	0	2	0	2	0

第3段階 進学内定者

文学部	第3段階定数		指定科類	
	指定科類	全科類	指定科類	全科類
	文Ⅲ		文Ⅲ	
A群（思想文化）	1		0	
B群（歴史文化・日本史学）	5		0	
C群（歴史文化・東洋史学）	1	1	0	0
D群（歴史文化・西洋史学）	3		0	
E群（歴史文化・考古学）	1	1	0	0
F群（歴史文化・美術史学）	9		0	
G群（言語文化）	17		1	
		文学部合計	1	0

工学部	第3段階定数			内定者数		
	指定科類		全科類	指定科類		全科類
	理Ⅰ	理Ⅱ・Ⅲ		理Ⅰ	理Ⅱ・Ⅲ	
応用化学	7			7		
			工学部合計	7	0	0

教育学部	第3段階定数			内定者数		
	指定科類		全科類	指定科類		全科類
	文Ⅲ	理科		文Ⅲ	理科	
身体教育学			2			2
			教育学部合計	0	0	2

農学部	第3段階定数			内定者数		
	指定科類		全科類	指定科類		全科類
	理科	文科		理科	文科	
生命化学・工学	13			3		
応用生物学	9			1		
森林生物科学	1		3	1		0
水圏生物科学	2			2		
生物素材化学	1			1		
森林環境資源科学			4			1
生物・環境工学			6			4
			農学部合計	8	0	5

教養学部	第3段階定数			内定者数		
	指定科類		全科類	指定科類		全科類
	理科	文科		理科	文科	
統合生命科学	1			1		
			教養学部合計	1	0	0

理学部	第3段階定数		内定者数	
	指定科類	全科類	指定科類	全科類
	理科		理科	
生物学		2		1
		理学部合計	0	1

医学部	第3段階定数				内定者数			
	指定科類			全科類	指定科類			全科類枠
	理Ⅲ	理Ⅱ	理科		理Ⅲ	理Ⅱ	理科	
健康総合科学			5	18			1	0
				医学部合計	0	0	1	0

コロナと東大7

学生に対する修学支援

世界中に猛威を振るった新型コロナウイルス感染症（ＣＯＶＩＤ―19）に、東大や東大生はどのように対応したのだろうか。ここでは、ＣＯＶＩＤ―19の流行の影響を受けて家計が急変した学生に対して実施された支援制度について見てみよう。

北関東出身のある学生は、現在も東京で生活している。帰省によって感染拡大が懸念されるという報道を目にしたことから、３月20日ごろに東京にとどまることを決めた。親戚からは、北関東で暮らす祖父母が高齢でウイルスをうつすと重症化するリスクが高いことから、帰省しないようにとも言われたという。都内のアルバイト先は緊急事態宣言の発令に伴って休業したため、収入が激減した。「親からの仕送りの額を増やしてもらいましたが、この状況が何カ月も続いたらさすがに厳しいですね」。このように学生の中には経済面で打撃を受けた人が少なからずいる。

東大生も参加する「高等教育無償化プロジェクト（ＦＲＥＥ）」が９日からインターネット上で実施した調査には、４月21日午後10時現在、119の大学、短期大学、専門学校の学生計514人が回答。約４割がＣＯＶＩＤ―19の影響で「家族の収入が減った」「なくなった」と答えた他、全体の7．８％が退学を検討しているという回答が得られた。

こうした事態を受け、東大は４月23日、家計が急変した世帯の学生に対し、授業料減免の支援を実施することを発表した。家計急変後の取得見込みを基に審査を行い、対象学生を決定する。５月15日にも、１人５万円の支給や授業料免除を内容とする支援策の実施を発表。支援実施のために、東京大学基金は募金を呼び掛けた。

東大に在学したことのある女性と女子学生から成る同窓会「東京大学さつき会」も５月、最大30人に１人当たり10万円の奨学金を給付することを決定。自宅外から通学中の学部および大学院に在学する女子学生で、家計支持者が死亡や失職、破産した人などが対象者となった。

東大は４月16日、前期分の授業料の引き落とし日を、当初予定していた５月27日から２カ月後の７月27日に延期することを発表した。授業料は日付変更前から変わっておらず、学生からは「（図書館などの学内施設を十分に利用できない）この状況が続くなら、授業料の減額も視野に入れてもらいたい」という声も上がっている。

文部科学省も「学びの継続」のための『学生支援緊急給付金』を創設し、高等教育の修学支援を行っている。緊急事態下の支援制度を考える中で、大学で学ぶとはどういうことなのかを捉え直す必要がありそうだ。

部活・
サークル紹介

東大には数多くの部活・サークルがある。

部活・サークルの紹介や一覧を見て、

活動の様子を思い描いてみよう。

東京大学運動会
フェンシング部

フェンシング部は運動会ではありますが入部者の多くがフェンシング初心者です。そのため勉強の合間の短時間で効率よく強くなり、入部時点での実力差を覆すことに全力を尽くしています。また縦の繋《つな》がりも強く皆真剣ではありますが和気藹々《あいあい》としています。これまで運動をしてこなかった人や新たに始めたい人は是非《ぜひ》足を運んでください！　人数：24人　場所：駒場Iキャンパス第一体育館

東京大学運動会
応援部

応援部は、リーダー・吹奏楽団・チアリーダーズの3パートで構成されており、経験者から初心者まで日々楽しく活動に取り組んでいます。六大学野球はもちろんアメフト、ラクロスなど様々《さまざま》な部活の応援に駆け付け、また応援以外にも演奏会やステージ活動にも全力で取り組んでおり、本当に刺激的な毎日です！　練習スケジュールはパート毎《ごと》に異なるので、ぜひ応援部HPをご確認ください！　皆さんにとって実り多き大学生活になるよう祈っています！

東京大学運動会
航空部

初めまして、東京大学運動会航空部です。私たちは、グライダーというエンジンのない航空機で空を飛んでいます。もちろん部員全員が自らの手で操縦しています。活動は主に埼玉にある滑空場で実際にフライトをする合宿と、週に1回駒場で行われるミーティングがあります。部員数はおよそ25人と小規模ですが、合宿で寝食を共にする分学年を超えて仲良くなれます。実際に自分の操縦で空を飛ぶという非日常を味わってみませんか？

東京大学
民族音楽愛好会

私たち東京大学民族音楽愛好会は、南米の民族音楽「フォルクローレ」を演奏しているインカレサークルです。部員は50人で、毎週火曜日に駒場キャンパスで活動しています。五月祭や駒場祭では街頭演奏をおこなっています。部員の多くは大学に入ってからフォルクローレに出会いました。音楽経験がある方もない方も、誰でも、一度体験に来ていただけたらきっと楽しさがわかるはずです。わたしたちと一緒に音楽を楽しみませんか？

東京大学
ジャズダンスサークル FreeD

FreeDは駒場が拠点の東大唯一のジャズダンスサークルです。Jazz、Waack、Lock、R&B、Girls等のダンスを楽しく真剣に練習し、学祭や自主公演など年5回のステージで披露しています！「お互いを尊重し、ダンスを楽しむ気持ちを大切にする」がモットーの温かいサークルです。ダンス初心者や2年生以上の方、どの大学の方も歓迎です！ 仲間と一つの作品を作り上げ、舞台で表現する喜びを味わってみませんか？

東京大学
フォイヤーヴェルク管弦楽団

人生に、音楽の渦を。フォイヤーヴェルクとはドイツ語で「花火」を意味します。一輪の大きな花火のようにお客さんに感動を与えたい、という想いが込められており、国内外で活躍する音楽家の方々にもご指導頂き、聴き手を楽しませられる演奏を目指しています。また、学園祭や室内楽発表会では様々《さまざま》なジャンルの音楽にも挑戦。色とりどりのメンバーと一緒に音楽を楽しみませんか？ 場所：駒場キャンパス

東大将棋部

東大将棋部には約百名の部員が在籍しており、普段は学生会館でほぼ毎日将棋を指しています。活動参加は自由で仲も良い、ゆるくアットホームな弊部ですが、大学将棋の醍醐味《だいごみ》である団体戦では一丸となり勝利を目指します。昨年度は皆の努力が実を結び、ほとんどの全国大会で優勝を飾ることができました。自由度の高いサークルですが、私達と一緒に「好き」を極めてみませんか？　東大将棋部では、将棋が「好き」な皆様をお待ちしています。

東大 珈琲同好会

部員数は約百名で月に3回程度駒場と本郷で活動をしています。男女比は7対3で男女問わず他大学のメンバーも多く所属しています。イベントへの出店などに向けてコーヒーの抽出や知識などを探求しながらも、カフェ巡りやハンドドリップを通じて純粋にコーヒーを楽しんでいます。昨年は夏や春に合宿を行い、京都と名古屋に行きました。その他イベントも充実しており、コーヒーを片手に自分の好きなことを語り合えるコミュニティーです。

東大LEGO部

東大ＬＥＧＯ部は、レゴによる安田講堂の再現を機に２００７年に発足したサークル。年に2回の学祭での作品展示が主な活動。部員数はおよそ20人。部室にはたくさんのパーツがあるが、効率が良いため設計はＰＣで行うことが多い。理系ばかりと思われがちだが、文系もある程度いるため安心してほしい。ゆるい雰囲気の部だが、学祭の展示は大盛況で、やりがいは十分だ。何か創作活動をしたい、個人でも活動したい、という方におすすめ。

東京大学
UTSummer

中高生対象のサマーキャンプを開催し、彼らが抱えるモヤモヤと向き合えるような対話の機会を提供します。男子17名、女子13名の計30名で、週1回の全体会議を軸に活動しています。普段はアットホームな雰囲気ですが、企画作成に向けた話し合いでは本気で取り組めるのが本団体の魅力です。一からキャンプを作り上げるのが大変な分、得られる達成感や能力はかけがえのない宝物になります。大学に入り新たな挑戦をしたいという方はぜひ！

出版甲子園

出版甲子園実行委員会は日本唯一の商業出版サークルです。全国から本にしたい企画を募集し、商業出版へとつなげる活動をしています。部員は22名で毎週土曜日の18時から早稲田大学戸山キャンパスで会議を行っています。企画の審査や出版社訪問などもしているので出版業界に興味ある人はお勧めです！　またインカレサークルなので早稲田生以外の人も大歓迎です！

ホームページ：http：／／spk．picaso．jp／

環境三四郎

主な活動は、学プロと池プロという二つのプロジェクトで構成されています。学プロでは小学校での授業やこども園での生き物観察を通して、子供達が生き物に触れ合い環境を考える場を提供することを目的としています。池プロでは駒場池をとことん分析します。毎週火曜日に学生会館314Bにてミーティングを行っており、週末に駒場池での活動や環境イベントに参加することもあります。生き物好きや環境教育に興味のある人にお勧めです！

部活・サークル一覧

運動系

アメフト・ラグビー

- 東京大学運動会アメリカンフットボール部
- 東京大学運動会ラグビー部
- 東大VIKINGS

ゴルフ

- 東京大学運動会ゴルフ部
- 東大BOGEYS

サッカー・フットサル

- 東京大学運動会ア式蹴球部
- 東京大学運動会ア式蹴球部女子
- 東京大学運動会総務委員会直轄部　フットサル部
- 東京大学スポーツ愛好会サッカーパート
- 東京大学セパタクロークラブ
- 東京大学バブルサッカークラブ
- 東京大学FC
- Blue　Spot
- 東京大学FITTY626
- 東京大学Hotspurs
- 東京大学PASSERS
- 東京大学SperanzaFC

テニス

- 東大アプリコット　T.C.
- 東大アムレット
- 東京大学運動会女子硬式庭球部
- 東京大学運動会男子硬式庭球部
- 東京大学運動会軟式庭球部
- 東大エルピラータ
- 東大サンフレンド
- 東大シグマテニスサークル
- 東京大学スポーツ愛好会硬式テニスパート
- 東京大学スポーツ愛好会軟式テニスパート
- 東大テニスサークルJoker
- 東大トマト
- 東大レモンスマッシュ
- 東京大学A-DASH
- 東大ALLDC
- 東大Anotherway
- BESTER
- 東大COSMOS
- 東京大学Group　Flates
- 東大HALE　T.C.
- 東大smash　and　spur
- 東大WEEKEND
- 東大woodpecker

バスケ

- ありうーぷ
- 東京大学運動会女子バスケットボール部
- 東京大学運動会男子バスケットボール部
- 東京大学スポーツ愛好会バスケットボールパート
- ペイサーズ
- 東大Airwalk

バドミントン

- 東京大学運動会バドミントン部
- 東京大学スペースシャトル
- 東京大学スポーツ愛好会バドミントンパート
- ひこうせん
- 東大punpkin
- 東京大学TBA

バレー

- 東京大学運動会女子バレーボール部
- 東京大学運動会男子バレーボール部
- 東京大学スポーツ愛好会バレーパート
- ソフトバレーサークルSUNSET
- 東京大学バレーボールサークル　maru
- 東京大学ユーフォリア

野球・ソフトボール

- 東京大学運動会硬式野球部
- 東京大学運動会準硬式野球部
- 東京大学運動会ソフトボール部
- 東京大学運動会軟式野球部
- 東京大学セローリ
- 東大タクティクス
- 東京大学丁友会硬式野球部
- 東京大学ベルスターズ
- 東京大学レオパーズ
- 東京大学BigBox's

その他の球技

・東京大学運動会卓球部
・東京大学運動会ハンドボール部
・東京大学運動会フィールドホッケー部
・東京大学運動会ボウリング部
・東京大学運動会ホッケー部女子
・東京大学運動会ラクロス部女子
・東京大学運動会ラクロス部男子
・東京大学競技ドッジボールサークルVOLER
・東京大学スカッシュ同好会
・東京大学スポーツ愛好会卓球パート
・東大すぽると
・東京大学ハンドボールサークルMEINZ
・東京大学フロアボールクラブ
・東京大学ペタンクサークルUToPIA
・東京大学BeachBoys
・Pacificus Racquetball Club

ウィンタースポーツ

・東京大学運動会スキー部
・東京大学運動会スケート部アイスホッケー部門
・東京大学運動会スケート部フィギュア部門
・東京大学基礎スキー同好会Crazy Cats
・東京大学ラビットアルペンスキーチーム
・東京大学Cloud9
・東京大学LBJ ski team

山岳

・東京大学運動会スキー山岳部
・東京大学運動会ワンダーフォーゲル部
・東京大学オリエンテーリングクラブ
・東京大学狩人の会
・東京大学クライミングサークル Granite
・山岳愛好会雷鳥
・東京大学TECKTECK

自転車・乗り物

・東京大学運動会航空部
・東京大学運動会自動車部
・東京大学なかよしさいくる

水上・水中

・東京大学運動会水泳部競泳陣
・東京大学運動会水泳部水球陣
・東京大学運動会漕艇部
・東京大学運動会ヨット部
・東京大学海洋研究会
・東京大学海洋調査探検部
・東大水泳サークルcoconuts
・東京大学ヨットサークルSEAWIND
・東京大学Grand Bleu

ダンス

・東京大学運動会応援部チアリーダーズ
・東京大学運動会競技ダンス部
・東京大学ジャズダンスサークルFreeD
・東京大学ストリートダンスサークルBOILED
・東大フラサークルKaWelina
・東京大学フラメンコ舞踏団
・東京大学民族舞踊研究会
・東大娘。'20
・東京大学KPOP COVER DANCE TEAM WINGS
・東京大学KPOPダンスサークルSTEP
・T.U. Dancing Club WISH

武道・格闘技

・東京大学合氣道会
・東京大学合気道気錬会
・東京大学運動会合気道部
・東京大学運動会空手部
・東京大学運動会弓術部
・東京大学運動会剣道部
・東京大学運動会柔道部
・東京大学運動会少林寺拳法部
・東京大学運動会相撲部
・東京大学運動会躰道部
・東京大学運動会フェンシング部
・東京大学運動会ボクシング部
・東京大学運動会レスリング部
・東京大学弓道同好会
・東京大学極真空手同好会
・東大剣友会
・東京大学護身武道空手部
・東京大学古流武術鹿島神流
・東京大学スポーツ合気道クラブ
・東京大学颯剣会
・東京大学ふぁんそん太極会
・東大プロレスBAKA道場
・東京大学ゆみの会
・東京大学WTFテコンドーサークルてこん会

陸上

・東京大学運動会陸上運動部
・東京大学運動会陸上運動部女子パート
・ホノルルマラソンを走る会

その他

・東京大学運動会応援
・東京大学運動会体操部
・東京大学運動会馬術部
・東京大学運動会洋弓部
・東京大学運動会B&W部
・東京大学射撃部
・東京大学スカイウォーカーズ
・東京大学ダブルダッチサークルD-act
・東大釣友会
・東京大学トライアスロンチームDo-Up
・東京大学ハンググライダーサークルfalsada
・ビリヤード友の会
・東大Burst

鉄門

・医学部鉄門アメリカンフットボール部
・医学部鉄門硬式庭球部
・医学部鉄門ゴルフ部
・医学部鉄門サッカー部
・医学部鉄門山岳部
・医学部鉄門水泳部
・医学部鉄門スキー部
・医学部鉄門漕艇部
・医学部鉄門卓球部
・医学部鉄門バスケットボール部
・医学部鉄門バドミントン部
・医学部鉄門バレーボール部
・医学部鉄門ハンドボール部
・医学部鉄門野球部
・医学部鉄門陸上部

音楽系

合唱・アカペラ

・東京大学アカペラバンドサークルLaVoce
・東京大学音楽部女声合唱団コーロ・レティツィア
・東京大学音楽部男声合唱団コールアカデミー
・東京大学歌劇団合唱団
・東京大学合唱団あらぐさ
・東京大学コーロ・ソーノ合唱団
・東京大学混声合唱団コール・ユリゼン
・東大ショークワイア
・東京大学白ばら会合唱団
・中世ルネサンス無伴奏混声合唱団ムジカサクラ
・東京大学柏葉会合唱団
・東京大学法学部緑会合唱団

ロック・ポップス

・東大アンプラグド
・東京大学ウクレレサークルウクレレ・ヒキナ
・東大音感
・東京大学ビートルズ研究会アビーロード
・東京大学フォークソング研究会
・東大British Rock 研究会
・FGA
・東大POMP

古典音楽

・東京大学オルガン同好会
・東大古典音楽鑑賞会
・東京大学古典ギター愛好会
・東京大学室内楽の会
・東京大学尺八部
・東京大学三味線くらぶ
・東京大学箏曲研究会
・東京大学ピアノの会
・東京大学ベルカント研究ゼミナール

吹奏楽・管弦楽

・東京大学運動会応援部吹奏楽団
・東京大学音楽部管弦楽団
・東京大学歌劇団管弦楽団
・東京大学クラリネット同好会
・東京大学吹奏楽部
・東京大学フィルハーモニー管弦楽団
・東京大学フィロムジカ交響楽団
・東京大学フォイヤーヴェルク管弦楽団
・東京大学ブラスアカデミー
・東大リコーダー同好会
・東京大学LowBrass同好会

民族音楽

・東京大学民族音楽愛好会
・Estudiantina Komaba
・UT-Fuaim

その他

・東大エレクトーンクラブ
・東京大学ジャズ研究会
・東京大学ビルボード研究会
・東京大学フルート同好会
・東京大学ぺるきゅしおんあんさんぶる
・東京大学マンドリンクラブ
・東京大学Jazz Junk Workshop

アウトドア

・東大温泉サークルOKR
・東京大学地文研究会天文部
・Tokyo Sky Walker

アニメ・ゲーム

・東京大学アニメーション研究会
・東京大学ゲーム研究会
・ゲームサークル大都会
・東京大学テトリス研究会
・同人サークル ノンリニア
・東大七盤サークル
・東京大学ビジュアルノベル同好会
・東京大学遊戯王デュエルサークル
・東大ラブライブ！
・BEMANI 4 UT
・東京大学esportsサークル
・東京大学LoLサークル

イベント・企画

・伊豆に学ぶ
・東京大学運動会総務部
・東大おかやま愛好会
・学生団体GEIL
・コミックアカデミー実行委員会
・出版甲子園
・旅屋
・東大ドリームネット
・東大美女図鑑
・東京大学道民会
・謎解き制作集団AnotherVision
・東大みかん愛好会
・AGESTOCK実行委員会
・東京大学UTSummer

文化系・自治団体

演劇・映画

- 東京大学映画研究会
- 映画制作スピカ1895
- 快晴プロジェクト
- 劇工舎プリズム
- 劇団綺畸
- シアターマーキュリー
- 東京大学ミュージカルサークルClavis
- D. P. Theater Club at Komaba

起業・投資

- 株式投資サークル Jumping Point
- 東大金融研究会
- 東京瀧本ゼミ企業分析パート
- 東京大学投資クラブAgents
- BusinessContestKING
- 東大FASTPASS

広報・出版

- 時代錯誤社
- 東京大学新聞社
- 東京大学入試研究会
- ビラ研究会
- biscUiT

国際交流

- アイセック東京大学委員会
- アジア開発学生会議
- アジア政治学学生協会
- ウガンダ野球を支援する会
- 京論壇
- 日露学生交流会
- 日本学生協会基金
- 東大AFPLA
- Biz japan
- FICS
- First AccessX UTokyo
- GNLF
- HCAP東京大学運営委員会
- IAESTE
- KIP知日派国際人育成プログラム
- MPJ Youth
- NPO法人MIS
- OVAL JAPAN
- Todai Global Interaction Friends
- 東京大学UNiTe

自然科学

- 東京大学愛鳥研究部
- 東京大学アマチュア無線クラブ
- 宇宙開発フォーラム実行委員会
- 東京大学キムワイプ卓球会
- 東京大学教養学部化学部
- 国際資源エネルギー学生会議
- 東京大学生物学研究会
- 東京大学地文研究会気象部
- 東京大学地文研究会地質部
- 東京大学地文研究会地理部
- 都内数学科学生集合
- 東京大学プラレーラーズ
- 理論科学グループ
- 東京大学CAST
- iGEM東大
- RoboTech
- UTaTané
- ut.code();

社会奉仕

- 学生団体マイハウス
- 環境三四郎
- 駒場子ども会
- 東京大学点友会
- 東龍門
- 東京大学乗鞍サマースクール
- 東京大学復興ボランティア会議
- ぼらんたす
- 夢のつばさプロジェクト
- Fair Wind
- J-FUNユース
- 東大POSSE
- Table for Two-UT

趣味・娯楽

- 東大うどん部
- 東京大学カープ応援サークルスラィリー
- 東京大学ガンダム愛好会
- 東大幻想郷
- 東京大学珈琲同好会
- 東京大学瞬星会
- 東京大学将棋部
- 東大昇竜会
- 東大女装子コンテスト実行委員会
- 東京大学戦史研究会
- 東京大学宝塚同好会
- 東大帝虎会
- 東京大学ディズニーサークルUTD
- 東京大学鉄道研究会
- 東京和蒼会
- 東大特撮映像研究会
- 東大ハロプロ研究会

・東大飛燕会
・東京大学ポケモンサークルぽけっち
・東大ホースメンクラブ
・東京大学漫画調査班
・東京大学模型部
・東大料理愛好会
・東京大学料理サークルカラメルビター
・東京大学旅行研究会
・東大B'z同好会
・東京大学Furry研究会
・東京大学GFC
・東大TeX愛好会
・UTokyo Aviation Geek Society
・東大VTuber愛好会

人文社会学

・東京大学安保法制廃止を求める東京大学人アピール実行委員会
・東大カモノハシ協会
・東京大学教育問題研究会
・東京大学行政機構研究会
・東京大学現代国際法研究会
・高等教育無償化プロジェクトFREE東大
・東大三国志研究会
・東京大学手話サークルしゅわっち
・東京大学高山ゼミ
・東京大学瀧本ゼミ政策分析パート
・東京大学日本の医療の光と影ゼミナール
・日本民主青年同盟東大駒場班・本郷班
・東京大学法と社会と人権ゼミ
・NPO法人日本教育再興連盟
・UTT Data

創作活動・芸術

・東大イラスト研究会
・東大英語美術サークル
・東京大学折紙サークルOrist
・東京大学作曲研究会GCT
・東京大学写真文化会
・東京大学手芸サークルあっとはんど
・東京大学新月お茶の会
・東京大学陶芸サークル倶楽部楽
・東大美術サークル
・東京大学フォーミュラファクトリー
・服飾団体Miss Catwalk
・東大文芸部
・ペンクラブ
・東京大学放送研究会
・東大マイコンクラブ
・東大まんがくらぶ
・designing plus nine
・東大LEGO部
・東大VRサークルUT-virtual

伝統文化

・東京大学裏千家茶道同好会
・東京大学薫風流煎茶同好会
・東京大学香道部
・東京大学茶道部
・東京大学珠算研究会
・東京大学書道研究会
・東京大学神社研究会
・東大中国茶同好会
・東京大学日本舞踊研究会
・東京大学能狂言研究会観世会
・東京大学能狂言研究会狂言会
・東京大学能狂言研究会宝生会
・東京大学百人一首同好会
・東大襖クラブ
・東京大学落語研究会
・東京大学陵禅会

文学

・東京大学漢詩研究会
・古文サークルすずのや
・東京大学書評誌「ひろば」
・東京大学創文会
・東京大学読書サークルこだま
・東京大学文学研究会
・文学入門ゼミ
・東京大学Q短歌会

パフォーマンス

・東京大学お笑いサークル笑論法
・東京大学奇術愛好会
・東京大学マラバリスタ
・まるきゅうProject

マインドスポーツ・パズル

・東京大学囲碁部
・東大オセロサークルGORO
・東京大学クイズ研究会
・東京大学コントラクトブリッジ同好会
・東京大学人狼研究会
・東京大学ペンシルパズル同好会
・東大ポーカー同好会
・東京大学麻雀サークル白
・東大ルービックキューブサークル Callas

その他

・東京大学英語ディベート部
・東京大学キリスト者学生会
・グローバル消費インテリジェンス
・東京大学紅茶同好会KUREHA
・すずかんゼミナール『学藝饗宴』
・東大スパイス部
・第一高等学校・東京大学弁論部
・鉄門倶楽部
・東大原田武夫自主ゼミ
・東京大学フロンティアランナーズ
・牧原ゼミ
・東大むら塾
・模擬国連駒場研究会
・もぐもぐさんぽ
・東京大学元仮面浪人交流会
・東京大学Agrilien
・東京大学E.S.S.
・IMO project
・polaris
・TSUNAGU
・東大YN会

自治団体

・東京大学学生会館運営委員会
・東京大学生協駒場学生委員会
・東京大学第71期駒場祭委員会

（データ提供：オリエンテーション委員会）

そんな進路も間違いじゃない

東大工学部の卒業後に理科III類へ再入学し、医学へと転身した江藤隆史さん。皮膚科の道に進み、東京逓信《ていしん》病院勤務の医師として四半世紀にわたり「明るく楽しい皮膚科」をモットーに治療を続けただけでなく、アトピー性皮膚炎や乾癬といった皮膚病に関する啓発活動にも注力してきた。その異端な半生を解き明かすとともに、ストレスフルな受験期を生き抜く人々へのメッセージを問う。

（取材・村松光太朗）

医師

江藤《えとう》 隆史《たかふみ》さん

77年東大工学部卒業、84年東大医学部卒業。東大病院皮膚科助手、東京逓信病院副院長などを経て19年よりあたご皮フ科（東京都港区）に勤務。日本皮膚科学会認定専門医。日本臨床皮膚科医会会長。

10年を超える学部生活

――最初に東大を目指した理由は

純粋な憧れだったと思います。父親が転勤族で、小学校の前半は文京区の千駄木に暮らしていました。丁度家が本郷キャンパスの近所で、よく三四郎池へ遊びに行ったものです。子供なりに「いずれ自分もここで学べたらなあ」ぐらいに感じていたのでしょう。大学受験までつながるような勉強は中学から塾に通って始めました。しかし都内にある国立の高校に進学した後はバレーボールに明け暮れてしまい……受験直前までその調子だったので、理Ⅰは1浪覚悟で受験しました。それでも半年のラストスパートが効いたのか、一発勝負で調子よく行けて幸運でした。

――進学振分け（当時）で工学部計数工学科に進んだのは、コンピューターに関心があったからでしょうか

正直な話、そこまで思い入れはありませんでした（笑）。前期課程は点数稼ぎもほどほどに、車の免許を取ったり射撃部の活動や家庭教師のアルバイトに明け暮れたり、出身高校のバレーボール部コーチを1年間担当したり。そうこうしているうちに進学振分けの時期です。建築、電子、都市など他の工学分野にも憧れましたが、点数が足りません。焦った末に行けそうなところを探し、工学部の計数工学科を選びました。数学は好きな方でしたが、それ以上にコンピューターを一つのテーマに掲げる計数工学科なら、どんな方向にでも、何にでもなれそうだと感じたのが理由です。今は全然コンピューター関係が駄目なので、振り返ればその後医学に転じたのは良い判断だった気がします。

――計数工学科の学びで印象深いことはありますか

具体的には計数工学科の計測工学コースというところで、少々泥臭い計測の分野を広く扱っていました。例えば物の歪みの精密な測り方とか。しかし、特に医学へ移りたいと思い始めた時期からは勉強にあまり付いていけておらず、お世辞にも役立ったことは多くありません。勉学以上に人生の肥やしとなったのは人間関係です。今でも計数工学の同期と会っては酒を交わします。就職してＳｕｉｃａの実装に携わった人もいれば、他大学の教授職を全うした人もいる。それぞれが新たな世界に飛び込んでいろいろな経験を積んでくるので、年を取ってから彼らの話は聞けば聞く程勉強になります。そんなつながりを得られたのは何にも代え難い価値だと思います。

——ここからどのように医学部につながるのでしょうか

3年の後半辺りから、工学以外の勉強をしたいという欲が出てきました。

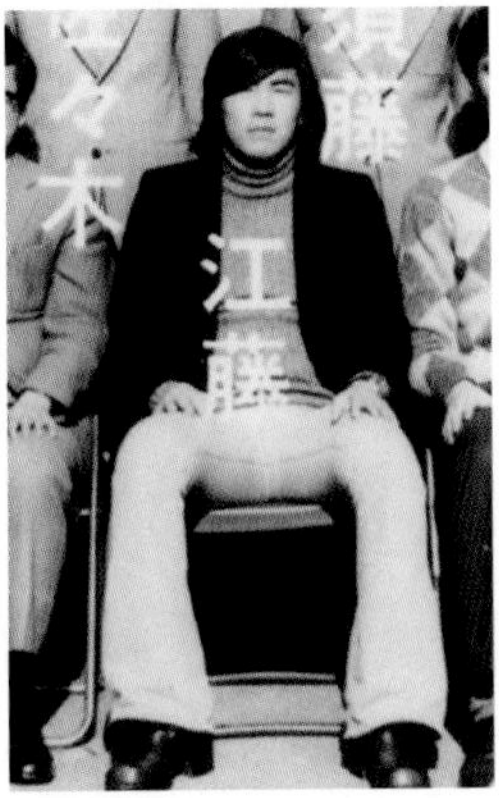

工学部計数工学科時代の江藤さん

特に医学との馴れ初めになったのは、4年次に始めた卒業研究です。脳波や皮膚電位などの生体信号をテーマにしたもので、当時流行り始めたバイオフィードバックの1分野でした。例えば脳波を分析して上手くコントロールし、精神状態を安定化させるというものです。なかなか上手くはいきませんでしたが、その研究を通して医学部の先生へ話を聞きに行ったりしているうちに、医学へと気持ちが傾きました。丁度研究室には医学部卒業後に工学系へ転身した先輩がいたので、そんな進路も間違いではないだろうと思いましたね。見切り発車で、その年から東大理Ⅲへの挑戦が始まりました。

——医学部に進む上では、理Ⅲを受け直す他なかったのでしょうか

選択肢として、大阪大学など一部の大学では医学部学士入学（専門課程からの編入学）が可能でした。しかし編入学試験の難易度は高く、引っ越しも検討しなければならないので大変です。親に金銭面で迷惑をかけたくないということもあり、それなりに稼げる家庭教師アルバイトのツテがたくさんある東京に残って稼ぎつつ学ぶ方針で考えました。学費が安いに越したことはないので私立大学も候補から外れ、結局元々在籍していた東大の理Ⅲからやり直すのが受験の勝手も分かっていて都合が良いと判断しました。そこから計3回受験し、ようやく合格です。

——身内の方の反応はどうでしたか

やはり反対されましたね。4年次の最初の理Ⅲ受験では、工学部を卒業せず中退して医学部に行く気満々でした。卒業論文を書けば一応卒業を達成できたのに、先生方にゆっくり書きますと言って書き終えないまま理Ⅲを受

可能性の広さに魅了された

験するぐらいでしたから。結局理Ⅲに落ち、工学部も留年となったところ、父親から「就職でいざという時に困るから工学部は卒業しろ」と釘を刺されました。その意向に従って、次の年は一応工学部卒業を優先しました。最終的に工学系研究科（大学院）に進学内定した状態で理Ⅲに漕ぎ着けたのは、私なりの意地を押し通した結果です。

――理Ⅲから医学部に進学した後、当面の目標は医師免許取得でしたか

はい。基礎・臨床の研究者として大学に残るという選択肢もありますが、実際の医療現場で患者さんと向き合ってみたかったような気がします。そのためにまずは医師免許取得に励みました。といっても鉄門ゴルフ部の副将を務めていたので勉強は遅れていましたし、しかも医学部4年次には結婚して子供ができたので、勉強や家庭教師との両立がとにかく大変でした。国家試験前は家庭教師の時間を勉強に回さなければならずお金に困るばかりで。国家試験に受かった時は理Ⅲ合格以上に嬉しかったもんです。

――周囲の医学生との関係はどうでしたか

当時は医学生１００人弱の1割程度が、私のような他学部から来る年配の学生でした。その集団の1人だったので、特に孤独は感じませんでした。他の学生とは最大6歳も離れていましたが、それも時間が経てばあまり目立たなくなり、コミュニティにしっかり溶け込めたように思います。

正直な話、現役で理Ⅲに入るような人々はどことなく人間味に欠けた変な人ばかりではという偏見を抱いていました。しかし入ってみると、そんなことはありません。苦労人もたくさんいますし、人間的にしっかりした人たちが大勢で、今でも良い仲間だと思っています。工学部と医学部というカテゴリーで人となりに大きな違いが生まれるわけではない、結局人それぞれだという実感が得られました。ごくたまに試験で1番だと声高にうたう人もいましたが、そのような人が良い医師になるとは限らないですよね。

——医学部を卒業して東大病院の助手になったところから皮膚科医の道を歩み始めたということですが、なぜ皮膚科を選ばれたのでしょうか

丁度2人目の子供ができるタイミングで、家庭を支えるべく早く一人前の医師になりたいと考えていました。外科は桁違いに長い年月を要するので気乗りしません。小児科が良さそうとも思ったのですが、当時は学生運動の煽りで小児科や精神科はまともに大学に残れない状況でした。安全な科を探す中で鉄門ゴルフ部の部長だった皮膚科の久木田淳教授（当時）から話を聞き、皮膚科に引かれたのです。皮膚はすぐに見える部分ですし、外来で見て針でつつけば患部組織を取れるように、他のどんな科よりも早く診断できます。病理診断も自分で行うのが皮膚科の特徴といえます。最先端のことも地道なことも可能です。そんな可能性の広さに魅了されました。工学時代のバイオフィードバック研究の一端で皮膚電位を扱ったこともつながっているのかな。

——助手になってからは診療の毎日ですか

一人前の医師として認められるには専門医認定と医学博士取得の両方を達成しなければなりません。そのため診療や学生指導の傍ら、11年間も勉学と研究に明け暮れました。皮膚科なら皮膚に関わる手術もできなければなりませんし、膠原病やかぶれ、水虫などさまざまな症例を理解できなければなりません。一通り理解した上で、さらに皮膚科の中でサブスペシャリティを見つける必要があります。最初はかぶれ症状、続いて米ハーバード大学への研究留学中にメラノーマというほくろのような悪性腫瘍の転移抑制を研究しました。最終的に帰国後臨床研究を始めたアトピーや乾癬が専門となり、特に光線療法を自分の強みにできました。晴れて皮膚科の専門医となり、東京逓信病院へ異動となります。

——東京逓信病院へ異動して大きく変わったことは何でしょうか

東大病院ではできなかった、患者さ

東大在学・在職中の江藤さんの動き

1972	東大理I入学
74	工学部計数工学科進学
75	理Ⅲ受験①・工学部留年
76	理Ⅲ受験②・工学部卒業・工学系研究科研究生として残留
77	工学系研究科修士課程受験（合格するも辞退）・理Ⅲ受験③（合格）・工学系研究科研究生中退
78	理Ⅲ入学
80	医学部医学科進学
84	医学部卒業・東大病院皮膚科助手（～93年度）
89	ハーバード大学病理学教室（2年間の研究留学）

んに長く寄り添う診療が可能となりました。大学病院のスタンスは「あまり深刻な症状でない人は街中の診療所（クリニック）に行きなさい。そして本当に異変があって特殊な検査が必要なときだけ紹介状をもらってこちらで受診しなさい」というのが基本です。そもそも若手の育成機関という役割も併せ持っているため、大学病院内では人事異動が頻繁に起きますし、私のように助手が研究留学で抜けることも多々あります。でもそれでは、1回やっても駄目な患者さんに繰り返し受診してもらうという診療ができません。皮膚科もそうですが、1人の患者さんの症状を何年もの長いスパンで見なければならない症例はたくさんあります。長年同じ場所に居座り継続して患者さんと向き合える環境がそれを可能にするのであり、私にとってその環境こそが東京逓信病院だったわけです。

本来このような診療は、街中の診療所の役割だと思います。収容数や地理的な事情に鑑みれば、大きな病院よりも各地に散在する診療所が担当する方が効率も良いはずです。本当ならかかり付けの医師がそうして首尾よく患者さんと長く付き合って治療してほしいところですが、ことアトピーに関しては塗り薬の使い方や指導が上手く行き届かないケースも多々あります。一般の医師に同じような治療を期待する、というのが私の啓発目標の一つですが、これはまだ達成できていません。

——先生のモットーとする「明るく楽しい皮膚科」とは具体的にどのようなものでしょうか

毎週のように何人もの患者さんを招いてしつこく「薬を塗れ」と言うような光景を思い浮かべると、スパルタ教育のように聞こえるかもしれません。しかしそもそも、医学的知見としてアトピーはステロイド外用薬のような塗り薬をしっかりと塗れば症状が抑えられる病気です。重要なのはとにかく、根気よく薬を塗り続けることなのです。塗るのが面倒だという気持ちを抱く患者さんは多々いますが、それなら身体の一部だけでもコンスタントに塗れるような日常生活の工夫をすべきです。医師が指導・介入する余地はそこにあります。塗ってこないことに対してただ怒るのは簡単ですが、それでは患者さんも前向きなれません。こういう時に私が心掛けるのは、褒めることです。少しでも治って綺麗になれば「すごいじゃん！」と。

精神論臭い話ですが、私自身も幼少期から「人は褒められると自信がついてさらに前に進める」と肌で実感しています。小学校の季節だよりで３年間花や虫を毎日観察し記録し続けたことや、中高のバレーボールでひたすら遠くに飛ぶボールに手を伸ばしたこと。それで先生方にすごく褒められたので良い意味で図に乗り、その後の受験にも通じる自信が得られました。この感覚を、今度は指導する立場として患者の皆さんに体感してもらいたい。そうして元気になっていく患者さんを見るのが私の楽しみです。疾患に苦しむときこそ「明るく楽しい」関係性を築けたらと思います。

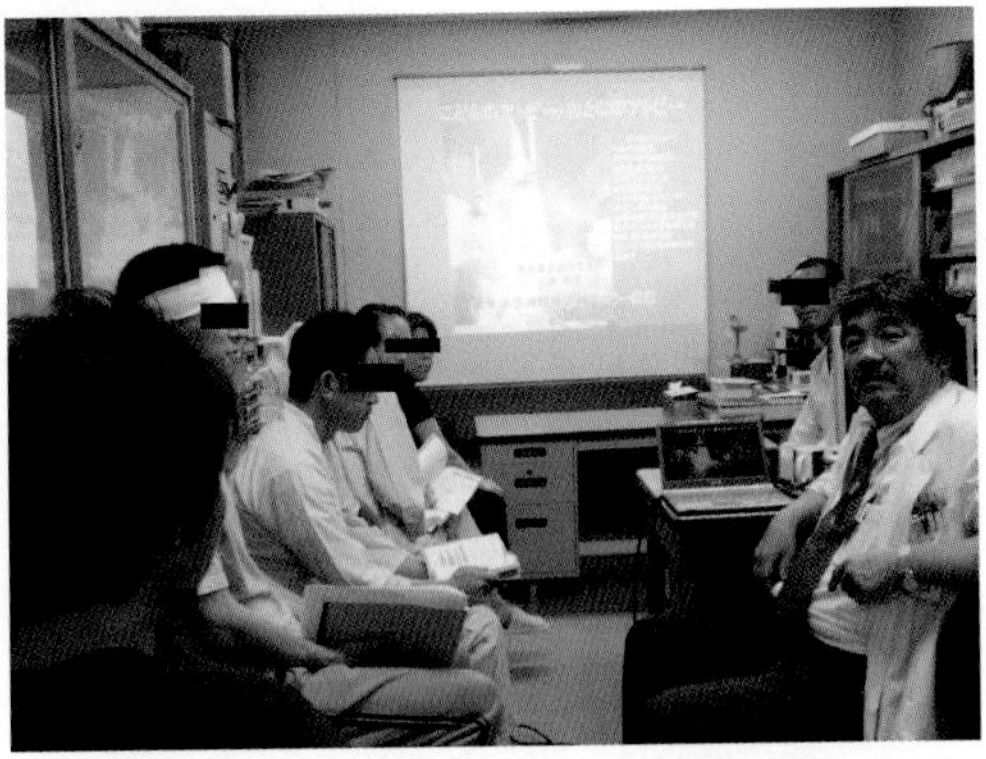
アトピー患者が集まる東京逓信病院の名物「アトピー教室」。和気あいあいとした雰囲気の中、江藤さんがアトピーの症状と正しい治療法をレクチャー。

――アトピーの悪化が怖い、あるいはアトピーを患って勉強に集中できない受験生へのメッセージをお願いします

アトピー発症者に受験生が多いことは経験上実感していますし、受験勉強が大きなストレスになっているのだと思います。受験勉強がひたすら面白いという少数派を除けば、多くの人にとってストレスを感じるのは自然でしょうし、それが原因でアトピーが悪化することもままあることでしょう。

本当に悪化するようなことがあれば、まずは皮膚科にご相談ください。既に受診した人は、塗り薬を正しい用法で諦めず塗ることを心掛けましょう。悪化することでさらにストレスが溜まる悪循環に陥ることもあるかもしれませんが、全てでなくても良いので、１カ所ずつ集中的に治していくことを目指しましょう。治った分だけ、勉強のモチベーションにもなります。

外用剤のチューブにどうしても覚えられない公式や英単語を油性ペンで記入し、塗り薬を塗るたびにそらんじて記憶の引き出しにしっかり入れる工夫などで治療と勉強を結合してはいかがでしょうか。覚えられないチューブは

絆と自負を大切に

使い終わっても捨てずにトイレに並べておけば、いやでも反復記憶されます。余談ですが、長い学生時代の家庭教師経験で英単語のダジャレ記憶法を活用していたので、その一部もご紹介します。受験生の入院患者さんには、この江藤式ダジャレ記憶法を必ず伝授していました。明るく楽しい皮膚科ならではの明るく楽しい受験勉強です。

英単語帳に残していたダジャレメモ。
geometry → 字を見とり図にする
aristocracy → 不思議の国のアリスと暮らす貴族社会
burden → 重荷を背負うとバードがドンと落ちるなど。

――江藤さんが考える「東大主義」とは？

東大に限ったことではありませんが、大学に集まる学生は目的も志向もバラバラです。だからこそ同じコミュニティーで仲間意識を作って意思疎通し、かつライバルとして切磋琢磨していくのが良い関係性につながるでしょう。これを言い換えるなら「東大ネットワーク」とか「東大生の絆」という言い方になり、そんな考え方はあって良いと思います。東大で出会う仲間との絆は積極的に活用すべきです。

一方で「東大主義」という言葉はあまり私は使いたくないですし、言葉として作る意味もそこまでない気がします。「東大」の特有の価値が東大の教育に付随しているかと尋ねられれば、確実にそうだと言える根拠を私は持ち合わせていません。また東大に受かるか否かは試験に受かるか否かの違いで、それ以上でもそれ以下でもなく、東大の肩書きだけで「偉い人」というレッテルが貼られると思ってはいけないでしょう。しかし、自負は持ってほしいと思います。威張ることと自負を持つことは全くの別物です。完璧な評価方法ではないにしても東大の入試は厳しい戦いであり、そこでしのぎを削って頑張ったという自負は、その後に待ち受ける新たな試練を乗り越えるための強い精神的支柱となるでしょう。

東大生だけの自由で今の時代を考えよ

東大法学部を卒業後、東大を含むさまざまな大学で研究を行ってきた御厨貴名誉教授。政治家や官僚といった政策決定の当事者にインタビューを重ねるオーラルヒストリーという手法を駆使して日本の政治の姿を明らかにしてきたほか、平成から令和に移行する際の重大な場面では有識者会議の委員として自ら政策提言にも関わってきた。東大で学び教えた御厨名誉教授が語る東大での思い出や、近年の東大の状況に対する思い、そしてコロナ禍を受けて東大に求められる変革などについて聞いた。

（取材・中村潤）

東大名誉教授
御厨《みくりや》　貴《たかし》さん

御厨貴（みくりや・たかし）名誉教授
75年東京大学法学部卒。博士（学術）。政策研究大学院大学教授、東京大学先端科学技術研究センター教授、内閣府公文書管理委員会委員長、天皇の公務の負担軽減等に関する有識者会議座長代理などを歴任。18年に紫綬褒章受章。著書多数。

紛争の痕が残る駒場での学生生活

——東大を目指した理由は

親戚に東大出身者が多くて「大学といえば東大」みたいな意識が小学校くらいの時からあった。祖母に至っては「東大以外は大学じゃない」とまで(笑)。でも東大が官僚や学者をたくさん輩出していて偉いとか世の中を支配しているとか、そういうイメージは全くなくて、何となくあった「大学に行くなら東大」という意識が東大を目指したきっかけだった。

——研究者になりたいという思いは東大入学前からあったのでしょうか

本を読んだり作文したりするのが好きで、日本の歴史を深く研究しようという考えは小学校くらいの時から持っていた。それに、サラリーマンだった父親が夜遅くまで仕事したり出張で頻繁に家を空けたりする姿を見て、学者なら家で仕事ができるし、それもいいんじゃないかと思った。錯覚だったけどね。

——どのような高校時代を過ごしましたか

高校は本駒込にある小石川高校で東大(本郷キャンパス)から距離が近い。そうすると当時の東大が学生運動で混乱している姿を間近で見ることになる。僕らは戦争を経験していなかったから、秩序が崩壊していく様子を見るのは初めてだった。小石川高校にもそんな状況に影響される生徒が出てきて、一番ラディカルだった僕らの一つ下の学年なんかは、教師に論戦を仕掛けて余裕で勝つんだ。僕らの学年にも彼らに同調するグループはいたけれど、僕も含めて多くは秩序を守る、再建する方向に傾いていった。この時に政治が対立から暴力を生むこともあると初めて身をもって知ったね。

そんな状況でも授業がなくなることはなかったけれど、結局高校3年になっても勉強に身が入らず。当時は浪人するのが普通だったから予備校で1年浪人した。でも高校の試験勉強で基礎的な学力は付いていたから、予備校の勉強にはスムーズに入っていけた。

——1971年に東大に入学します

当時は安田講堂とか東大のあちこち

茶道部の仲間と共に（写真は御厨名誉教授提供）

に紛争の痕が残っていた。駒場にも残党がいて、竹竿と鉄パイプを持って内ゲバをやったり、建物の上からレンガを投げたりする。そんな状況で、僕が1年か2年の時には無期限ストライキで半年くらい講義がない時期があった。でも試験はちゃんと行われたから大変だったよ。先生からは「君らは勝手にストライキをして授業をボイコットしたけれど、教師の仕事は学生に点数を付けることだから」と言われたね。

　学生運動のピークは僕らより少し上の先輩たちで、当時は盛りを過ぎていた。彼らは、華やかに活躍したけれど、結局は就職して猛烈に働く。僕らは後輩としてその姿を見ていたから、あんなに頑張っていたのに最後は竹竿を捨てて背広に着替えるのか、と基本的には学生運動に対してしらけた態度だった。

　今から思えば、駒場では本当にぜいたくをさせてもらったよ。英語の先生は演劇の世界で著名な小田島雄志や高橋康也。すごい有名な人だと知ったのは後になってからで、当時はつまらない授業をしているなあと思っていたけれど（笑）。政治学の講義では京極純一に教わった。ちょうど佐藤栄作が退陣し、田中角栄が福田赳夫を破って自民党総裁に当選した時に授業があって、京極先生が「これで日本の政治は変わる」と言ったのを覚えている。その時はどういう意味か分からなかったけれど、確かにあの頃から金権政治が当たり前になって、政治におけるいくつかのタブーがなくなったのは事実だね。

――その後法学部に進学します

　僕は文Iだったから、単位さえ取れれば法学部に行ける。だから2年の進振り（当時）まではあまり勉強をせずに学生会館の茶道部の部室で遊んでいた。2年の後半になると法学部の講義が本格的に始まるのだけれど、法律の講義は全く面白くないんだよね。僕は3類（政治コース）だったから法律の科目はあまり受けずに済んだとはいえ、憲法や民法は必修で大変だった。今は講義の方法も工夫されるようになったけれど、当時は大教室で先生が話しっぱなしで、それを全部ノートに取らされた。東京大学出版会が学生か

学生、助手として「法学部砂漠」を満喫

らノートを集めて講義ノートを販売していたから、それを見れば大体は分かる。でも、不真面目な学生のノートだと講義の一部が明らかに抜けていて役に立たなかった。

当時は優秀な成績を取らないと良い官庁にも行けないし学者にもなれないから、みんな必死でノートを取る。講義の合間も勉強したり、図書館に行ったりする人が多かった。学者というのは創造性が求められるから、果たしてノートを取って試験で吐き出す能力が参考になるのか疑問だったけれど。

そんなわけで法学部が「砂漠」と言われるのは良く分かる。僕は週に1度くらい茶道部で寺に集まって息抜きしていたけれど、息抜きもせずに勉強して、法学部での思い出はノートを取って手が痛かったことくらい、という人が多いんじゃないかな（笑）。

――卒業後は助手として東大に残ります

当時の法学部は法曹志望者や官僚志望者が圧倒的に多くて、彼らは法学部の1類（私法コース、当時）や2類（公法コース、当時）にいた。3類は法律の勉強が嫌いな学生が集まっていて「法学部の吹き溜まり」なんて言われていたね。1、2類で成績が優秀な学生は、大学に残って法律の研究をしなさいと先生から言われることがある。でも3類の場合は先生から声を掛けられることはなかったから、僕も三谷太一郎先生に大学で研究がしたいと申し出て、法学部に助手として残った。助手時代は三谷先生の弟子として修行の日々。3年間しごかれるのは大変だった。

――東大で学んで良かったことは

後から分かったことだけれど、法学部外ですごく優秀な先生方の講義を受けられたことだね。それから若手の精力的な先生方に政治史を教わったこと。若手の先生方は、講義スタイルも研究も確立されていないから、試行錯誤して未熟なものをぶつけてくれる。そうすると生意気だけど先生よりも先に研究を完成させられるんじゃないかという気持ちになることもあった。

学生も、在学中は大したことない奴らだと思っていたけれど、卒業して社

会に出ていくと、彼らが胸の内に誇れるものを秘めていると分かった。やはり大学というのは在学中に良さが分かるものではなくて、卒業して初めてその良さが分かるものだと思うね。

――政治史の研究では、当事者に直接話を聞くオーラルヒストリーという手法を駆使して多くの東大出身の政治家にも質問をしてきました。彼らの目に東大はどのように映っていたのでしょうか

戦前から戦中にかけて学生生活を送った人にとっては旧制高校（現在の前期教養課程に当たる）が大事なのであって、当時の東大（東京帝国大学。現在の後期課程に当たる）は付け足しに過ぎなかった。だから宮澤喜一さんも後藤田正晴さんも旧制高校の思い出は楽しく語る。じゃあ法学部はどうですかと聞くと「あんなの面白いはずがないだろう」と。講義で先生が何を話していたかも覚えていない。僕らよりもずっと大学に対して冷めた見方をしていたね。最終的に東大法学部を出ることにメリットがあると思っているから、進学はするわけだけれど、あくまで楽しい学生生活は旧制高校。それが僕らの頃との大きな違いだった。

――近年はＳＮＳの台頭で政治家が自ら発信する機会が増えていますが、オーラルヒストリーの意義は薄れるのでしょうか

確かに、ＳＮＳの普及で自分から発信することができるようになった。でも、ＳＮＳだと自分にとって気持ちの良い話をするだけ。対してオーラルヒストリーは、相手が話したいことをただ記録するのではなくて、こっちが質問をして相手に答えてもらう。そうすると相手が隠しておきたいことや避けたい話題にも突っ込むことができる。しかもただ突っ込むのではなくて、質問次第では相手が自分から話すように仕向けていくこともできる。もちろん相手が都合の悪い内容を話してくれたとしても、原稿にして確認してもらうときに多少修正されることはある。でも一度文章になったものを削るとなるとその理由をこっちに説明しなきゃならないから、挿入はしても削ることは

新型コロナウイルスの感染拡大を受け、取材はウェブ会議システム「Zoom」を用いて行われた

ゆとりを失ってしまった大学

なかなかしないね。

それからオーラルヒストリーは最低でも1か月に2時間、それを12回繰り返して話を聞き取る。そうすると前は話してくれなかったことを今回は話してくれたとか、今回は前言ったことと違うことを話しているけど、話の厚みやつながりからどっちが真実か分かったとか、そういうことがある。これは時間的なゆとりがあるオーラルヒストリーで初めて可能になることで、その場限りの発信が多いＳＮＳでは不可能な芸当だと思う。

——２００２年には東京大学先端科学技術研究センター（先端研）教授に就任します。オーラルヒストリーの研究を進める上で良かったことは

法学部の研究は、伝統的な学問を深めていくことに力点が置かれている。自由に研究はできるのだけれど、東大法学部としての暗黙の仕切りのようなものがあって、その仕切りを越えるのは難しかった。でも先端研は既成の学問を打ち破る人を求めていた。僕が来た時は「ここでは既成の学問はやらないでください」と。だからオーラルヒストリーのようなプロジェクトは先端研にいたからこそできたことだと思う。それから先端研では理系と一緒に研究ができる。僕は建築と政治という分野を開拓して、建築学科で講義したけれど、先端研にいなかったらあの分野には取り組めなかったと思うね。

——授業で意識していたことは

先端研にいたから学部の授業を持つことは少なかったけれど、駒場ではゼミを開いて学生とたくさん本を読んだ。その時に意識していたのは本の読み方を身に付けてもらうこと。つまり本の構造を見抜くのではなく、本の主張から学生たちが自分自身の発想を発展させて将来につなげてほしいと思っていた。ものを分解して、自分で一から創り上げることができるようになると大学に行く意義が生まれると思う。

——近年の東大の姿を見て思うことは

法学部に関して言うなら、法律の先生も政治の先生も権威が失われてしまった。昔は東大の先生が法制審議会の幹部として法律制定の議論をリードし、意見を言えばその意見が主流になったわけだけれど、最近は影が薄くなった。政治学の世界でも、丸山眞男先生のように人物そのものが学問の象徴として敬われるという人がいなくなり、みんなが細かい専門分野に入り込んで研究するようになった。

　それから大学全体に言えることかもしれないけれど、業績主義がはびこってゆとりがなくなっている。例えば昔は4、5年に1本くらいしか論文を書かない人でも教授になることができた。いつかは優れた研究成果を残すかもしれないと待つ余裕があったんだ。大学のポストも百年河清を待つというか、そのポストにふさわしい人が現れなければいつまでも空席のままにしておくゆとりがあった。

最終講義時の御厨名誉教授（写真は御厨名誉教授提供）

　学生に関して言えば情報過多になっていると感じるね。事前にオープンキャンパスに行って、大学がどういうものか知ろうとする人が増えた。そうすると入学後に実際の大学の姿を見て「思った通りじゃない」と悩む人が増える。でも思った通りにならないのは当たり前で、思った通りにするかどうかは学生の主体性に懸かっているんだよね。

　加えて、大学での勉強が就職に結び付くようになって、学生が大学進学の効用を早く求めるようになった。大学の良さというのは在学中に分かるものではないのに。真の意味での豊かさが失われて、効率という尺度で大学が計られるようになってしまったと思う。

コロナ禍で試される東大の真骨頂

——今回のコロナ禍を受けて東大の姿はどう変わるのでしょうか

人と会うのが難しくなったことで、オンラインでどれだけ学問を広げていけるかが重要になる。オンライン講義は対面講義と違って画面に集中していなければならないから、本当に疲れるし、伝えるのが難しい。東大の先生はこれまで教え方ではなく講義の中身で勝負をしてきたけれど、これからは教え方も考えなければ学生が付いて来られなくなると思う。

教え方を工夫する必要が出てくるから当然講義での負担は増す。学生にも分かるように説明する講義というのは研究の視野を広げる上で重要だから、研究と講義のどちらか一方を捨てることはできない。講義も研究も両方一生懸命やらなきゃいけなくなる。そういう状況に追い込まれると東大の先生の真骨頂が見えてくると思う。

——御厨先生にとっての「東大主義」とは

東大に来たらその上がないことじゃないかな。もちろん海外にはもっと優秀な大学があるかもしれないけれど、少なくとも日本では上を気にする必要はない。それはある意味、どの分野においても東大の人にだけ与えられた自由になると思う。そしてその自由を生かして、今の時代に何ができるか考えるのが東大生なのだと。研究も学生も一番のはずなのだから、もしその地位が脅かされているなら一生懸命頑張る。東大至上主義と言われるかもしれないけれど、そういう意識でいないと、東大は入学すること以外価値のない存在になってしまうね。

——東大を目指す受験生へのメッセージをお願いします

これまでぼーっと生きてきて、大学入学までに専門が決まっていない人にとって、東大は入学してからも考える要素をたくさん与えてくれる所。入学したら学問の道に進むのか、それとも情熱を持って何か別の道に進むのか、とかいろんなことを考えてみてほしい。

東大主義とは何か

本書のテーマである「東大主義」が持つ意味とは
一体どのようなものなのか。
東大の教育、研究上の核心的な価値とは何か、
東大を東大たらしめるものとは何かについて、
卒業生総代、総長賞受賞者、教員計6人の意見を聞いた。

理系卒業生総代に聞く東大主義

鄭翌さん

理科Ⅱ類で東大に入学。進学選択ではいろいろな進学先を検討、迷いに迷った末、医学部健康総合科学科に進学することを決めた。日本で医者になることは考えていなかったが、ずっと医療への興味があったためだという。シンガポールに生まれ、中国の高校に進学。進学する大学もいろいろと検討していた。最初はアメリカの大学に行こうとしていたが「なんとなく雰囲気が肌に合わない気がした」こともあり、悩んでいたところ、仕事で日本との接点があった母から日本の大学を薦められたという。

結果として「東大を選んでよかった」という鄭さん。高校3年で来日して高校に編入。来る前は島国ならではの排他性、同調圧力が強いのではないかと懸念していたが「すごく住みやすく、尊重されていると感じました。みんな攻撃的でないし、話を聞いてくれます」。東大で感じたのは、東大が平等な環境であること。日本で5年過ごして一度も出身、国籍による不当な差別を受けたことがなかったという。「アメリカでは差別を避けるために、名前を変えたり出身を偽ったりするのはよくあることです。しかし、日本、特に東大では自分の出身や本名を隠す必要を感じたことが1回もありませんでした」

東大での4年の学びを経て、今は日本で医者になろうと考えているという。この4月から東京医科歯科大学に編入し、医師免許の取得を目指している。「医者が多い家系で、幼い頃から医療への興味はありました」。東大の修士課程に進み、研究者になる道も考えたが、研究よりも人への興味が勝ったという。1年間のイギリス留学で見たイギリスの医療の現状からも刺激を受けた。「徹底した家庭医の制度が浸透しており、患者がかかる医者を選ぶ

日本に比べ無駄が少ないんです。現場以外でも、医療システムなどの改良など、医療の底上げをできる人間になりたいと思いました」

東大の特徴として、学術的な側面と社会的な側面を挙げる。「医学研究は東大でなくても、大学ならどこでもできます。それは明らかに社会に有益だからです。しかし、考古学など、一見その有用性が分かりづらい研究を思う存分出来るのは東大の強みだと思います」。東大は総合大学であるため、さまざまな分野の研究が一つの大学内で行われているのも強みになるという。「細胞が、細胞内のタンパク質を分解する仕組みであるオートファジーの機構は生物的に解明されたのでなく、物理的なシミュレーションの結果解明されました。自然科学、人文科学など、いろいろな研究をしている人がいる環境自体が貴重なものだと思います」

社会的な側面としては、東大が社会から守られた環境であることを挙げる。「東大に入れば出身、性別など関係なく、同じ教育を受けられ、同じような機会が与えられます」。女子学生の少なさなど、東大に入るまでの平等が担保されていなければもちろん問題だ。しかし、そのような問題も、男女共同参画室など、大学としての対応はしっかりとしており「外部の影響、社会の影響が大きいのではないでしょうか」。推薦入試や交換留学など、多様な学生を取り、平等な環境を作ろうという大学の姿勢も評価しているという。

鄭さんにとっての「東大主義」とは「平等」だ。「人の平等だけでなく、学術的な平等まで含めた平等が東大の本質だと思います」。出身、性別にかかわらず学生に機会を与える学生の平等に加え、目先の経済的な利益に結び付くかどうかで選別せずにあらゆる研究を認める学術の平等さも東大の本質だという。「女子が東大に入るとお嫁にいけない、などと懸念する人もいますが、東大の良さはそのあと学歴を使って何をするか、というところではなく、その中で平等な教育機会が与えられること自体にあります。たかが4年です。教育は受けたから使わないといけないものではないし、主婦だろうが研究者だろうが、医者だろうが官僚だろうが、生きていく上で役に立つ教養が身に付きます。学歴でなく、専門知識を含めて何を勉強するか、何でも勉強できるのが東大の良さだと思います」

文系卒業生総代に聞く東大主義

三吉慧さん

高校時代から物事の根本を探究したいと考えていた三吉さん。大学では何を専攻しようかと考えていたところ、一足先に東大法学部に進学していた姉の話から抱いていた法学部の第一印象は、六法全書などの実定法の学びが味気なさそうだということ。実定法の細かな運用法を中心とする法学部よりも、ゲーム理論などの観点から社会を分析する経済学の方が自分の関心に合っているのではないかと考えるようになり、経済学部に進学しようと文科Ⅱ類を受験した。東大には進学選択の制度があるため、後で気が変われば柔軟に進学先を変えることができるという可能性の幅の広さも、文科Ⅱ類を選んだ理由の一つだという。

だが前期教養課程で広く社会科学についての学びを深めていくと「実定法ばかりで味気ない」というそれまでの法学部に対するイメージが一面的なものにすぎないということに気づき始める。『基礎法学』と呼ばれる、法社会学や法哲学といった法の根本原理を考察する領域もまた法学部の学びに含まれていることを知り、進路選択では法学部に進むことを決意しました」。ちょうど自分の1学年上から法学部のカリキュラムが変わり、実定法の必修が削減されたことでより自由度の高い履修が可能となったことも、決断を後押しした。

サークル活動でも、全法学部生の約4割程度が所属する東京大学法律相談所で模擬裁判の運営に携わるなど、法学部漬けの学生生活を存分に味わった。例年安田講堂で上演される、五月祭の名物企画である模擬裁判は、脚本のチェックを現役の裁判官にお願いするなど本格的な取り組みで有名だ。「クオリティーの高いものを作るためにとことん追求する仲間たちを見ていて、こういうところが非常に東大生ら

しいなと思っていました」と三吉さんは振り返る。

三吉さんが所属していた第3類（政治コース）は、第1類（法学総合コース）や第2類（法律プロフェッションコース）といった大所帯とは異なり、50人程度が所属する小規模なコースだが、リサーチペーパーという1万2千字程度の論文を書くことが必修となっている点が特徴的だ。指導教官を選び、一つのテーマについて1学期かけて研究を深めるという負担の大きいものであるが、大半の法学部生が卒業までに1回だけ書くところを、三吉さんは2回書いたという。指導教官からその都度的確な助言を受けたことで自身の成長を実感でき、リサーチペーパーが法学部で受けた教育の中で最も良かったものの一つだと語る。

卒業後は日本銀行に就職。「中央銀行でしか見られないものを見たいなと思った」ことが動機だった。法学部での学びを現在の仕事にどのように生かそうと考えているかと尋ねると「そもそも大学で学んでいることを生かそうと思ってはいません」。三吉さんにとって、大学とは専門職に生きる知識を得る場というよりは「引き出し」を見つける場だ。「大学で学んだことは、結果的にどこかで生きるかもしれないし、生きないかもしれない。でも、確実に自分の引き出しになっていると思います」

そんな三吉さんにとっての「東大主義」とは「ぜいたくであること」だ。「幅広い分野の第一線で活躍する教員、多くの蔵書、知的好奇心を持った優秀な友人や先輩、後輩に囲まれていることそれ自体が、当たり前にあることではありません」。そう語る三吉さんは、ぜいたくな学びの場を与えてくれた周囲の環境への感謝を忘れずに持ち続けている。「大学に行かず、働いて生計を立てていてもおかしくない年齢です。そんな中、4年間学費を納め、学ぶ時間があるということそれ自体が、この上もなくぜいたくなことではないでしょうか」

そして、そのようなぜいたくな営みの中からこそ、とっておきの「引き出し」が生まれ出ると三吉さんは考える。「引き出しとは自分の視座を増やすものであり、将来どのようなことがあろうが、永遠に自分の傍らに置いておける宝物です。私は東大法学部で、とても良い引き出しを得ることができました」

総長大賞受賞者に聞く東大主義

河野遥希さん

元々数学が好きで、高校時代から数学を用いた応用研究に興味があった。経済学はあくまで選択肢の一つであり、より数学に近い物理学などの分野への進学も念頭に入れていた。しかし、マクロ経済の数理モデリングといった分野について耳にするうちに、現実世界へ応用できるという点で研究のしがいがあることに魅力を感じるように。経済学を学ぶことに決め、東大の経済学部に推薦入試で入学した。

学部時代にはゲーム理論の一分野における理論と応用の2本立てで研究を進めた。理論研究の成果は、ゲーム理論の一分野である、戦略的情報伝達の基礎を作ったビンセント・クロフォードとジョエル・ソーベルの共著論文における、定理の誤証明に対する訂正論文を発表したことだ。学部4年次に履修した課題論文を輪読し発表する演習の授業で、クロフォードとソーベルの論文の担当に当たり、発表準備を進める中で一部の定理の誤りに気付いた。1982年に論文が発表されて以降研究者の間で約40年間見逃されていたその間違いの指摘を授業の中で発表すると、指導教官の神取道宏教授（経済学研究科）と共に訂正論文を執筆することに。論文は、経済学の論文誌の中で国際的に最も権威があるとされる『Econometrica』に掲載された。

卒業論文では、クロフォードとソーベルの理論を応用して中央銀行による金融政策の運用について研究。その論文が東大経済学部の特選論文に選ばれた。2019年度東京大学総長大賞の受賞に当たっては、訂正論文と卒業論文の両方の成果が評価された。

修士課程に所属する現在は、学部時代とは全く異なる統計学の一理論の研究に携わる。「統計の分析においてどのように適切なモデルを選択するかと

いう『情報量規準』の分野の研究をしています」。今後は修士の学位を取得した後、留学して海外の大学でPh.D.を取ることを計画する。東大で博士号を取得することにも意義はあるが、現在携わっている分野の研究者として実績を残していくに当たり、より規模の大きい場所で学び学位を取ることが不可欠だと考えているという。

そんな河野さんは、東大で学ぶことについてはどのような考えを持っているのか。東大の良さは「教員の質と学べる分野の幅広さ」だと河野さんは語る。全学部において、自分が知りたいと思う分野のことを研究している教員が満遍なくいる点は、日本では特に東大が充実しているのではないかと語る。自身も経済学部に所属しながら、理学部数学科の講義も履修して単位を取得した。「いろいろな研究分野の先生からのサポートを受けて研究できたのが良かったと思います」

また、東大生であることの良さの一つとして「いろいろな場所に入っていけるパイプがあること」を挙げる。卒業論文執筆の指導教官であった渡辺努教授（経済学研究科）が設立した、東大発ベンチャー企業のインターンシップに参加。商品が売れた時点での売れた場所や購入者の属性といった情報「POSデータ」を用いて、レジやクレジットカードのデータなどから消費の動向を見る、そのデータを販売するといった業務に携わった。データ解析など、自らの研究分野に関わる仕事ができた経験は実り多かったと河野さん「そういった環境に簡単に参入できることには、東大生というラベリングが多少は関係するかもしれません」

しかし基本的には「東大だから」どうだというわけではなく「自ら積極的に選択していくこと」がどの場所で学ぶにおいても不可欠だと強調する。「東大は多くの選択肢をくれるのだと思っています」。大学は高校までのように教育が体系化されておらず、個人主義的な側面が大きい。裏を返せば、個人が選択さえすれば自由にさまざまなことができるということだ。例えば、前期教養課程のうちから自身が興味のある研究に専門が近い教員を探してコンタクトを取り、やりたい研究を始めることも可能だ。「重ねて言いますが、これは東大だからというわけではなく、とにかく自ら選択するかどうかなんです」

自著論文“Central Bank Communication when Monetary Policy Decisions are Made by Committee”より

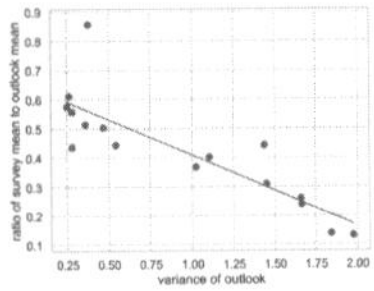

Figure 1: The horizontal axis represents the variance of BOJ's committee members' outlooks. The vertical one represents the ratio of the mean calculated from the survey to that of the committee outlooks.

総長賞受賞者に聞く東大主義

前田健人さん

高校に入学した頃は、周りと同じように地元の大学に進学しようとぼんやり考えていたが、東大を目指す友人と受験勉強をするうちに影響され、高3になると「仲の良い友人と一緒にチャレンジしたい」と思い東大受験を考え始めた。入学してからは物理や数学を熱心に勉強し、進学振分け（当時）では理学部物理学科に進学した。

学部4年生のとき、大学院の研究室を選ぶのにはかなり苦労したという。学科同期の中には研究したいテーマが既に決まっていて積極的に論文を読んでいる人もいたが、自分は行きたい研究室が決められず、焦りが募ったという。大学院進学に向けて研究室を調べる中で、物理と他分野が交わる理論物理がしたいと思うようになり、情報や数学と物理が深く結び付く量子情報に関心を持った。理論物理は実社会への応用からは遠いイメージがあるが、量子情報においては実装するときの暗号の安全性を担保するために理論が必要になる。工学系研究科の小芦研究室の研究テーマが自分の興味に沿っていた上に、教員の人柄が合っていると感じ、小芦研究室に入った。将来役に立つ可能性がある研究を思い切り楽しめた2年間の修士課程だった。

研究で最も大変だったのは修士2年の時に参加した初めての海外の学会だ。スライドや発表の準備段階で英語を予想以上に直されて心が折れそうになった。だが、研究生活を振り返ると

楽しかったことの方が多い。研究室では日常的に物理の話題が飛び交い、他では得られない雰囲気に満足していた。研究に限らず社会問題からたわいない世間話まで、真剣に議論するのが好きな人が多い環境は、今思うと東大ならではだ。

学生生活を振り返ると、数え切れないほどの後悔が湧いてくる。「好きな勉

強ばかりに打ち込んで、活動範囲を広げ自分の殻を破る経験が少なかったし、語学などのスキルを高めるのは学生の間にもっとやっておけば良かったと思い残しています」と苦い表情でこぼす。

　一方で、勉強の他に経験できて良かったこともある。その一つが、ピアサポートルームでの活動だ。ピアサポートルームは学生同士が互いに支え合うキャンパスを目指す東京大学の公式組織で、研修を受けてピアサポーターに認定された学生が、専門家のスタッフから助言を受けながら全学に支援を届ける活動をしている。前田さんは人と話すのが苦手で、あわよくば克服したいと思い、ピアサポーターになった。そこでは人と何かを成し遂げる経験ができ、気付けば相手の状況を考える癖が付いた。どんな団体でも多かれ少なかれ経験することだが、案外ばかにならない。高校までの自分ではできなかった円滑なコミュニケーションや相手を思いやることが、職場の同期との関わり合いの中でできるようになったと実感するとき、ピアサポートルームの活動をやっていて良かったと思う。

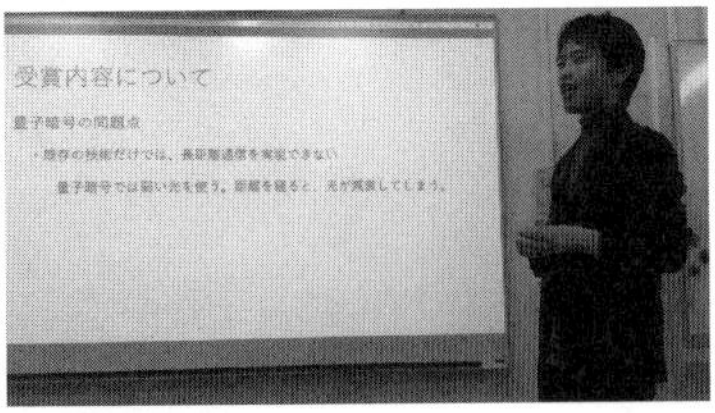

研究内容を紹介する前田さん

前田さんは「東大では人として最低限必要なものを教えてもらいました」と話すが、もちろん人として必要なことを親や高校の教師が教えてくれなかったという意味ではない。勉強一筋で生きてきて学問を極めてやるという心意気で東大に入学した自分に周りの人とのコミュニケーションの取り方や人を思いやる心を教えてくれた場所が東大だ。

　また、東大には周囲に興味を持ち真面目に考える人が多く、自分が興味を持った分野にはほとんどの場合詳しい人がいる。そして、サークルや授業などで知り合った人に、興味を持った分野について教えてもらえることがしばしばある。少しでも興味を持ったことには、飛び込んでいけるきっかけがキャンパスにはたくさん落ちている。

　東大にしかない環境を体験した前田さんにとって「東大主義」とは「広く深い」環境だ。東大生はそれぞれがいろいろなことに関心を持っており、その点で知識の湖が広がっている。それぞれの知識に精通している人がいて、少しの勇気があれば湖の深くに潜ることができる。入学前は東大に対して学問だけをするところという偏見を持っていたが、学問以外も教えてもらった学生生活だった。今後は学問からは離れて社会で働くが、東大で得たものはきっと生きるだろう。

広報室長に聞く東大主義

東大本部の広報組織は、主に現場で取材・執筆作業をするライター（広報課など）と、それを編集・統括する広報戦略企画室・広報室に分かれている。木下正高広報戦略企画室長兼広報室長は、そこで東大の広報の中心的な役割を担う。広報戦略企画室では、宣伝する内容や宣伝媒体、ライターの活動指針となる報道のポリシー、広報誌で掲載する要素を決定。そして広報室では、現場のライターが執筆した記事の中身を広報戦略に基づき校正している。「広報としての大きな指針を示すことに加え、ライターとして活動する広報課の職員には分かりづらい研究や人事などの内部事情について説明するなど、現場をサポートするのが重要な役割です」

業務に当たり心掛けていることを尋ねると「人が面白いと思うものを企画することです」と木下室長。ライターがやりたい企画を尊重しつつ、より効果的に情報を発信できるようにいくつかのポイントを重視しているという。「まず、読む人が何に興味を持つかを常に意識していますね。例えば『広報戦略2020』という指針では、東大の『人』を紹介して多様な情報を提供する、というポリシーを掲げています。『人』を東大のブランディングの中心に位置付け東大の個々人の活動や魅力を発信することで、東大のブランドイメージを向上させ、大学としての国内外のプレゼンスを高めることを狙いとしています」。情報の解禁日を遅くし過ぎないことも、東大の先進性を示す戦略の一つ。外部記者や教員が情報解禁日時の前にリークしないよう注意喚起を徹底している。「東大全体の知的財産を守るためには非常に重要な取り組みです」。情報の内容に誤りがないか、人に伝わる表現かどうかの校正も欠かせない。特に、東大の公式ホームページで東大の最新情報などを発信する「UTokyo FOCUS」や広報誌『淡青』の英語版など外国語で情報発信する場合、各部局から広報課にプレスリリースの文案が届い

木下正高教授（地震研究所）
広報戦略企画室長兼広報室長
90年東京大学理学系研究科博士課程修了。博士（理学）。15年より東京大学地震研究所教授。20年より現職。

た際にライターが校正しているという。

　現在東大の中心的な広報媒体は、広報室が発行している『淡青』と『学内広報』の二つだ。『淡青』は年に2回発行する一般の読者に向けた雑誌で、主なターゲットは東大出身者を想定。毎号自由度あふれるテーマが設けられ、それに関連した、世間になかなか知られていない東大や東大の個人・組織の活躍を取り上げる。「テーマに応じて最新の研究や社会貢献、教育活動などの取り組みを紹介し、東大の『今』の魅力を伝えます。例えば、2018年に発行された通算第36号は『画像でたどる東大140年』をテーマに、赤門や安田講堂などキャンパス内のさまざまな場所を写した昔と今の写真を見比べ140年の歴史に思いをはせる、というものでした。そこには、東大出身者を中心に東大を好きで居続けてほしい、東大のファンを増やしたい、という思いがあります」。一方、『学内広報』は月刊誌で、主に学内の教職員向けに出している。部局をまたいだ連携機構の発足や活動内容、総長から教職員へのメッセージ、教職員の声など、教職員が共有するべき情報を緻密に提供。「『学内広報』はいわゆる社内報と似ていますね。教職員に『東大にはこんな組織があるんだ』という気付きを与えたり、東大内で働く幅広い人々の声を取り上げることで、教職員同士の結び付きを強めたりするのが狙いです」

　近年は公式ホームページやSNSでの情報発信にも力を入れる。ホームページではコラム記事の拡充やユーザーインターフェース（UI）の改良を実施。SNSの運営管理も広報課が担当し、最新の研究成果の宣伝や、最近では新型コロナウイルス感染症（COVID―19）関連の大学の対応について逐一情報を更新している。しかし、木下室長はSNSの運用面について、東大が持つ総情報量に比して発信量が少ないこと、炎上のリスクマネジメントなどの面で改良の余地があるという。

　広報として感じる東大の強みとは何か。木下室長は、ネームバリューや優秀な人材の存在により日本社会からの注目度が高いことを挙げる。「五神総長が掲げた『東大ビジョン』に足並みをそろえて戦略を立て、それに基づく『人』を活用したブランドイメージの構築が成功していると思います」。国内だけでなく、海外への情報発信でも成果が見られる。例えば、フェイスブックのフォロワー数（20年5月25日現在）は、日本語版が約3万6千に対し英語版は約10万。英語版のツイッターのフォロワー数も、18年3月の約2600から19年2月には5000を超え、増加傾向にある。「ここ5年で『UTokyo FOCUS』の構築や英語発信の強化がなされ、海外からの東大への注目度も上がっています」

一方で課題については、本部広報課と各部局の広報課の連携の強化を挙げる。例えば近年、各部局の判断で、査読前の論文を投稿できるプレプリントサーバーに最新の研究が公表されることがある。だが、東大の研究として見られる以上、本部の広報の基準に従って発表する必要がある、と木下室長は指摘。連携の欠如は、東大の情報の窓口となる本部のサイトから、各部局のサイトへユーザーを誘導しやすいUI設計の障害にもなっているという。両者の溝を埋めるため、本部は部局に対し情報面での協力を促している。「最近は、年1回本部と全部局の広報担当者が集まる連絡会や、月1回本部広報課の人間が各キャンパスに赴き行う連絡会で情報交換をしています」。その結果、英語でプレスリリースを出す際には、部局から渡された文案を本部広報課のライターが再編集してから公表するようになるなど、部局との情報面での風通しは良くなっているという。「何か情報を発信する際には本部広報課に連絡・依頼してほしい、と呼び掛け続けるしかないですね」

最後に、木下室長が考える「東大主義」を尋ねた。「私は、ノブレス・オブリージュとトップランナーとしての自負の2点にあると思います。例えば、『淡青』の第39号は東大の30代の研究者にスポットを当て、彼らの個性的・野心的な研究を紹介しました。積極的に社会貢献に取り組む『人』の姿、世界トップクラスの大学として注目されることに伴う責任を持ちつつ多方面で活躍する『人』の姿に私たちは迫っているのです」。そのような「人」の魅力を的確に伝えるため、木下室長は現場の重要性を掲げる。「ライターたちは現場に足を運び、精力的に外に出て行動する人々の素の魅力を肌で感じ取りながら記事にしています。東大の個々人の魅力を飾らず、地道に発信し続ければ、自ずと東大全体の価値を広げられるのではないでしょうか」

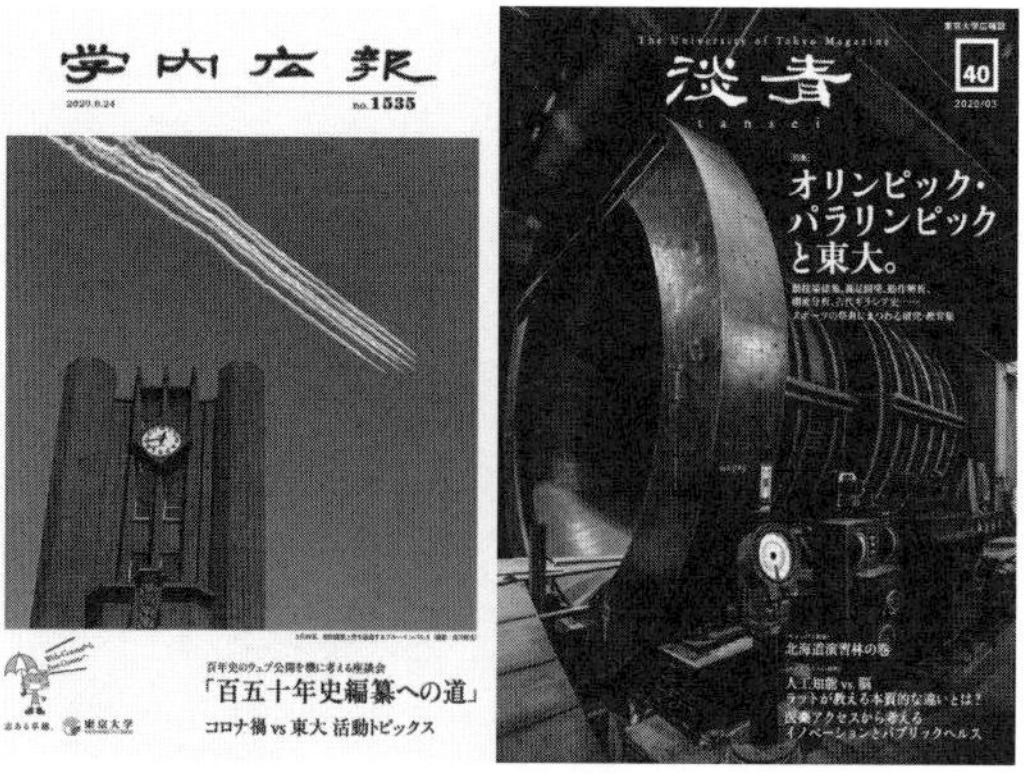

20年度に発行された『淡青』(右)と『学内広報』(左)

東大主義
東大出版会理事長に聞く

「東大主義という言葉が、社会的にどういう意味を持つのかを理解するには、少なくとも東大の歴史をさかのぼって考える必要があります」。そう語るのは吉見俊哉教授（情報学環）だ。

東大が創立されたのは１８７７年。当初、明治政府は、医学校だった大学東校と、元々西洋の書籍を翻訳する蕃書調所だった大学南校、そして江戸幕府では儒学の総本山だった昌平坂学問所の発展形の大学本校を合併する予定だった。しかし、大学本校で儒学派と京都から乗り込んできた国学派が大けんかを始めてしまい、政府はそれならどちらも要らないとお払い箱にした。それで、明治の大学は東校と南校のみが合併し、西洋の知識の導入にもっぱら集中することになった。初代総理に加藤弘之を据えて東大は創立された。

しかし「東大はこの時点では、現在のような巨大な存在ではなかった。だから、実質的にはまだ創立されていなかったとも言える」と吉見教授。他方、「慶應主義はずっと明快」と教授は続ける。慶應義塾は福沢諭吉が思想的ビジョンを持って創立した大学だ。そのため、「慶應主義」は福沢の思想や実践に迫ることで明快に示すことができる。対照的に、東大主義で加藤の思想に戻っても空虚で何もない。私学の慶應義塾と官学の東大では、創立の原点でその志に大差があるのである。

吉見俊哉教授（情報学環）
84年東大社会学研究科（当時）博士課程単位取得退学。修士（社会学）。04年より現職。東京大学新聞社理事長、東大副学長などを歴任。17年より東京大学出版会理事長を務める。

「現在に至る東大の原型ができるのは１８８６年」と吉見教授は指摘する。同年は、初代文部大臣である森有礼が公布した帝国大学令により帝国大学が創立された年だ。森は、大学の知を民の自律的な知としてではなく、天皇を中心とする帝国に国民が奉仕する統治機構の知として発展させた。明治政府は、帝国大学に日本のあらゆる知的権威を統合していった。例えば、工部大学校は帝国大学に統合されて現在の東大工学部になり、司法省の法学校も現在の東大法学部になった。「東京大学は戦前期には日本の帝国主義、天皇制と切り離せない関係にあった」

それでも第1次大戦の頃、東大は帝国主義や天皇制から少しだけ自由の知へと逸脱する。いわば「脱東大主義」の可能性が少しはあったということだ。背景には、1919年の大学令により帝国大学以外の大学が多く創立されたことがある。大学増加に伴い大学生も増え、今までの官僚養成以外の役割を大学が担うようになった。その中で、新しい知も生まれてきた。

その筆頭は、民本主義を唱えた吉野作造だ。吉野は、自身の思想を『中央公論』などの総合雑誌に発表することで時代を代表する知識人となった。他にもマルクス主義の思想潮流がある。創刊当時は『帝国大学新聞』だった現在の『東京大学新聞』の編集を担う人たちは、マルクス主義を唱えた新人会と関係が深かった。内村鑑三に始まる無教会派キリスト教の思想も、戦後に総長となる弟子の南原繁や矢内原忠雄らに脈々と受け継がれていく。

新しい思想潮流は長くは続かず、1930~40年代のファシズム思想の中で潰された。そして再び、帝国主義としての東大主義が学内外で跋扈《ばっこ》した。

そして敗戦。戦後の東大を戦前の帝大から決別させ、新しい『東大主義』の構想を試みたのは南原繁総長だった。1945~51年に総長を務めた南原が東大で試みた「大改造」の最たるは、旧制一高を廃して教養学部にしたことだという。結果として駒場の前期教養課程と本郷の専門学部をつなぐために進学振分け制度が生まれた。

進学振分け制度は、学生が授業の内容より成績にとらわれてしまうなどの短所があるが、それでも南原は東大にリベラルアーツ教育を取り入れることを重視した。戦前の東大には、欧米の大学とは異なりタテ割りの専門学部しか存在しなかった。リベラルアーツは旧制高校が担っていた。南原はしかし、東大生ならば学問を全て横軸で貫く広い視野を養うべきだと考えた。

「内村鑑三の弟子としてキリスト教の思想を受け継ぐ南原は、英国のオックスフォード大やケンブリッジ大をモデルにしていました」。南原は大学と生活が密着し、リベラルアーツ教育が重視される「カレッジ」を東大に取り込もうとしていた。他にも南原は、東大の生活協同組合や東大出版会を創設し、上野、本郷、湯島、小石川全体を国際的なユニバーシティ・タウンにしようと丹下健三らと計画していた。

つまり「東大主義は、南原のところで少し転換します。東大は、帝国の知的権威からリベラルアーツの先導役に変身しようとしたのです。この東大主義のパラダイム転換はしかし、196

8～69年の東大紛争で限界をあらわにします。学生たちが糾弾したのは、まさに南原が標榜した戦後的東大主義でした。1945年に次いで1969年、東大主義は無残に砕け散ったのです。60年代末の紛争では、東大解体と自己否定がキーワードでした。東大生は、東大生であることの権威主義を自ら批判していきました」。

元来、大学と出版の間には対立する関係があった。都市間ネットワークが発達した中世ヨーロッパの大学では、教師と学生が旅人として同じ場所に集まり、学びの共同体を形成していた。大学の根幹には、移動の自由がある。一方、15世紀のグーテンベルクの活版印刷術の発明以来、人々は本を読むだけで手っ取り早く知識を得られるようになる。旅することが知識を得る不可欠の方法ではなくなったのだ。

このように大学と出版には対立関係があったが、英国は少し例外で、他国がラテン語の文献を重視したのに対し、早くから英語文献の出版が盛んに行われた。その流れをくんで16世紀に成立したのがオックスフォード大やケンブリッジ大の大学出版会だ。

大学出版会は19世紀以降、英国と同様英語圏に属する米国の大学でも広まる。背景には、従来の大学は教育が中心だったのに対し、研究も重視されるようになったことがある。研究をする以上、新しい知識をどう広めるかということが問題になり、そこで大学出版会が存在感を増してきた。

その重要性を知っていた南原は、1951年に東大出版会を創立した。南原構想の中で成立した東大出版会で現在理事長を務めるのが吉見教授だ。吉見教授は、今、東大出版会が取り組む三つの活動を紹介する。

一つ目は、過去に東大出版会が出した書籍の電子化。1960～70年代には優れた教養書が多く出されたが、今は一般に流通していない本が多い。そこで、その教養書シリーズの代表だった「UP選書」を電子書籍化した。

二つ目は、東京大学南原繁記念出版賞。博士論文などが候補で、厳正な審査を経て受賞した論文は書籍として刊行される。「新しい学問分野を担っていく人たちの優れた学術的成果を発掘し、世に広く知らしめることは大学出版会の重要な使命」という。

三つ目は、インターネットを通じて東大出版会の本の著者と読者をつなぐインターネット上の知の広場を形成していくことを挙げる。「大学出版会としてのリベラルアーツ再構築をネット空間を利用してできるのではないか」と吉見教授は話す。そのために、近く「東大ブックTV」という著者へのインタビューサイトを立ち上げる。

第3章 課程編

後期

CONTENTS

コロナ禍の東大の留学事情

世界中に猛威を振るった新型コロナウイルス感染症（COVID—19）に対し、東大や東大生はどのように関わったのだろうか。ここでは、感染拡大のため、やむを得ず中止になった東大の留学に目を向けてみよう。

東大では、全学交換留学や海外インターンシップなど、さまざまな留学プログラムが設置されており、学生の留学を強く奨励している。学生時代に海を渡り、現地の人と交流することで今までにない価値観に気付くことも、大学で得られる重要な学びの一つだろう。

しかし、今年の留学計画では想定外の事態が多発した。全学交換留学で米国ボストンのノースイースタン大学に留学し、4月末まで滞在予定だった学生は、3月末に緊急帰国することになった。留学先の大学では授業の全面オンライン化が宣告され、留学生担当部署から帰国を強く奨励する通知が出されたという。韓国のソウル大学への留学を予定していた学生も、数回もの出発日の変更の末、留学を延期せざるを得なくなった。

4月10日、東大は2020年の夏から秋にかけて実施予定だった留学プログラムを中止することを発表した。当時、海外の国々ではビザ発給の停止や入国禁止など、入国制限措置が取られており、状況が終息する見込みが立たなかったためだ。中止となったプログラムの参加予定者は、代替措置として再度の応募を経ずに春学期への留学期間の変更が認められることも決定された。ただし、2021年度春学期の全学交換留学派遣可否については、10月ごろに判断が下されることが6月に通知され、先行きはいまだ不透明となっている。

留学の中止は、学生の進路に大きく関わっている。「大学院に行くべきかどうか留学を通じて進路設計をしたいと思っていた」という学生は、留学の完全中止を見越して就活も行うと話している。一方、秋学期留学中止の報を受けた学生は「心機一転、いち早く就活をするというふうに気持ちを切り替え」、春学期の留学も取り下げたという。

東大の対応にもさまざまな声が上がっている。秋から全学交換留学で1年間英国に留学予定だった学生は「留学の中止自体は仕方ないと納得しているが、代替措置を使っても留学期間が半年のみになってしまうのは残念」と不満を漏らす。一方「この時期（4月）の通知だったから、ぎりぎり夏の就活も間に合う」と判断の早さを評価する声もあった。

留学を断念せざるを得ないのは残念だが、学生の安全を優先する大学の姿勢を咎めることはできない。

後期学部紹介
社会科学・人文科学系編

2年間の前期教養課程を経て、

専門的な内容を学ぶ後期課程へ進学する。

後期学部ではどのような授業や生活が

待っているのだろうか。

ここでは主に文Ⅰ～Ⅲ生が

進学する法学部・経済学部・文学部・教育学部と、

文理融合型の教養学部を紹介する。

（時間割は全て3年次S1タームの各学生のもの）

法学部

【主な科目】

- 憲法
- 民法
- 刑法
- 行政法
- 商法
- 政治学

教育理念

人々の生活・人生・生命に直接関わる司法・行政・立法を多種多様な角度から学び、法的・政治学的識見を会得することを目指す。

学部構成

第1類（法学総合コース）・第2類（法律プロフェッション・コース）・第3類（政治コース）に分かれる。公務員志望の人は第1類に、法曹を目指す人は第2類に進学することが多い。類ごとに必修科目が異なり、第2類が実定法科目の必修単位数が多いのに対し、第1類・第3類は比較的自由に履修を組める。進学後の転類は可能だ。

20年度より法科大学院との接続が重視された法曹コースが設置されている。

進学

文Iの学生は単位がそろっていれば、ほぼ成績に関係なく進学できる。18年度から全科類枠が35人増え47人に。以前ほど高い成績は必要ではなくなった。

カリキュラム

法学部の講義の大半は、大教室での一方通行的な講義だが、演習という必修のゼミ形式の授業も行われる。演習では教員と学生が少人数で、特定の資料や課題を巡る報告や討論を展開する。

卒業後

司法関係の職に就く人や公務員になる人が多い。他の学部に比べ、特に官公庁へ就職する人の割合が高いことが特徴だ。法曹を目指す人は東大や他大学の法科大学院に進学する人が多く、公務員志望者では公共政策大学院に進学する人もいる。企業就職先は多岐にわたるが、金融機関・商社に進む人が多い。

文Ⅰ ⇒ 法学部第３類

野坂匠《のさかしょう》さん

	月	火	水	木	金
1					
2		日本政治	民法第2部		行政法第1部
3	民法第2部			特別講義 現代中東の政治	
4			行政法第1部	日本政治	
5			行政学演習		

高度な授業と試験

入学時は教養学部で国際関係を学びたかったという野坂さん。しかし語学で思うような成績が取れず、１年次の後半に法学部への進学を考え始めた。法曹志望者が多いサークルに入っていたことや、官庁への就職を希望するようになったことも法学部への進学を決意する後押しとなった。「法的思考力を養いたいと思うようになりました」

当初は法学を主とする１類、２類を考えていた。しかし２Ｓセメスターから始まる専門科目で、法学系科目より政治学系科目の方により興味が向いた。元々国際関係を学びたかったこともあり、必修が少なく幅広く政治の授業を履修できる３類を選択。「国際関係は政治学や法学との関わりも強く、今では３類に進学して良かったと感じています」と語る。

法学部の授業は、履修者の規模を問わず教員が一方的に話す形式が基本。３類は１類や２類と比べて人数が少なく、少人数授業も比較的多いが、それでも通常の授業を通じて人間関係を築くことはほぼないと話す。代わりにつながりが生まれるのが、少人数のゼミや法学部生の３分の１が所属する学生団体である法律相談所だ。「人脈を築いて情報を集められるとさまざまな場面で有利だと思います」

３類の特徴としてまず挙げられるのが、教員の指導の下１万２千字程度で仕上げるリサーチペイパーが必修となる点。３年次に終えてしまう人もいるが、就活との関係で４年次まで残す人もいるなど取り組む時期は人それぞれ。「学習環境に恵まれた東大にいながら論文執筆というアカデミックなことに挑戦しないのはもったいないです」。法曹志望が多い１類や２類に比べて法学政治学研究科の総合法政専攻、公共政策大学院への進学希望者が比較的多いのも３類の特徴だ。

法学部の試験はどの授業も範囲が膨大で２カ月以上前から試験勉強する人も。さらに法曹志望者は司法試験に向けて、その他の人も就活に時間を割く必要があり学生生活は楽ではない。しかし大学院の授業やゼミを３年次から履修できるなど、大学院の高度な議論や思考を早くから体験できる大きな魅力がある。「３類は学問的研さんを積みたい人に向いていると思います」

経済学部

【主な科目】

- 経済原論
- 統計
- ゲーム理論
- 国際貿易
- マーケティング
- 経済史

教育理念

経済社会の複雑な諸現象を体系的に把握し、これを科学的に解明する。

学部構成

基本経済理論など共通する科目を多く持ちつつ、経済学科と経営学科、金融学科の3学科に分かれている。経済学科は、財政・金融・産業・労働などさまざまな経済現象を、統計的・数理的・制度的・歴史的な分析手法を用いて把握・分析することを目指す。経営学科の目標は、企業の諸活動や経営組織における人間活動を多様な分析手法で把握・分析すること。金融学科では金融工学、マクロ金融政策、企業財務、企業会計などを深く学べる。

進学

文Ⅱ生でも成績次第で進学できない状況が続いていたため、18年度文Ⅱからの進学枠が増加した。全科類枠でも人気のため、成績が重要になる。

カリキュラム

授業は「専門科目1」「専門科目2」「専門科目3」「専門科目4」「選択科目」で構成される。「専門科目1」は経済学部での学習の入門である総論的な科目。「専門科目2」は経済学科、「専門科目3」は経営学科、「専門科目4」は金融学科の選択必修科目。「選択科目」には、発展的内容を含む大学院との合併授業が数多くある。特徴的なのがゼミ形式の授業で、教員から直接指導を受けることができる貴重な機会。各ゼミには人数制限があり参加者の選抜が行われるが、大半の学生が一つ以上に参加している。

卒業後

学部生の約3分の2が銀行、証券、シンクタンクなどの民間企業に就職。国家公務員や公認会計士になる人も多い。大学院進学者は10分の1以下と少ない。

賀《が》友《とも》如《み》さん

文Ⅱ ⇒ 経済学部経営学科

	月	火	水	木	金
1	国際貿易		少人数講義Ⅰ	国際貿易	
2	財務会計Ⅰ	ICTマネジメントⅠ	少人数講義Ⅱ	財務会計Ⅰ	ICTマネジメントⅠ
3	管理会計Ⅰ	ゲーム理論		管理会計Ⅰ	ゲーム理論
4		演習	アセット・マネジメント	フランス語学フランス文学特殊講義Ⅰ	
5	Pythonプログラミング入門		コンピュータシステム概論	マイノリティの排除と包摂	
6			アントレプレナーシップⅠ		

実務と理論を幅広く学ぶ

高校時代から経済や経営に興味があり文Ⅱに入学。前期教養課程の頃から数学が苦手で、経済学部の授業が始まった2Aセメスターには必修の数学の授業で非常に苦労した。「経営学科で扱う内容は言葉で理解できるものが多く学びやすそう」と2Aセメスターの試験前には経営学科に進むことを決めた。

経営学科の授業は実務に近く就職後も役立ちそうだと語る。企業の経営者、資産運用のプロなど実務経験のある人を講師に招く授業もあり「難しい理論を経験を交え分かりやすく説明してもらいました」。しかし勉強を進めるうち経済理論の面白さに気付き、経済学科の授業も取るようになった賀さん。経済学部全体でも学科間の講義の行き来は盛んだ。「実務寄りの経営、理論寄りの経済の授業を同時並行で受けることになり、学問の幅広さを感じられて面白いです」

学部の授業は日本語中心だが、ほぼ英語で行われる大学院合併の授業を学部生も履修可能。「専門用語を英語で覚えると外国の学生と経済の話をできるようになります」。4Sセメスターに取る授業のうち約半分は合併の授業だ。

賀さんは輪読や興味のあるトピックに関する発表を中心とする二つのゼミに所属している。うち一つでは4、5人の班に分かれるのでささいなことでも互いに質問しやすい。ゼミにより雰囲気が違うが、賀さんのゼミは「真面目に勉強する人が多く、ゼミの時間以外でも勉強会を開くこともあります」。

もちろんゼミ後に一緒に食事したり、ゼミ合宿をしたりと親睦を深める機会も多い。「ゼミには興味関心が似た人が集まり友人を作りやすいです」。インゼミと呼ばれる他大生との合同ゼミ、ゼミ単位での卒業生との親睦会なども開かれ、ゼミが交流を広げる場にもなっていると語る。

卒業後に大学院に進む人は1割弱。賀さんのゼミは進学者が2割程度と比較的多いが自身は就職を目指す。「迷いましたが、優秀なゼミ生たちと接するうちに経済学を深く研究するのは厳しい道だと気付きました」。卒業生の就職先は官公庁、日本銀行や民間企業など幅広く、進路は模索中だ。

文学部

【主な科目】
- 社会学特殊講義
- 原典講読
- 哲学特殊講義
- 考古学特殊講義
- 倫理学演習
- 日本史学演習

教育理念

社会や文化が生み出すあらゆる現象を研究の対象とし、思想系統、歴史系統、言語・文学系統、心理・社会系統など歴史的に成立した多様な分野を横断しながら、人間の長い営み、世界規模の空間的広がりをさまざまな角度から研究する。

学部構成

人文学科のみの1学科制だが、哲学、中国思想文化学、インド哲学仏教学、倫理学、宗教学宗教史学、美学芸術学、イスラム学、日本史学、東洋史学、西洋史学、考古学、美術史学、言語学、日本語日本文学、中国語中国文学、インド語インド文学、英語英米文学、ドイツ語ドイツ文学、フランス語フランス文学、スラヴ語スラヴ文学、南欧語南欧文学、現代文芸論、西洋古典学、心理学、社会心理学、社会学の各専修に分かれている。日本語日本文学はさらに国語学専修と国文学専修に分かれており、全部で27専修。

進学

文Ⅲから進学しやすい。かつてはほとんどの専修が定員に達していなかったものの、17年度からA群～J群の10群を進学単位として進学選択が行われるようになった影響で、定員を満たす専修が増加した。全ての専修に全科類枠がある。

カリキュラム

所属外の専修課程や学部の単位取得は広く認められている。大人数でのマスプロ型の講義がほとんどないのが特徴。各専修課程には必ず演習（ゼミ）が設けられ、学生が少人数授業に参加する。

卒業後

文学部全体の4分の1程度が大学院に進学し、残りはマスコミなどの情報・通信業、官公庁など各分野に就職する。

文Ⅲ⇒ 文学部人文学科 倫理学専修課程

長《なが》尾《お》柾《まさ》輝《き》さん

	月	火	水	木	金
1					ギリシャ語Ⅰ
2	死生学特殊講義Ⅲ		倫理学演習Ⅰ	倫理学概論Ⅰ	倫理学演習Ⅴ
3	哲学概論Ⅰ	フランス語前期Ⅰ	西洋哲学史 概説第1部Ⅰ		東洋倫理 思想史概説Ⅰ
4		西洋倫理 思想史概説Ⅰ	哲学特殊講義Ⅱ		
5					

専修を超え幅広く学ぶ

学べる学問の幅が広い文学部を見据え、文Ⅲに進学した長尾さん。中高時代からカントを始めとした近代の哲学者に対して漠然とした憧れを抱いていたものの、哲学を学ぶ上で必要となる語学力への不安から当初は日本語日本文学専修への進学を考えていた。

転機が訪れたのは2年次のSセメスターで参加した文学部ガイダンス。さまざまな専修課程を回って話を聞く機会があり、中でも倫理学専修に魅力を感じた。「必要とされる語学力などの点で、倫理学は哲学よりハードルが低く取り組みやすいと思いました」

倫理学専修は進学選択の際に高得点を必要としないため、前期教養課程では進学後のことを考えて比較的自由に授業を取ることができる。倫理学ではドイツ語やフランス語の原典を読む演習があることを踏まえ、初修外国語が中国語だった長尾さんは2年次にドイツ語を自習。「英語以外の原典を読む授業も履修できるように欧州の言語に触れておくと良いですが、進学後でも間に合うので語学力について心配し過ぎる必要はありません」。前期教養課程では哲学系の授業が用意されているため、哲学専修や倫理学専修を視野に入れている人はそれらを履修しておくと学問の雰囲気を知る上で役に立つという。

倫理学専修は1学年10人程度と小規模で教員との距離は近い。哲学専修と倫理学専修で大きな違いはないものの、西洋哲学が中心の哲学専修と異なり東洋倫理についても学ぶことができる。

一方で授業では主に近世以降の倫理学を扱うため、進学後に古代ギリシャの倫理学に興味が向いた長尾さんはその分野を扱う哲学のゼミや勉強会に参加して研究を進めている。「哲学専修の友人がいると勉強会などの情報が入って来やすいです。倫理学専修の枠で集まる機会は多くないので、勉強会は人間関係を築く場にもなります」。参加している勉強会は大学院生が多く、大学院への進学を考えている長尾さんにとって雰囲気を知ることができる良い機会だという。「文学部は専修や学年を超えて幅広く学ぶことができるので語学を気にせず自分の興味を優先して専修を選ぶと良いと思います」

教育学部

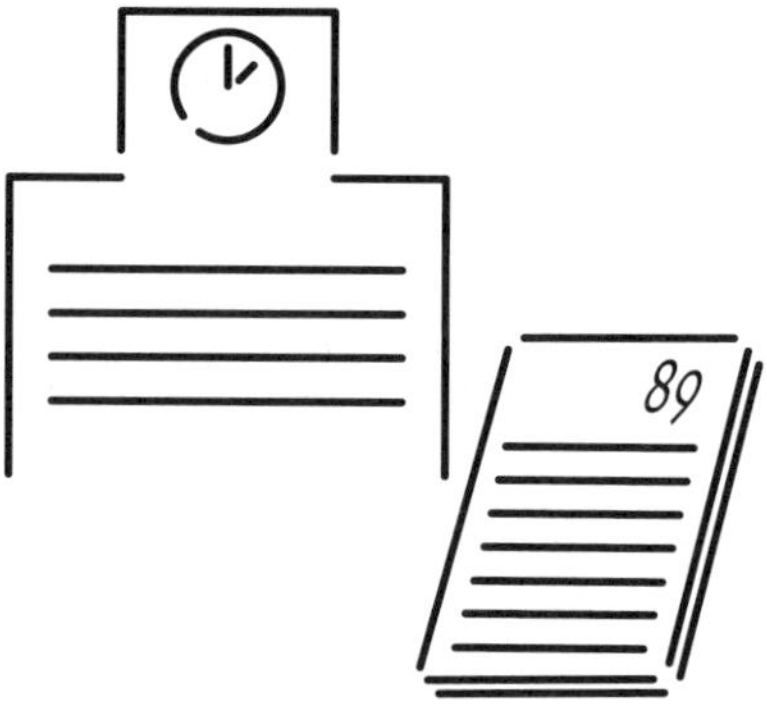

【主な科目】

- 身体教育学研究指導
- 国語科教育法
- 教育心理
- 道徳教育の理論と実践
- 教育と社会
- 日本教育史概説

教育理念

単に教員を育てるのではなく、人間と社会について深い考察を持つ職業人の育成に力を入れる。

学部構成

総合教育科学科の1学科のみで、3専修に分かれる。基礎教育学専修には基礎教育コースがあり、「教育とは何か」を哲学・歴史・人間・臨床の視点から捉える。教育社会科学専修には比較教育社会学コースと教育実践・政策学コースがあり、前者は社会科学的手法で、後者は教育現場そのものへの実践的なアプローチで教育を研究する。心身発達科学専修には教育心理学コースと身体教育学コースがある。前者は人間の学習行動やカウンセリング、後者は身体トレーニングや心身の発達を研究している。学部は1学年100人前後と小規模で、アットホームな雰囲気がある。

進学

全科類から進学可能だが、文Ⅲは進学枠が大きい。身体教育学コースを除いて75点前後の成績で進学できる。

カリキュラム

講義は概論・特殊講義など一部を除いて、調査・実験・演習・基礎演習・フィールドワークなど、少人数のゼミ形式のものが多い。各科目は、コースごとの卒業論文指導を除いて基本的にどのコースに所属していても受講可能。他学部聴講も自由度が高い。

学士（教育学）の学位に加え、必要単位をそろえることができれば、教員免許状、社会教育主事、司書、司書教論、学芸員の免許状や資格を取得できる。

卒業後

教育・学習支援業やマスコミ、官公庁など各分野に就職する。大学院に進学するのは4分の1程度。

若《わか》井《い》大成《たいせい》さん

文Ⅲ ⇒ 教育学部総合教育科学科 心身発達科学専修教育心理学コース

	月	火	水	木	金
1					
2		心理学統計法Ⅱ		教授・学習心理学概論（教育・学校心理学）	社会心理学特殊講義Ⅱ
3		ゲーム理論		教育心理学実験演習Ⅱ（心理学実験）	ゲーム理論
4	発達心理学	心理学特殊講義Ⅴ		教育心理学実験演習Ⅱ（心理学実験）	数学Ⅰ
5					

縛り少なく自分の興味を追求

高校時代にディベート部に所属していた若井さん。「相手を説得するゲーム」であるディベートを繰り返す中で「分かりやすく伝えるためにはどうすればよいか」という問いを抱き始め、心理学を学ぶことを決意した。

心理学は文学部や教養学部でも学べるが、両学部では脳波などを扱う教員が多い。若井さんは物理的には捉えられない説明の方法自体に興味があり、自分の問いに最も合致するのは教育心理学コースだと気付いた。進学には80点近い点数が必要で、１年次に単位をそろえて２Ｓセメスターに平均点を上げたという。

教育心理学コースには概論的な授業が多く「自分の興味を卒業論文で掘り下げることを想定したカリキュラムだと思います」。過去の卒業論文のテーマは、芸術と心理の関わり、赤ちゃんの言葉の発達、実験で得たデータを処理する際の統計手法など幅広い。心理学的なアプローチをとれば教育と直接関係ない研究もできる。「教育学自体に興味があったわけではなかった」という若井さんも「元々学びたかったことを自由に学べている」と満足げだ。「同期の学生の興味も多方面に向いていて、話していると新鮮な発見が多くあります」

実習が多いのも特徴だ。２Ａセメスターには２週間に１回校外実習に出掛けた。特別支援学級で教員の話を聞いて生徒を観察したり、小さい子どもがいる家庭で子どもの発達検査を行ったりする。実習を通じ「コースの仲間と仲良くなれて楽しかったです」。３年次の実験では、アンケート分析など実際の心理学の研究に近い手法を体験。負担は重いが「卒業論文の練習になった」と振り返る。

実験が本格的になってくる６月ごろ、コースの３年生と一部の４年生で旅行に行き「憂さ晴らしをします」と笑う若井さん。五月祭や駒場祭にも例年展示を出すなど、コース内の雰囲気は良好だ。

修士課程に進学する学生は３、４割。教員から教育系、ＩＴ系の民間企業まで就職先は多岐に渡る。「実験データの処理技術は就職に役立つかもしれません」。博士課程まで進む人も２、３割いて、若井さんもその１人。「分かりやすい説明とはどのようなものか追求し続けたいです」

教養学部

【主な科目】
- 国際政治理論演習
- 科学技術社会論
- 応用倫理学演習
- 現代哲学
- 行動神経科学
- 応用人類学

教育理念

21世紀の人間社会における複合的な現象・課題の全体像を視野に入れることのできる、また地球規模の問題に対応できる人材の育成を目指す。

学部構成

教養学部には、1・2年の前期教養課程と3・4年の後期課程の2種類が存在し、ここでいう教養学部とは3・4年の後期課程を指す。教養学科と学際科学科、統合自然科学科の3学科がある。教養学科には超域文化科学分科、地域文化研究分科、総合社会科学分科があり、その下でさらにコースに分かれる。

進学

文系的分野の教養学科、理系的分野の統合自然科学科、文理融合的分野の学際科学科に分かれるが、基本的に全科類からいずれの学科にも進学可能。

カリキュラム

教養学部では数多くの教員がさまざまな分野で研究を展開していることから、授業の多くは少人数の環境で行われる。教養学科の各分科では、2カ国語が必修化され、国際的発信力を持ち、既存の学問領域を横断する柔軟な発想力のある人材の育成を可能にしている。統合自然科学科では、既成の学問分野にとらわれない独自の教育プログラムが展開され、複数の分野にまたがる専門的な知識や見識を獲得するだけでなく、それらを基礎に先進的な学問分野への道を進める。学際科学科では、柔軟な思考と適切な方法論を用い、新しい課題に総合的な視点を持って対処できる人材の育成を目指す。

卒業後

就職先は官公庁・メーカー・マスコミなどさまざま。文系、理系とも大学院へ進学する割合が高い。

文Ⅲ ⇒ 教養学部学際科学科 地理・空間コース

高木《たかぎ》美咲《みさき》さん

	月	火	水	木	金
1			地理・空間基礎論Ⅱ		
2		ラテンアメリカの自然と社会		ロシア・東欧の自然と社会	
3		高度教養特殊演習（地域未来社会政策立案演習）		共通中国語（作文）	
4	地理情報分析基礎Ⅱ				
5	地理・空間調査設計Ⅱ				

集中講義：高度教養特殊演習（地域未来社会フィールドワーク）

地図を書く技術を習得

入学時から学際科学科地理・空間コースに興味があった。前期教養課程でコースに所属する教員の授業を取ったり、先輩に話を聞いたりして、コースの学習内容が自分の興味に合うと確信できたという。進学には高い点数が要求されるため、必要な点数との差を計算して、２Ｓセメスターは高得点を取れるよう計画的に履修した。

地理学を専門的に学べる大学は関東には多くない中、東大の人文地理学の研究は歴史があり「分野の礎を築いた研究者の後輩として学べるのは貴重な経験だと思います」。体系地理や地誌、人口論に加え情報分析、統計処理など理系寄りの内容も扱い、理系出身の学生も所属している。

必修の授業の一つである地理情報分析が面白かったという高木さん。２Ａセメスターから３年生の終わりまでにかけ、ＧＩＳ（地理情報システム）というソフトウエアを使って地図を書く技術を習得した。「パソコンやソフトウエアの扱いに慣れるまでは大変だった」と語る一方「自分でデータを用いて地図を書いたことは自信になりました」。

２年次の春季休業と３年次の夏季休業には同学年の学生９人と教員らで郊外に３、４泊してフィールドワークを実施する。期間中に自分で決めたテーマで論文を書くなど「きつい授業ではありますが、その分学びが多く、コースの仲間との一体感も味わえました」と振り返る。

学習参考書が置かれる学生室が日々の交流の場だ。「大学院生や助教もよく利用していて、雑談したり課題のアドバイスをもらったりしています」。毎年12月に開かれる内定生歓迎会には60～70代の卒業生も参加するなど、世代を超えた交流がある。

同コースの大学院に進むのは近年は１学年で２、３人。最終的には地理学を生かせる進路を選ぶ人が多い。半数近くが大学に勤め、公務員になったり研究所に勤めたりする人もいる。高木さんは就職希望だが、駒場には周囲に就活をする人が本郷よりも少なく、キャリアサポート室もないため情報が得づらく苦戦中だという。その反面「学生同士競争し合うことがあまりないのは安心です」。自身の港湾への興味をもとに海運業や商社などへの就職を目指す。

高《たか》島《しま》芳《よし》樹《き》さん

理Ⅱ ⇒ 教養学部統合自然科学科 統合生命科学コース

	月	火	水	木	金
1	生化学		統合生命 科学セミナーⅠ	比較バイオメカニクス	
2	科学技術社会論	分子生物学		統計力学Ⅱ	研究室で 自主的に実験 (10:30 - 20:00)
3	光生物学	統合生命科学実験Ⅰ			
4	生体高分子科学a				
5	生物物理学Ⅰ				
6					

自分だけの時間割で興味開拓

漠然と人間やその社会に関わる学問に興味があり、第一段階では工学部システム創成学科や心理学系の学科を志望していた。しかし点数が足りず「第二段階では半ば直感的に統合自然科学科を志望しました」。進学以前は生命科学に縁はなかったが、内定後に勉強していく中で「人間社会も生命も、複雑ながら高度な秩序を持っている点で共通しているということに気付きました。結果的に生命科学は興味のど真ん中でした」

統合自然科学科の面白い点は、他分野との交流が多いことだという。「物理をやっている教室の隣では認知科学の授業が開かれていたりと、とにかく他分野への垣根が低いです。他学部に比べ要求される前提知識が少なく門戸が広い印象があるので、初学者でも見識を広げやすいと思います」。同時に「初めは知らないことが多くて当然」という感覚を持てるようになったという。「おかげで謙虚な姿勢で学べるようになり、新しい知識を得る喜びも増しました」

加えて「時間割のテンプレ」が存在しないため、興味に従って進路を柔軟に変えることができるという。「自分の選択次第で既存の学問の枠組みにとらわれず学べるので、一人一人が多分野に触れられるチャンスを持っています。逆に自主的な探究をおろそかにすると、学科の面白さを味わい切れないかもしれません」

印象的だったのは、セミナー形式で論文を読む授業。「前期教養課程で教わる既に大成した知識の量に比べ、最先端の論文に載っている成果は、ほとんどが微々たるものです。小さな成果の積み重ねが科学においていかに大切かを痛感しました」。他にも発展途上の科学を味わえる授業は数多い。「従来の還元的な手法に対し、数理的・構成的に生命現象にアプローチする授業が興味深かったです。次の科学の主流が垣間見えた気がします」

卒業後の進路は、大学院進学が約７割と多く、高島さんも現在所属するラボに進学予定だ。その後は未定だが「現在取り組んでいる研究がとても面白く、他により面白いことに出会わない限りは研究者になろうかと考えています」。

後期学部紹介
自然科学編

理I〜III生が主に進学する

工学部・理学部・農学部・薬学部・医学部を紹介する。

工学部・理学部・農学部は、

専門分野ごとに学科や専修が

細かく分かれているのが特徴だ。

ここで紹介しているのはほんの一部ではあるが、

理系学生たちの生活を見てみよう。

医学部

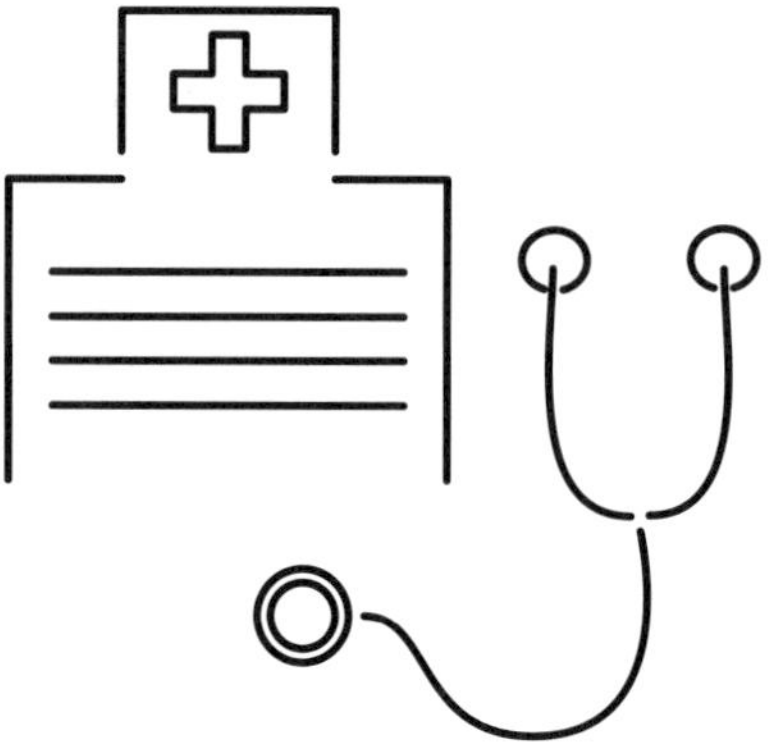

【主な科目】

- 解剖学
- 小児科学
- 寄生虫学
- 精神保健学実習
- 放射線医学
- 医療情報学

教育理念

生命科学・医学・医療の分野の発展に寄与し、国際的リーダーになる人材を育成する。これらの分野における問題の適格な把握と解決のために創造的研究を行い、臨床においてはその成果に基づいた医療を実践し得る能力の育成を目指す。

学部構成

医学科と健康総合科学科の2学科から成る。医学科は後期課程が4年間あり、基礎医学・社会医学系や臨床医学系の科目を学ぶ。健康総合科学科では、主に保健学・健康科学・看護学に関するさまざまな研究を学ぶ。

進学

医学科は、理Ⅲからの志望者ほぼ全員と理Ⅱからの10人、全科類枠4人が進学可能。理Ⅲ以外からの進学には、高得点が要求される。健康総合科学科は、理Ⅱや文Ⅲからの進学者が多くなっている。

カリキュラム

医学科の基礎医学・社会医学関係の教育は、2年次後半より開始され、3年までにほぼ終了する。その全ての科目の試験に合格しないと5年に進級する資格が得られない。臨床医学系の講義・実習は、主に4年から6年まで行われる。臨床医学系には、内科学・小児科学・精神医学・外科学・脳神経外科などがある。5年次から本格的な臨床実習が始まる。

健康総合科学科には環境生命科学・公共健康科学・看護科学の3専修があり、2年次11月に専修を選ぶ。

卒業後

医学科の卒業生のほとんどは医師国家試験を受け、臨床医として一般病院や大学付属病院などで研修を受ける。健康総合科学科卒業生の進路は、大学院進学や医療機関への就職など。

川本亮《かわもとりょう》さん

理Ⅲ ⇒ 医学部医学科

	月	火	水	木	金
1	微生物学Ⅰ		免疫学	微生物学Ⅰ	
2					
3	解剖学第2(マクロ)				
4					
5					

研究室が身近な存在に

実家が代々続く整体治療院で、自然と医学に興味を持つようになった川本さん。高校時代の友人が多かったこともあり理Ⅲから医学科に進学。それほど高得点が要求されないため、前期教養課程では点数を気にせず面白そうな授業を取った。

医学科は全体的に座学が多いが、人体解剖、病院実習などの実習があることが特徴。「本当に医学が好きでないと時間の拘束が大きいと感じるかもしれない」と川本さんは話す。講義は多人数での座学が中心だが、教員との距離は近く、個人的に話し掛けて研究室をのぞくことも可能だ。2～4年次の春季休業中に「フリークオーター」という制度があり、授業の枠にとらわれず、自分の興味に従って実際に研究室で研究活動を体験できる。4年次ごろから自主的に研究室に通う人が多く、研究室を選ぶ際の参考になるという。

全ての授業が共通で長い時間を共有する医学科生同士は、親密な関係を築きやすい。特に共に解剖の授業を受ける班員とは「つらいことも全部共有する仲間である」ため、理Ⅲ以外から進学してきた人も解け込むきっかけになるという。授業以外でも共に食事や旅行に行くだけでなく、五月祭では学部全体で企画を開催するなど「他学部より結束力があり、長く付き合える友人を作ることができる環境だと思います」。「適度に真面目で適度に遊ぶ」雰囲気で過ごしやすいと語る。

学科にはゼミ制度がないが、同級生たちと自主ゼミを開くなど視野を広げている川本さん。ゼミでは外部から講師を招き、離島の医療体制など現実に即した問題を扱う。1年次に立ち上げた、ハエの一種の幼虫を利用した食品循環システムの構築を目指すプロジェクトも進めていて「長く続けていきたい」という。

卒業生のほとんどは臨床医や研究医など医学系の職業に就くが、最近は官僚になったり起業したりする人も増えてきている。「生物や農学にも興味はありますが、仕事は医療関連のものを考えています」。プロジェクトを通じて何度も途上国を訪れ、海外への興味が増した。「将来は途上国の医療に携わるか、応用寄りの研究をしたいです」

薬学部

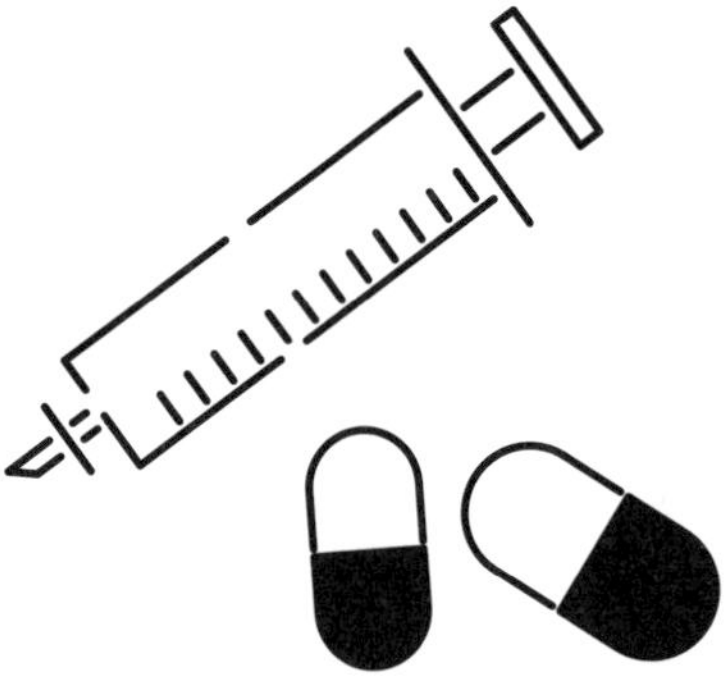

【主な科目】

- 医薬化学
- 分析化学
- 薬学概論
- がん細胞生物学
- 免疫学
- 医薬品評価科学

教育理念

薬学は疾病の治療と健康維持を目標とする自然科学であり、医薬とその薬が影響する人体について主に解明する。基礎生命科学の発展を推進するだけでなく、製薬産業における創薬活動、医療機関における薬物治療の進歩、医療行政に寄与する。

学部構成

6年制の薬学科と4年制の薬科学科から成る。進学選択は2学科を区別せずに行われ、4年進級時に薬学科と薬科学科に分かれる。薬学科の定員は8人。薬学科は、病院と薬局での実務実習などを経て、専門性の高い薬剤師資格を有する人材の育成を目指す。薬科学科は創薬科学・基礎生命科学分野において高い能力を有する研究者を養成する。

進学

19年度は第1段階で理Ⅱから29人、理Ⅰ・Ⅲから16人進学でき、全科類枠は8人。第2段階では理科全類から29人募集する。例年人気は高く、好成績がないと進学することは難しい。

カリキュラム

3年次に毎日行われる実習では、物質の取り扱い方や、得られた結果をどのようにまとめるかなどについて基本的な訓練が行われる。

4年次の1年間は、各教室に所属して卒業実習を受ける。どの教室を選ぶかは自由だが、人数に偏りができた場合は希望者の話し合いによって決定する。

卒業後

9割程度が大学院へ進学し、修士課程から博士課程への進学率は約5割。東大の他研究科へ進学する学生も数人いる。就職では、化学・医薬品企業へ進む人が多い。

理Ⅰ ⇒ 薬学部薬科学科

佐《さ》伯《えき》英《すぐる》さん

<table>
<tr><th></th><th>月</th><th>火</th><th>水</th><th>木</th><th>金</th></tr>
<tr><td>1</td><td></td><td></td><td></td><td></td><td></td></tr>
<tr><td>2</td><td></td><td>薬理学Ⅱ</td><td>医薬品情報学</td><td>臨床薬理学</td><td>インタラクティブ有機化学</td></tr>
<tr><td>3</td><td colspan="5" rowspan="3">薬学実習Ⅰ･Ⅱ</td></tr>
<tr><td>4</td></tr>
<tr><td>5</td></tr>
</table>

実生活にも役立つ実習

「薬学部に進学しやすいから」と理Ⅰに入学した佐伯さん。理Ⅰは必修の生命科学の授業が少ないため、理ⅡⅢ向けの授業も履修していた。

2Aセメスターには持ち出し専門科目として、全てターム制の授業を週15こま履修。授業では、教科書の解説をしながら「これは私の発見です」と話す教員がいるなど、各分野の最先端で活躍する研究者に教わることができる。試験で失敗すると再履修が必要な科目もあり「試験前日は眠れませんでした」と佐伯さん。本年度からカリキュラムが変わり、一部の授業が3Sセメスターに移って負担が分散するという。

3年次は午後が全て実習で、1年を通じて生物学、化学、物理学などの分野の実験をする。有機化学の一部の実験は午後8時近くまでかかり大変だったと振り返る。特に印象に残っているのは、薬学実務実習で自分の遺伝子を分析したこと。「自分がアルコールに強いか調べることができ、実生活にも役立つので興味を持って取り組めました」

薬学部では4年次から4年制の薬科学科、6年制の薬学科に分かれる。薬科学科のほとんどの学生が修士課程に進むため、どちらの学科でも4年次以降の3年間は研究室に所属する人が多い。薬学科では薬剤師の資格を取得できるが、病院実習など研究以外の活動も必要だ。佐伯さんは薬剤師資格にはあまり興味がなく、研究に没頭したかったため薬科学科を選択した。

一緒に実験する仲間と気心が知れてくるのはもちろん、学部全体でも交流が盛んだ。3年生が主催し、3年生チームと各研究室が対抗する陸上運動会・水上運動会などの行事が開催され、親睦を深められるという。「3年生はほぼ全員が参加し、普段話さない人とも話す良い機会になっています」

修士課程修了後は半数程度が博士課程に進学する。就職先は医薬品メーカーが中心で、食品、化粧品メーカーに勤める人もいる。佐伯さんは「修士課程に進むのは確実ですが、その先は未定です」。研究室で勉強を続ける中で、自分に向いていると感じれば進学することも考えるが、企業に就職する道も検討しているという。

農学部

【主な科目】
・食品衛生学
・放射線環境学
・動物分類学
・情報工学
・農政学
・国際森林環境学

教育理念

国際化が急速に進むに伴って、世界ではさまざまな問題が生じている。科学の英知を武器に食糧問題や環境問題など、人間の生活や生存に関わる数々の問題に立ち向かい、食糧確保の命題と環境保全の命題を高いレベルで両立させることを目指す。また、具体的なテーマに即して新しい知見を発掘し、地球サイズのトレードオフの克服に科学の立場から貢献する。

学部構成

3課程（応用生命科学課程・環境資源科学課程・獣医学課程）14専修で構成。獣医学課程のみ6年制が敷かれており、獣医学課程に進学する学生は後期課程で4年間学ぶ。本郷キャンパスに隣接する弥生キャンパスに所在。

進学

理科枠や全科類枠を含めると、理Ⅱからの進学者が全体の約7割を占める。文科からの進学枠もある。進学には単位数が重要になるため、志望者は多くの授業を受けることになる。

カリキュラム

2年次のA1タームから広い視野を持って問題関心醸成を図るオムニバス形式の農学総合科目と、専門分野の基礎を学ぶ農学基礎科目を履修することになる。3年になると、各専修とも授業に実験や実習、演習が組み込まれる。また、所有する牧場や千葉・北海道・秩父演習林などの附属施設は、実習などに活用される。4年次には、学生の大半は研究室に配属されて卒業研究に取り組む。

卒業後

半数以上が大学院（主に農学生命科学研究科）に進学する。就職先は、官公庁をはじめ金融・保険・医薬品企業などさまざま。獣医学課程卒業者も一部は大学院へ進学する。

理Ⅱ⇒農学部環境資源科学課程木質構造科学専修

野《の》中《なか》彩《あや》名《な》さん

	月	火	水	木	金
1	建築設計製図Ⅰ	生物材料組織学	住宅計画論	木質材料学Ⅰ	木質構造学
2	建築設計製図演習Ⅰ	森林植物学		建築計画第一	木材物理学
3		生物材料化学実験		生物材料物理学実験	
4	建築法規				
5	生命倫理				

教員との距離が魅力

入学時は薬学部への進学を考えていた野中さん。前期教養課程では、薬学部の教員が担当する総合科目を取ろうとしたがしっくりこないと感じ、工学や農学関連の興味のある授業を履修した。2年次に例年5月に行われる農学部の進学ガイダンスに参加したり、2Sセメスターで履修した総合科目で隣の専修の紹介を聞き、同じパンフレットに載っていた紹介を読んだりしたことがきっかけで、かねて興味のあった木について学べる現在の進学先が自分に合っているかもしれないと感じたという。進学選択で高い点数が要求されない専修だったので、履修の際には特に点数を意識しなかった。幅広くいろいろな授業を取って進学先を決めた野中さんは「点数にこだわり過ぎないで履修科目を決めるのも一つの方法だと思います」と話す。

建築士の受験資格を取れることが進学の決め手の一つだったが、カリキュラム内の建築設計製図という授業の負担が重かったことは失敗だったと話す。しかし進学選択に後悔はなく、良かったことの方が多い。どの授業も自分の関心に沿っていて楽しく、8人だけの少人数の専修なので学生同士の仲が深まるだけでなく、教員に覚えてもらいやすいアットホームな雰囲気だ。

3年次の実験は農学部応用生命科学課程生物素材化学専修と共通で、両方の専修の研究室が開講する実験ができる。野中さんは、木材物理や木質構造などの木質構造科学専修の実験に加え、菌を培養する生物実験や化学実験をした。

農学部には他学部のS2タームから夏季休業に当たる時期にSPタームがあり、木質構造科学専修では秩父演習林で2泊3日の森林科学実習を行う。「製材所の見学や、木の伐採など実践的な経験ができ、楽しかったです」と専修ならではの実習を振り返る。

専修の進路として、卒業後はほとんどの学生が大学院に進学し、その後はゼネコンや印刷会社、金融・流通関連への就職が多い。野中さんは4年生から木材物理学研究室に所属し、毎週のゼミに参加する日々を送る。木材の腐朽をテーマに卒業研究を行う予定で、卒業後も大学院で研究を続けていきたいと話す。

工学部

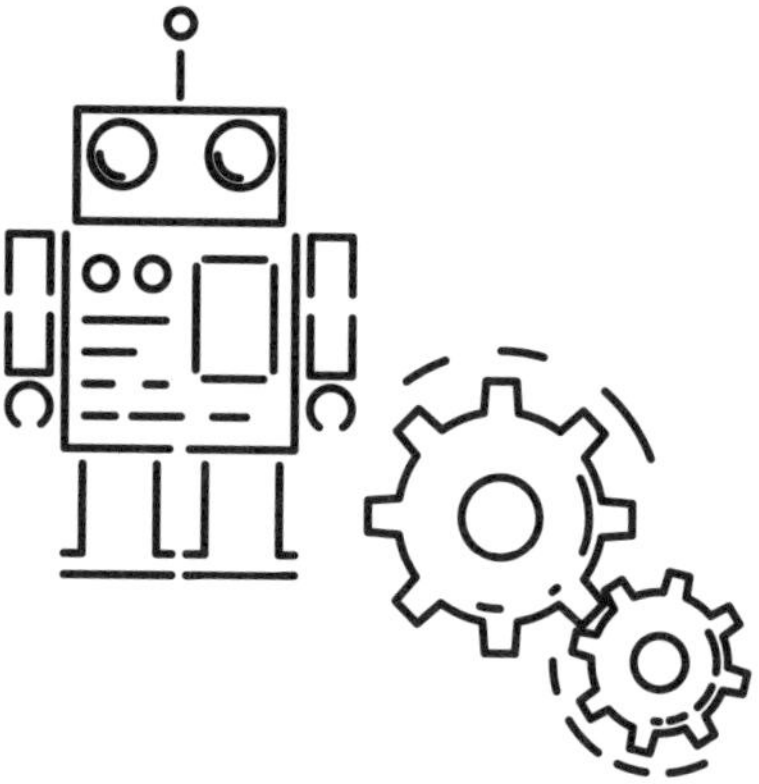

【主な科目】

- ロボット工学
- 交通学
- 人工知能
- 量子力学
- エネルギー化学
- 生産システム

教育理念

自然、人間、社会の諸法則の真理を追求するのみならず、その真理を発展させて人間の生産的実践に役立てる。原子レベルでの物質理解から組み立てて構造化する技術まで、情報の意味を問うことから効果的な伝達・処理技術まで、そしてこれら全ての技術が及ぼす社会的影響の評価に至るまで、守備範囲と手法は幅広い。

学部構成

社会基盤学科、建築学科、都市工学科、機械工学科、機械情報工学科、航空宇宙工学科、精密工学科、電子情報工学科、電気電子工学科、物理工学科、計数工学科、マテリアル工学科、応用化学科、化学システム工学科、化学生命工学科、システム創成学科の計16学科から成る。

進学

進学者の多くは理I出身だが、理II・IIIの指定科類枠や全科類枠もある。

カリキュラム

午前中に講義、午後は実験・演習・製図・見学などのある学科が多い。4年次後半は卒論の研究に大幅な時間を割く。休暇中には泊まり掛けの演習などもある。

多様な創造性の育成を目指し、専門性を深化させる講義だけでなく、自ら取り組む設計演習、課題解決型プロジェクト演習、見学、インターンシップなどに力を入れる。学生の国際化のために、学術論文を英語で書く授業や、英語で学術発表を行う練習となる授業も開講されている。

卒業後

大学院進学者が約8割。主に工学系研究科、情報理工学系研究科、新領域創成科学研究科などに進学する。学部卒の就職先は製造業、情報・通信業が多い。

黒《くろ》瀬《せ》峻平《しゅんぺい》さん

理Ⅱ ⇒ 工学部応用化学科

	月	火	水	木	金
1	物性論Ⅱ	物理化学Ⅱ	有機化学Ⅲ	量子化学Ⅱ	化学反応論Ⅰ
2	化学工学Ⅱ	分析化学Ⅲ	数学2F	無機化学Ⅱ	高分子化学Ⅰ
3	フロンティア化学	分析化学実験及演習、有機化学実験及演習、コンピュータ化学演習		分析化学実験及演習、有機化学実験及演習、コンピュータ化学演習	
4	分子集合体化学		化学・生命研究倫理		
5			情報工学概論		

忙しいからこそ要領よく

キノコに興味を持ち理Ⅱに入学するも、将来性を考えて薬学部志望に。しかし、薬の名前などの暗記量が多いと先輩から聞き、分子のデザインに関する内容が学べる化学系の学科を考えるようになった。化学が学べるのは主に理学部の化学科と、工学部の化学生命工学科、化学システム工学科、応用化学科の四つ。「土日に活動するワンダーフォーゲル部と両立でき、かつ程よく実験があるのが応用化学科だったので選びました」

1Sセメスターは比較的高い点数が必要な薬学部を志望していた関係で、成績が良かったので、進学選択は余裕があった。「他の人が単位さえ取れれば良いと思っている難しい科目こそ、しっかり勉強して成績に差をつけるチャンス。無駄な時間を削り、友達と協力して要領よく試験勉強することが大事です」

化学系の学科の中では忙しくない方とはいえ、週に3日は実験があり、学部3年の間は前期教養課程よりずっと忙しい。「実験はうまくいけば早く終わるし、失敗すると午後7時になってやっと帰れます。実験もてきぱきと要領よくやることが大事です」。ほとんどの授業が化学に関連するので、化学が好きな人にはとてもお薦めだという。主に使用する工学部5号館は外観は古いが、意外と設備はそろっている。「今まで教科書でしか見たことのない反応や高価な試薬にも触ることができるので、とても新鮮でした」

工学部の三つの化学系の学科は基本的に同じ授業を受けるが、五月祭の出し物は学科単位で行った。学科の人数は50人ほどで全員と仲良くなるのは難しいが、実験を共にする4、5人とは特に仲良くなれるそうだ。

卒業後はほとんどの人が大学院に進学する。黒瀬さんも分子センサーの研究者を目指すために大学院に進学する予定だが、いつかはキノコの研究をしたいと語る。

内定先が決まった後の動きについても注意が必要だという。「進学選択が終わった後に開かれる学部ガイダンスで学科の顔合わせがあります。僕は行かなかったら2Aセメスターの試験対策を全て自分ですることになってとても大変だったので、絶対行った方がいいです」

理学部

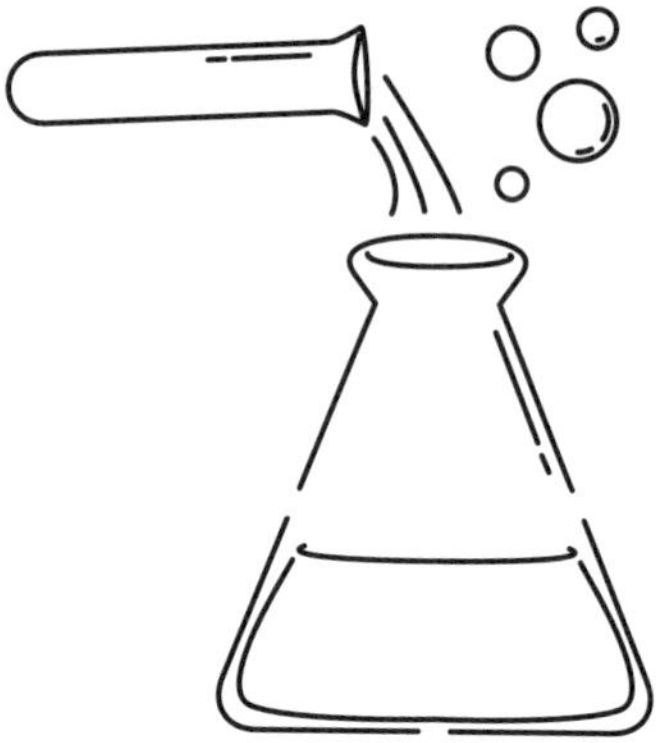

【主な科目】

- 集合と位相演習
- アルゴリズムとデータ構造
- 銀河天文学
- 地球システム進化学
- 遺伝学

教育理念

理学は、自然現象の仕組みを解明したいという人間本来の知的欲求から出発し、次第に体系付けられてきた学問であり、応用諸自然科学の発展を支えてきた。実習や実験を通じて「最上の教師」である自然に自ら問い掛け、思索することの重要性を学ぶ。

学部構成

数学科、情報科学科、物理学科、天文学科、地球惑星物理学科、地球惑星環境学科、化学科、生物化学科、生物学科、生物情報科学科の10学科から成る。数学科のみ駒場Ⅰキャンパスに位置している。

進学

主に理Ⅰ、理Ⅱから進学する。物理・情報系の学科には理Ⅰからの、生物系には理Ⅱからの進学者が多い。特に人気の物理学科は好成績がないと進学できない年も多い。

カリキュラム

1学年300人ほどの学生数に比べて教員の数が多い。特に1学年10人程度で少人数の天文学科では、きめ細かい指導がなされる。地球惑星環境学科や生物学科ではフィールドワークに力を入れている。化学科や生物化学科では3年次の午後に多くの実験がある。4年次の実験・実習・演習では、少数の学生と教員との緊密なやり取りが行われる。

卒業後

8割程度の学生が大学院の理学系研究科修士課程に進学する。大学院進学者の半数近くが博士課程に進学し、その後大学などの研究機関や民間企業の研究所などで専門知識を生かした職業に就く。数学科からは大学院数理科学研究科への進学者が多い。学部卒での就職は少ないが、情報・通信業や銀行などへの就職が見られる。

黄天鋭《こうたかとし》さん

理 I ⇒ 理学部天文学科

	月	火	水	木	金
1				宇宙空間物理学I	
2	電磁気学II	量子力学II		統計力学I	流体力学
3	天体観測学		天体物理学演習II	基礎天文学実験	
4	銀河天文学		天体物理学演習II	基礎天文学実験	
5	位置天文学・天体力学		計算天文学I	基礎天文学実験	

理論よりも観測を重視

中学校の理科の授業で、教員が天文について生き生きと語る姿を見て天文学に興味を持った。大学入学時には天文学科と同じく宇宙について学べる物理学科も進学先候補だった。「平均点が80点あればどちらにも進めそう」と、難しそうな授業を避け点数を取りやすい授業を履修。しかし「相対論、量子論などの理解が不足し、学科の専門的な授業で苦労しました」。志望の提出期限直前に「マイナーな学科の方がむしろ面白そう」と天文学科を選んだ。

天文学科では3年次に観測実習がある。実際の研究で使われている装置を扱い、データ解析まで経験する。10種類ほどの行き先から三つ選ぶことができ、黄さんは木曽観測所や兵庫県立大学西はりま天文台などを訪れた。「同期との仲間意識が生まれ楽しかったです」。夏季休暇中の実施が多いが、予定が合わなければ授業期間中に行くことも。

授業は物理学科や地球惑星物理学科と共通のものが多い。他学科の授業は基本的に午前に受け、天文学科独自の授業は午後が中心だ。実験は理学部の他学科より少なく、電子回路や光学の実験を3Sセメスターに週1回行うのみ。午後が休みの日もあり「時間を自由に使えるのが魅力です」と語る。

自由時間には天文学科の控え室で友人と勉強やボードゲームをして過ごすことが多かったという。学科は1学年10人と小規模で、3、4年生が同じ部屋を使っている。3月には3年生が、進学が決定した2年生を連れて歓迎会を兼ねた旅行に行く。「星が見えやすい郊外に宿泊し、夜はみんなで星を眺めました」。アットホームな雰囲気で、上下間の交流も盛んだ。

卒業生はほぼ修士課程に進学する。9割程度が天文学専攻に進むが、物理学専攻に進学する人も。その後博士課程には5～8割が進み、一部は電機メーカーやIT企業などに勤める。黄さん自身は「物理学専攻で宇宙物理を学びたいです」。天文学科の授業では観測が重視される一方、理論を学ぶ機会が少なく「自分には物理学科の方が合っていたかもしれない」と感じている。「宇宙の起源など理論的な内容を学び、適性があると思ったら、博士課程まで進みより深く研究したいです」

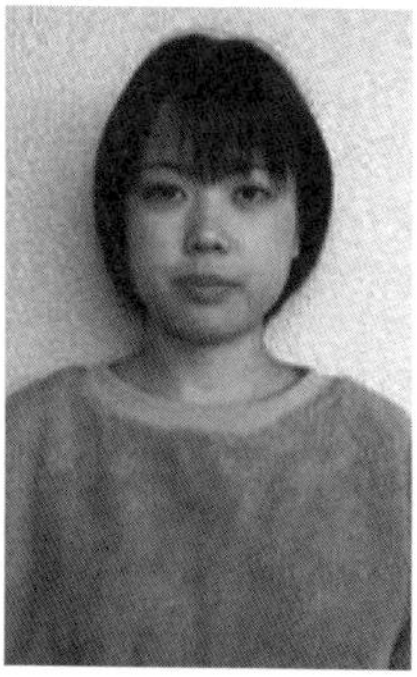

齋藤《さいとう》愛香《あいか》さん

理I⇒ 理学部生物学科B系

	月	火	水	木	金
1			生物統計学演習	遺伝子機能学	
2	細胞生物学	動物発生学I	分子進化学	動物生理学I	
3					
4	生物科学共通実習			生物科学共通実習	
5					

高校生物未修でも基礎から幅広く

前期教養課程に在籍している間は興味を引く学科が見つからず、ひとまず「就職に有利そう」と考えていた工学部電気情報工学科を目指していた齋藤さん。一転して生物学科に進学したきっかけは「適応行動論」という授業だった。「人類の起源や進化論について話を聞くうちに、生物としての人類に興味を持つようになりました」

そんな齋藤さんは実は高校で生物を履修していなかった。生物学科の中でも高校時代に生物選択だった人は半分ほどだという。それでも「2年次の講義で生物学を基本から網羅的に教わり、初心者でもさまざまな分野に視野を広げることができました」と話す。「理学部には分子レベルの生物学に特化した生物化学科や、情報科学を取り入れた生物情報科学科もありますが、生物学科は分子レベルから個体・集団レベルまで幅広く生物学を学べる点が特色です」

生物学科の学生は3年次からA系（人類学）とB系（基礎生物学）に分かれ、授業は実習が中心となる。元々人類学に興味があったが、実際にマウスなどを取り扱って実験をしたいと考えるようになり、2年次の1月にB系を選択した。

B系の実習の特色は三崎臨海実験所や日光植物園などの施設を利用した採集・観察だ。「数日から1週間ほど泊まり込みで植物園の植生を調べたりグループで研究発表をしたりするので、学科生とはすぐ仲良くなりました」。平常時の授業では午後に生物学系のさまざまな研究室を巡り、実験を中心とした実習を行う。「実習レポートの負担は重いですが、A系B系共通の学科控室に集まってレポートに取り組むうちに交流も広がります」

学科の卒業生は9割以上が大学院に進学する。「生物学が今まさにホットな分野だと分かった」と話す齋藤さんも修士課程に進むつもりだが、研究室選びについては「まだ興味分野を絞りきれていないため、理学系研究科だけでなく農学生命科学研究科や新領域創成科学研究科の研究室も候補に入れながら研究室選びをしようと思っているところです」。これも生物学科で視野を広げたおかげかもしれない。

大学院
生活紹介

東大には

全15分野の研究科が設置されている。

大学院に通う学生は

どのような研究生活を送っているのかのぞいてみよう。

弁護士の道を志して ── 法科大学院専門職学位課程

田澤《たざわ》 拓海《たくみ》さん

1週間のスケジュール例

<table>
<tr><th></th><th>月</th><th>火</th><th>水</th><th>木</th><th>金</th><th>土</th><th>日</th></tr>
<tr><td>9:00〜10:00</td><td></td><td></td><td></td><td></td><td></td><td></td><td></td></tr>
<tr><td>10:00〜11:00</td><td rowspan="3">講義</td><td rowspan="2">自習室で勉強</td><td rowspan="3">講義</td><td></td><td rowspan="2">自主ゼミ</td><td rowspan="3">自宅で勉強</td><td></td></tr>
<tr><td>11:00〜12:00</td><td rowspan="3">自習室で勉強</td><td rowspan="3">自習室で勉強</td></tr>
<tr><td>12:00〜13:00</td><td></td><td></td></tr>
<tr><td>13:00〜14:00</td><td></td><td rowspan="4">講義</td><td></td><td rowspan="3">講義</td><td></td></tr>
<tr><td>14:00〜15:00</td><td>自習室で勉強</td><td rowspan="3">自習室で勉強</td><td></td><td></td><td></td></tr>
<tr><td>15:00〜16:00</td><td rowspan="4">講義</td><td rowspan="2">自習室で勉強</td><td rowspan="3">カフェで勉強</td><td rowspan="4">自習室で勉強</td></tr>
<tr><td>16:00〜17:00</td><td></td></tr>
<tr><td>17:00〜18:00</td><td rowspan="6">ゼミ</td><td rowspan="2">講義</td><td rowspan="6">アルバイト（東大構内受付）</td><td></td></tr>
<tr><td>18:00〜19:00</td><td></td><td></td></tr>
<tr><td>19:00〜20:00</td><td></td><td rowspan="3">アルバイト（家庭教師）</td><td rowspan="5">飲み会</td><td>ライブを見る</td><td></td></tr>
<tr><td>20:00〜21:00</td><td rowspan="3">自習室で勉強</td><td></td><td></td></tr>
<tr><td>21:00〜22:00</td><td></td><td rowspan="3">自宅で勉強</td></tr>
<tr><td>22:00〜23:00</td><td></td><td></td></tr>
<tr><td>23:00〜24:00</td><td></td><td></td><td>少し勉強</td><td></td><td>少し勉強</td></tr>
</table>

法曹志望で司法試験合格を目指していた田澤さん。法学部3年次のAセメスターから法科大学院入試の勉強を始めた。4年次に予備試験と法科大学院入試を受験したが結果は不合格。1年の留年を経て、翌年の法科大学院入試に無事合格した。

東大法学部は「砂漠」とも呼ばれ、大教室での一方通行の授業が基本だが、法科大学院の様子は対照的だ。授業は50人程度で実施され、教員からの指名や発言の機会も多くある。クラスでの飲み会やクラス対抗の球技大会が開かれるなど、学生間での交流も盛んだ。「飲み会には先生方が参加することもあります」。学部時代と比べて教員との距離も近くなり、質問にも行きやすくなったほか、各自の自習スペースが確保されているなど「勉強しやすい環境が整っています」と語る。

田澤さんの所属する既修者コースは、法学の基礎を身に付けていることが前提。修了論文などは課されないが、授業のレベルが高く、予習に時間がかかる。試験は司法試験と同様、事例問題が中心で、試験後の講評会では答案をどのように書けば評価されるか教員からコメントがもらえるという。

法科大学院修了で司法試験の受験資格を得られるが、早く受験資格を得るために在学中の予備試験合格を目指す学生が多く、合格後は授業から遠ざかる人も。しかし実務を見越した授業や一流の教員による高度な授業など法科大学院でしか経験できない貴重な授業がある。「法科大学院の優れたリソースを存分に活用するのがおすすめです」

文化人類学に導かれ東大へ

―― 学際情報学府文化・人間情報学コース　阿部《あべ》 修一郎《しゅういちろう》さん

1週間のスケジュール例

<table>
<tr><th></th><th>月</th><th>火</th><th>水</th><th>木</th><th>金</th><th>土</th><th>日</th></tr>
<tr><td>9:00〜10:00</td><td rowspan="2">講義</td><td></td><td rowspan="6">自習など</td><td rowspan="7">自習など</td><td rowspan="6">自習など</td><td rowspan="15">読書・
映画鑑賞・
勉強など</td><td rowspan="15">読書・
映画鑑賞・
勉強など</td></tr>
<tr><td>10:00〜11:00</td><td rowspan="2">講義</td></tr>
<tr><td>11:00〜12:00</td><td rowspan="6">自習など</td></tr>
<tr><td>12:00〜13:00</td><td></td></tr>
<tr><td>13:00〜14:00</td><td rowspan="2">講義</td></tr>
<tr><td>14:00〜15:00</td></tr>
<tr><td>15:00〜16:00</td><td rowspan="3">ゼミ</td><td rowspan="4">講義</td><td rowspan="4">講義</td></tr>
<tr><td>16:00〜17:00</td><td></td></tr>
<tr><td>17:00〜18:00</td><td rowspan="3">アルバイト</td><td rowspan="6">アルバイト</td></tr>
<tr><td>18:00〜19:00</td><td rowspan="3">自習など</td></tr>
<tr><td>19:00〜20:00</td><td rowspan="3">自習など</td><td rowspan="3">自習など</td></tr>
<tr><td>20:00〜21:00</td><td></td></tr>
<tr><td>21:00〜22:00</td><td></td><td></td></tr>
<tr><td>22:00〜23:00</td><td></td><td></td><td></td><td></td></tr>
<tr><td>23:00〜24:00</td><td></td><td></td><td></td><td></td><td></td></tr>
</table>

筑波大学国際総合学類では、文化・社会開発分野の一つである文化人類学を専攻。学類3年次の頃から、勉強を深めていくほどに分からないことが増えていく感覚を覚え始め、もっと学びたいと思ったのが大学院進学の契機だ。フィールドワークを手法として、場所や空間が持つ意味を問いたいと考えていた。

当初は筑波大学大学院への進学を検討していた阿部さん。他にも選択肢はないか調べたところ、東大の学際情報学府文化・人間情報学コースと総合文化研究科超域文化科学専攻文化人類学コースでも関心分野を研究できると分かり、情報収集を始めた。学際情報学府の説明会で興味のある研究室の教員に相談すると、関心分野を深められると確信し夏季募集での志望を決めた。

新型コロナウイルス感染拡大により、研究手法やテーマの変更を余儀なくされるのではないかという不安は伴う。現在は、土着の人々と観光客の交流の場のエスノグラフィー（民族誌）に、理論と実践を組み合わせて迫る研究を志しているが、今後積極的にフィールドへ出られない状況が続くことも想定される。急速に進むオンライン化が身体を伴わない交流の場を生み出している動きに、デジタル・エスノグラフィー研究という新たな可能性も見出すようにもなった。

修了後の進路については、就職を視野に入れつつ、明確な職種は定まっていないと話す阿部さん。「フィールドワークで培った記録・叙述の手法を生かせる進路を希望しています」

実直に研究と向き合う生活

―― 情報理工学系研究科　久保田《くぼた》　祐貴《ゆうき》さん

1週間のスケジュール例

<table>
<tr><th></th><th>月</th><th>火</th><th>水</th><th>木</th><th>金</th><th>土</th><th>日</th></tr>
<tr><td>9:00〜10:00</td><td></td><td></td><td></td><td></td><td></td><td rowspan="2"></td><td rowspan="2"></td></tr>
<tr><td>10:00〜11:00</td><td>雑務処理</td><td rowspan="3">論文を書く</td><td>雑務処理</td><td>雑務処理</td><td>雑務処理</td></tr>
<tr><td>11:00〜12:00</td><td rowspan="2">論文を読む</td><td rowspan="3">論文を読む</td><td rowspan="3">論文を書く</td><td rowspan="2">実験・実装</td><td>雑務処理</td><td rowspan="2">論文を読む</td></tr>
<tr><td>12:00〜13:00</td><td></td></tr>
<tr><td>13:00〜14:00</td><td rowspan="4">学生実験TA</td><td></td><td rowspan="4">学生実験TA</td><td rowspan="4">美術館・博物館巡り／読書</td><td rowspan="4">実験・実装</td></tr>
<tr><td>14:00〜15:00</td><td rowspan="6">実験・実装</td><td></td><td></td></tr>
<tr><td>15:00〜16:00</td><td rowspan="3">研究室全体ミーティング</td><td rowspan="3">研究ミーティング</td></tr>
<tr><td>16:00〜17:00</td></tr>
<tr><td>17:00〜18:00</td><td rowspan="4">実験・実装</td><td rowspan="3">実験・実装</td><td rowspan="2">料理</td><td rowspan="2">料理</td></tr>
<tr><td>18:00〜19:00</td><td rowspan="3">実験・実装</td><td rowspan="3">実験・実装</td></tr>
<tr><td>19:00〜20:00</td><td></td><td></td></tr>
<tr><td>20:00〜21:00</td><td></td><td rowspan="2">論文を読む</td><td rowspan="3">論文を読む</td><td rowspan="3">サークル・ゼミ＆雑務処理</td></tr>
<tr><td>21:00〜22:00</td><td></td><td rowspan="2">読書</td><td></td><td></td></tr>
<tr><td>22:00〜23:00</td><td rowspan="2">資格勉強</td><td rowspan="2">サークル・ゼミ</td><td rowspan="2">読書</td><td></td></tr>
<tr><td>23:00〜24:00</td><td></td><td></td><td></td><td></td></tr>
</table>

　学部時代は物理工学科で物性物理を学んでいた久保田さん。計数工学科の授業を並行して受ける中で、人間の認知について興味を持った。「基となる法則がまだ分かり切っていないところに魅力を感じました」。院進は最初から決めていたが、工学系研究科にそのまま進むかぎりぎりまで迷った末、情報理工学系研究科に出願した。

　修士課程では錯視をテーマに研究。回っているように見えるが実際には静止している「蛇の回転錯視」を止まっているように見せる方法について調べた。1年次は研究が思うようにいかず「このままうまくいかなければ就職しよう」と考えていた久保田さん。しかし初めての研究発表で教授陣から良い反応をもらい、自身の研究の面白さを再認識した。「続けていけば新しいことが分かるのではないかと思い博士課程を志しました」

　大学院生活の楽しさは「研究という形で自分の好きなことに時間をしっかりつぎ込める」こと。また学部と異なりアウトプットする機会が多いという。「自分がインプットしたことを学会や論文などで外に出すのは楽しくもあり大変でもあります」。実際、自分の論文が査読され世に出るときは苦労が報われる印象的な瞬間だと話す。

　論文が何度も却下されると2、3日研究が嫌になることも。大学院生にとってモチベーションのコントロールは大きな課題となる。「複数の研究課題を設定し、一つがうまくいかなくても別の研究を進めるようにしています」。研究を続けていく上では興味の幅も重要だ。

国内外で研究に励む ―― 工学系研究科

武政《たけまさ》　雄大《ゆうた》さん

1週間のスケジュール例

<table>
<tr><th></th><th>月</th><th>火</th><th>水</th><th>木</th><th>金</th><th>土</th><th>日</th></tr>
<tr><td>9:00〜10:00</td><td rowspan="4">実験</td><td rowspan="12">実験</td><td rowspan="6">実験</td><td rowspan="9">実験</td><td>実験</td><td rowspan="3">ミーティング（進捗報告会）</td><td rowspan="13">ミーティングの準備、自習、趣味など</td></tr>
<tr><td>10:00〜11:00</td><td rowspan="2">講義</td></tr>
<tr><td>11:00〜12:00</td></tr>
<tr><td>12:00〜13:00</td><td rowspan="9">実験</td><td rowspan="5">実験</td></tr>
<tr><td>13:00〜14:00</td><td rowspan="2">講義</td></tr>
<tr><td>14:00〜15:00</td></tr>
<tr><td>15:00〜16:00</td><td rowspan="6">実験</td><td rowspan="2">ミーティング（論文購読）</td></tr>
<tr><td>16:00〜17:00</td></tr>
<tr><td>17:00〜18:00</td><td rowspan="4">実験</td><td></td></tr>
<tr><td>18:00〜19:00</td><td rowspan="2">講義</td><td></td></tr>
<tr><td>19:00〜20:00</td><td></td></tr>
<tr><td>20:00〜21:00</td><td>実験</td><td></td></tr>
<tr><td>21:00〜22:00</td><td></td><td></td><td></td><td></td><td></td><td></td></tr>
<tr><td>22:00〜23:00</td><td></td><td></td><td></td><td></td><td></td><td></td><td></td></tr>
<tr><td>23:00〜24:00</td><td></td><td></td><td></td><td></td><td></td><td></td><td></td></tr>
</table>

大学入学時から新しいものを作りたいと思っており、有機化学に興味を持つと、新しい物質を作りたいと考えて学科を選んだ。学部だけでは物足りなく、大学院へ進学。思い描いていた通り、新しい有機化合物を作ることを目指し、研究している。

院試では、修博一貫の入試制度もあったが、修士修了後に就職する可能性も考えて通常の修士入学制度で受験。筆記試験本番は対策したところから主に出題されたのでかなり手応えがあり、学部の授業をしっかり聞くことが重要だと実感した。

現在取り組む実験では8段階程度の工程を踏む必要があり、うまく合成できない苦労は多いが、最終的に目的物質ができたときは楽しい。大学院で一番大きな出来事は修士1年のときに参加した工学部海外武者修行プログラム。米国留学を自分で計画し、現地の学生と研究内容を議論した。また、国際卓越大学院教育プログラムの一環として、他専攻の講義を取り、隔週で開かれる研究報告会で参加学生と交流している。実験室で過ごす時間が長く、先生や先輩が取り組む姿を身近に見て、学べるのが実験系研究室の強みだ。最先端の研究に必要な知識を自分で得なければならないので、学部時代の座学とは比にならない自己成長を日々感じている。授業の必要単位数が少ないので、講義時間に縛られず、実験する時間を自由に設定でき充実している。学部時代にサークルの代表を務めたほど熱中したお笑いで、ライブに出るのが息抜きだ。

研究中心の大学院生活は自分に合っており、将来は大学教員になりたい。研究の最先端を歩み続けることが大きな夢だ。

第4章

業

編

卒

CONTENTS

お金で測れない価値を守る

農林水産省（事務系）
大臣官房秘書課
八木《やぎ》　佳奈《かな》さん

法学部進学後の学部3年次に将来の進路と向き合い始め、民間企業や省庁について調べるうち、特に農林水産業における資源を有効活用することで、金銭で測れない価値を守る仕事をしたいと思うように。同年夏に国家総合職試験の勉強を始めた。

大学では馬術部に所属し、近隣の農家の減少により馬ふんの引き取り先を見つけづらいという事情に通じた。良質な肥料になるにもかかわらず、活用されないことをもったいなく感じた経験が志望のきっかけの一つとなった。馬術部では他大学や乗馬クラブなどで多くの人と触れ合ったことで「違う立場の人とも物おじせず話せるようになりました」。

官庁訪問前には、誰から何を聞かれてもきちんと回答できるよう、多面的に志望動機を練った。それまで農業になじみのある経歴ではなかったので、日本にある資源の有効活用を軸として、農林水産業以外の情報収集も試みた。

現在は事務系の採用を担当。その前は、森林組合法の改正に関わった。地道な作業の積み重ねで「どういう条文が適切か、丹念に精査していくのが大変」だった一方で「法律として目に見える形で残るのでやりがいになりました」。

各分野に具体的な現場があり「顔が思い浮かぶ人々の生活や仕事を、自らの事業で豊かにできるのが農水省の特徴です」。食材を見て生産地や生産過程に注目するようになるといった、食の知識の私生活への反映も魅力の一つ。

今後は、社会の中で日本の農林水産業がどうあるべきか考えながら、特に「消費者側の選択に関わることで需要を生み出し、産業として成り立たせていきたいです」。

就活は、普段は話を聞けないような人から話を聞いて将来を見つめる良い機会と語る。「一つの分野に決めつけず、さまざまな分野に足を運んでみて、その上で国家公務員を選んでもらえたらうれしいです」

安全な医薬品で国民生活を守る

厚生労働省（技術系）
医薬・生活衛生局
総務課
粟飯《あい》原《はら》弘《ひろ》樹《き》さん
（厚労省在籍は取材当時）

国家公務員を目指そうと決めたのは薬学系研究科で勉強していた修士1年次の夏。元々は研究者志望だったが、広い社会を知る必要性を感じ就活を始めた。研究者になるか研究者のサポートをできる職に就くかに絞った結果、研究者支援に一番大きな影響力を持てると思い国家公務員を目指すことに。「東大の研究室で先生方の熱意に触れたことが、研究者を支えたい、という現在も変わらない想いの核です」

官庁訪問前は、説明会に積極的に足を運び情報収集を心掛けた。また本郷キャンパスのキャリアサポート室で面接カードに対してアドバイスをもらうなど大学からの支援も生かしたという。官庁訪問当日は、面接官の質問の意図を吟味し、誠実に応えるよう努めた。「自分が思っていることをありのまま全て吐き出す意識で話しました」

官庁訪問の初めには直接研究者を支援できる文部科学省を志望していたが、職員や他の受験者と話す中で厚労省の薬系技官へ志望を変更。直接的な研究支援だけでなく「研究成果である医薬品の支援という立場から研究者を支えたい」と感じたことが決め手に。

現在は医薬・生活衛生局総務課に在籍し、医薬品や医療機器などの承認審査や安全対策、かかりつけ薬剤師・薬局の推進など多岐にわたる局の業務を取りまとめる。「何をもって医薬品を承認するのかは難しい問題ですが、理系の知識が生きてきます」。修士論文で扱った東大での研究内容が直接生きているわけではないが、実験の手法や論理的思考が役立っているという。

医薬品の安全を保証し国民の生活を守る仕事にやりがいを感じている。「規制を通じて社会的弱者を守るのが厚労省の仕事の特徴です」。職場も優しい人が多く上下関係問わず自分の意見を言える環境だと話す。

学生には将来を考えるに当たり、一つのことにこだわらず広い視野を持つようアドバイスを送る。「いろいろなことに挑戦した上で、国家公務員に興味を持ってくれたら嬉しいです」

データで大学を支える

紀伊國屋書店
大野《おおの》 繁治《しげはる》さん

新卒で紀伊國屋書店に入社。5年間の本社勤務後、20年間の米国勤務を経験したが「紀伊國屋書店と言えば一般には新宿本店を始め書店のイメージだと思いますが、実は法人営業と海外事業を合わせ、3本柱で会社は成長を続けています」。大野さんは法人営業と海外事業を担当してきた。

法人営業では、東大をはじめとする大学や国立研究所に学術資料やデータベースを提供するだけでなく、ICT学習環境の構築支援にも注力している。「日本及び世界各国の電子書籍や学術論文を提供や、図書館の業務支援を行っています」

海外にも38店舗、6営業所、3事務所を持つ紀伊國屋書店。米国からアジア、中東までグローバルに展開する書店は世界にも類がない。現地での書籍販売に加え、日本文化の発信基地としての役割も持つという。「アニメだけでなく、伝統文化やモダンテクノロジーに至るまで、日本文化は大きな魅力を持っています。書店を通じてアピールしていきたいです」

理科Ⅱ類で東大に入学。しかし、大学で本格的に本を読むようになり、哲学の面白さに気付いた。文転して文学部哲学科（当時）に進んだが2年間だけでは物足りずに、就職後も本に触れ続けたいと考えたという。理系の方が就職に有利だとされることが多いが「この不確実な時代、経営者も哲学的思考が求められています。哲学に限らず、歴史などの人文社会系で学んだ知識は、社会に出てからも重要です」と大野さんは語る。

米国勤務時代、日本で学んだ英語が通じずに「ショックでした」。しかし、現場に出なくてはならないため、いや応なしにお客さんと会話し、現地で通じる英語を習得。「直接コミュニケーションを取ることで現地の文化への理解が深まりました」。その経験を通じて、当時勤務していた米国の店舗のコンセプト変更を試みた。現地の人々向けに洋書を中心に作り替え、一方で小説家の村上春樹氏や片づけコンサルタ

海外店舗で日本文化を発信

企業名	株式会社紀伊國屋書店
従業員数	5,000人
本社所在地	東京都目黒区下目黒3-7-10
展開している事業	和洋書籍・雑誌・事務機器・文房具・情報文献・視聴覚教材・教育設備の販売 出版 映像商品・書誌データベース制作 ホールの経営など

ントの近藤麻理恵氏の著書の英訳版を丁寧に紹介。結果、低迷していた売り上げがV字回復したという。「売り上げが落ち込んでいる時こそ変化を生まないといけません。紀伊國屋書店はその時に、自由な発想でチャレンジすることを許してくれる会社でした」

出版不況の今こそ、そのチャレンジが求められる時だ。ＩＣＴを活用して、幼児から学生に対する読書推進を図り「日々打開策を考えています。出版業界全体が苦しいからこそ、やりがいがありますね」。逆境に対応できる柔軟な発想力と実行力が光る。

自分の子どもたちが大学1年次からインターンに行き、さまざまな企業を回っているのを見て「うらやましかった」という大野さん。今はＧＡＦＡなど巨大ＩＴ企業に勢いがあるが「ビジネスサイクルが早まっている現代、新卒の時に人気の企業で10年後にはどうなっているか分かりません。悩む時間が4年もあるのは学生の特権。インターンなどを利用して会社の内部をじっくり見ることをお勧めします」。

新規事業の基盤を作る

２００６年、コニカミノルタは創業事業である写真フィルム・カメラ事業からの撤退に追い込まれた。社のビジネスの中心はオフィス向け複合機などの「モノ」から、課題解決などの「コト」へ急速に変わりつつある。

事業転換の基盤が、田尾さんの開発する「エッジＩｏＴプラットフォーム」だ。強みである画像処理の技術や独自のデバイスでデータを集め、深層学習などを用いて解析し、顧客に課題解決策を示す。例えば赤外線カメラで生産設備のガス漏れを常に監視し、分かりやすい画像に加工してリアルタイムで提供。異常発見と漏えい位置の特定にかかる時間を短縮した。

現在の部署には職人気質の人から顧客の意見に敏感な人まで、多様な社員が集うため、共通の目標を設定することから一苦労。「でもその分達成感はひとしおです」。システムが完成した時と、その有用性を認められた時の２段階でやりがいを感じられるのも魅力だ。

元々は新領域創成科学研究科で、有機半導体の電子の動きを、非常に短い時間間隔で点滅する「超短パルスレーザー」で調べていた。入社当初も専門性を生かして、光と医療を融合した事業の立ち上げに携わった。

転機は数年前、仕事の一環で米国の学会に参加したこと。光学計測と機械学習の組み合わせによる新しい技術が盛んに研究されていた。世の中の技術動向の変化を肌で感じ、現在の部署への異動を決めた。自身の専門とやや異なるため、新しい技術を日々吸収する必要があるが「見えないものを測ったり『見える化』したりするという点で興味は一貫しています」。

就活を始めたのは博士２年の１月。ただ博士課程では研究と就活の両立が難しい。企業の雰囲気を深く知る時間はないため、同じ研究室の修士課程の就活生から気になる企業の情報を入手した。

効率を重視して応募企業数を絞り、優先順位が高い企業から順に受けたの

コニカミノルタ
田尾《たお》 祥一《しょういち》さん

企業名	コニカミノルタ株式会社
従業員数	5,207人
本社所在地	東京都千代田区丸の内2-7-2　JPタワー
展開している事業	オフィス事業 プロフェッショナルプリント事業 ヘルスケア事業 産業用材料・機器事業

も工夫の一つ。最初の内定がコニカミノルタから出ると就活を終えた。

実は「研究がうまくいっていなかった」修士1年の頃にも一度就活をした。しかし一人前といえる専門性を大学で身に付けたいと感じ、進学を選んだ。「論文でも製品でも『田尾っていうのはこういうことをした人なんだ』と示せる結果を出すのが一つの目標でした」

博士課程の就活では、自身の専門と企業とのマッチングの要素が強い。多数応募して各企業に合わせに行く必要性は薄いという。逆に学部生や修士課程の院生ならば、専門性にとらわれる必要はない。「今振り返ると、もっと幅広い業界のインターンに行っておけば良かったと思います」

全就活生に共通していえるのは、現時点での企業のネームバリューや目先のことは気にしなくて良いということ。「卒業して10年。世の中が変わりました。次の10年できっとさらに劇的に変わります。自分を見つめ直すいい機会だと思って、就活を楽しんでください」

博士課程で得た専門性を生かす

自分のものさしで理想を創る

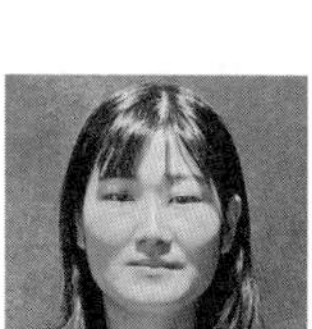

東急
石綿《いしわた》 麻矢《まや》さん

再開発が進む渋谷駅周辺。昨年11月に東棟が開業し、2027年度に完工する予定の渋谷スクランブルスクエアは、渋谷エリアの新しいランドマークだ。石綿さんは建築担当として現場に足を運びつつ、施設の計画立案やコスト管理などに携わる。複数の鉄道会社が乗り入れる渋谷駅周辺の再開発は、社内のさまざまな部門や他社との細かい調整を要する大プロジェクトだ。完成までの道のりは長いが、その分完成した際の喜びも大きいと話す。「将来は海外での東急の街づくりにも関わっていきたいです」

学生時代は建築学を専攻。時には研究室に泊まるほど省エネルギー分野の研究に没頭した。研究内容が直接現在の仕事に生かされることは少ないが、仲間と協力して研究した経験は、チームで開発プロジェクトを計画する際に役立っている。

建築学を専攻した学生は、ゼネコンや設計事務所などに就職することが多い。しかし石綿さんは、プロジェクトの企画段階から携われる「街づくり」を行う企業の方が研究室での経験を生かせると考えた。中でも東急は多摩田園都市に代表される理想的な街づくりを地道かつ丁寧に進めている印象があったという。

就活ではまずは企業の説明会に足を運んだ。OB・OG訪問では、会社員は異動が多く仕事内容が変わることを踏まえ、現在の仕事内容の他に職場全体の雰囲気も確認。面接では研究の手法を仕事にどのように生かせるか考え、何を学んだかよりどう学んだかに重点を置いて話をした。東急に応募することを決めた際には、たまプラーザや二子玉川など東急が開発を進めたエリアへ実際に赴き東急の街づくりへの印象を確かなものにした。

採用担当の佐藤純哉さん（人材戦略室）はデベロッパーとの違いとして、沿線のエリア全体を長期的な視点で開発できる点を挙げる。交通インフラ事業や生活サービス事業など多様な事業を展開し、ただビルを建てるだけでは

地域の魅力を最大限生かす街づくり

企業名	東急株式会社
従業員数	4,666人（19年3月31日現在）
本社所在地	東京都渋谷区南平台町5-6
展開している事業	交通事業 不動産事業 生活サービス事業 国際事業

なく地域の魅力を最大限生かした街づくりを進めているという。

東急は求める人物像「東急バリュー」として①顧客が求める価値を追求すること②失敗を恐れず新しいビジョンの具現化に挑戦すること③チームや企業間で相乗効果を創出する共創力――の三つを掲げている。佐藤さんは、ただ覚えるだけの知識に意味はなく、知識を生かし価値を創造することに人の役割があると指摘。街づくりでは多様な人の価値観を考える必要があることを踏まえ「学生には好きなことに挑戦して自分の価値観を持つことを求めます」と話す。石綿さんも研究に没頭した経験から、大学時代は好きなことに打ち込んでほしいと語る。

就活では、忙しく余裕がない中で進路を決める必要がある。石綿さんは就活生へのアドバイスとして、さまざまな人の意見を聞く中で自然と道筋が決まる時が来ると語る。「諦めずに自分のやりたいことを見つけてほしいです」

経験を糧に変化を楽しむ

ドワンゴ
有賀《ありが》 竣哉《しゅんや》さん

『ニコニコ動画』をはじめとしたウェブサービスだけでなく、『ニコニコ超会議』などのリアルイベント、『N高等学校』と連携した教育事業にまで事業を拡大するドワンゴ。ニコニコ動画のサーバーサイドの開発を担う有賀さんは、仕事のやりがいを「自分の作ったものが直接ユーザーに届くこと」だと言う。「好きなサービスを開発する側に回れる楽しさは得難いものです」

一方、ユーザーが多い巨大サービスだからこその苦労も多い。「接続が不安定になると、ユーザーの皆さまから愛のあるお叱りを頂くことがあり、気が引き締まります」。愛故の指摘に対応すべく、最近はツイッター上に利用者との対話用のアカウントを設置するなど、運営が表に出る方針をとっているという。

学生時代は工学系研究科電気系工学専攻でどうすればパソコンと人が効率良くやり取りできるのかを研究していた有賀さん。ユーザーのことを考えた開発という点で、学生時代の学びは今の仕事に生かされている。

職場の雰囲気はインターネット黎明《れいめい》期を想像させる「インターネット老人会」のようだと話す有賀さん。昔からインターネット文化に触れ、その空気感が好きな人が多い職場で、社内で使用されるビジネス用SNSでのやりとりも、さながらチャットのよう。「入社当初は驚いた」が、しっかり自分の考えを持って働く人が多く、メリハリが大事だと実感した。

日頃親しんでいたサービスの開発に憧れてドワンゴを選んだが、入社後に新しい魅力に気付いた。「裁量労働制で、成果を求められるが出退勤時間に縛られない働き方は魅力的でした。あとは、銀座という場所柄、ランチがおいしいのは決定的ですね」と笑う。

就活の際に心掛けたのはメリハリ。就活解禁などを意識しすぎず、今は研究したいからする、と自分のタイミングを大事にしたという。ただ「情報系はみんなIT系に進むものだと思っていて意識し過ぎた節はありました。もっと

自分が親しんでいたサービスを開発

企業名	株式会社ドワンゴ
従業員数	約1,000人（2019年12月末）
本社所在地	東京都中央区銀座4-12-15　歌舞伎座タワー
展開している事業	ニコニコ動画やニコニコ生放送などの展開 『ニコニコ超会議』などのイベントの企画・運営 角川ドワンゴ学園が運営する『N高等学校』と連携し、教育関連サービスを提供

他の業種を検討してもよかったかもしれません」とも。「やってて苦にならないこと以外はやりたくなかった」と就活当時の心境を振り返る。「就活は人生に一度だけのイベントのような気がするかもしれませんが、この先どんどん職を変えることになるかもしれない。頑張り過ぎずに、気楽にやってほしいです」とエールを送った。

人事部の安西龍志さんはドワンゴを「変化を楽しめる会社」だと語る。変化を求め、臨機応変に対応していける人材を求めているという。最高技術責任者の鈴木圭一さんは、何より誠実さが重要だと強調する。「チームで仕事をする以上、フェアに、正直にやれることが大事ですね」

3人が口をそろえて大事だというのは大学時代にいろいろな経験をすること。「短い大学時代。プログラミングだけでなく飲み会や旅行、なんでも経験してほしいです」

2020年度全大学・大学院就職先一覧

法学部（128人）

【官公庁】
富山県　1
海上自衛隊　1
外務省　5
経済産業省　3
警察庁　6
国土交通省　4
財務省　6
衆議院事務局　1
総務省　7
日本銀行　6
農林水産省　2
防衛省　2
【食料品】
サントリーホールディングス　1
日本たばこ産業　1
【化学】
P&G　1
【石油・石炭製品】
JXTGエネルギー　1
【鉄鋼】
JFEスチール　1
日本製鉄　3
【電気機器】
ファナック　1
日立製作所　2
【輸送用機器】
デンソー　2
トヨタ自動車　1
【電気・ガス業】
大阪ガス　1
【陸運業】
JR西日本　1
JR東日本　1
【海運業】
商船三井　1
【情報・通信業】
LINE　1
NHK　1
サンブリッジ　1
昭和システムエンジニアリング　1
日鉄ソリューションズ　1
バンダイ　1
フジテレビジョン　1
ヤフー　1
共同通信社　1
東京システム技研　1
野村総合研究所　1
【卸売業】
伊藤忠商事　2
三井物産　2
三菱商事　3
住友商事　2
【小売業】
ユニクロ　1
【銀行業】
三井住友銀行　3
三菱UFJ銀行　1
【証券、商品先物取引業】
JPモルガン証券　1
SMBC日興証券　1
ドイツ証券　1
バークレイズ証券　1
大和証券　1
野村証券　1
【保険業】
日本生命　1
【その他金融業】
モルガン・スタンレービジネスグループ　1
日本取引所グループ　1
日本政策金融公庫　1
日本政策投資銀行　1
野村アセットマネジメント　1
【不動産業】
オープンハウス　1
三井不動産　1
森ビル　1
【サービス業】
A.T.カーニー　1
PwCコンサルティング　2
クニエ　2
デロイト　トーマツ　コンサルティング　3
デロイト　トーマツ　ファイナンシャルアドバイザリー　1
パーソルキャリア　1
ベイカレント・コンサルティング　1
ベイン・アンド・カンパニー　1
ボストンコンサルティンググループ　1
リソー教育　1
リブ・コンサルティング　2
その他　1
【教員・研究員・図書館等】
国立国会図書館　1
東京藝術大学　1
【その他】
QuizKnock　1
経団連事務局　1
通訳案内業　1
不明　3

経済学部（292人）

【官公庁】
外務省　1
金融庁　2
経済産業省　2
警察庁　1
財務省　1
総務省　1
東京都　1
内閣府　2
日本銀行　10
農林水産省　1
【建設業】
アンジット　1
大林組　2
鹿島建設　1
【食料品】
サントリーホールディングス　2
【化学】
旭化成　1
宇部興産　1
富士フイルム　5
P&Gジャパン　1
【医薬品】
日本ビーシージー製造　1
日本ロレアル　1
【石油・石炭製品】
JXTGエネルギー　1
【鉄鋼】
YKKAP　1
日本製鉄　2
【非鉄金属】
住友電気工業　1
【機械】
キャディ　1
三菱重工業　1
【電気機器】
ソニー　1
日本IBM　1
日本特殊陶業　1
パナソニック　1
日立製作所　1
富士通　1
【輸送用機器】
NOK　1
トヨタ自動車　2
【その他製品】
任天堂　1
【電気・ガス業】
九州電力　1
中央電力　1

【陸運業】
JR東海……5
JR西日本……3
トライアルグループ……1
近鉄グループホールディングス……1
【空運業】
JAL……1
【情報・通信業】
Cygames……1
Microsoft……1
NHK……4
NTTデータ……1
NTTドコモ……3
Speee……1
USENNEXT HOLDINGS……1
VICTORY……1
W2ソリューションズ……1
インテージ……1
コーエーテクモホールディングス……1
ジーニー……1
ソフトバンク……1
日鉄ソリューションズ……2
日本IBMソリューションズ……1
日本タタ・コンサルタンシー・サービシズ……1
日本テレビ放送網……1
日本総合研究所……1
野村総合研究所……2
三菱UFJリサーチ&コンサルティング……1
三菱総合研究所……1
ヤフー……1

【卸売業】
伊藤忠商事……6
住友商事……5
丸紅……3
三井物産……5
三菱商事……3
【小売業】
アマゾンジャパン……1
【銀行業】
みずほフィナンシャルグループ……2
国際協力銀行……2
三井住友銀行……9
三井住友信託銀行……4
三菱UFJ銀行……10
三菱UFJ信託銀行……1
商工組合中央金庫……1
信金中央金庫……1
日本マスタートラスト信託銀行……1
八十二銀行……1
【証券、商品先物取引業】
JPモルガン証券……1
SMBC日興証券……3
ゴールドマンサックス・アセット・マネジメント……3
ゴールドマンサックス証券……2
シティグループ証券……1
野村證券……3
大和証券……4
【保険業】
全労済……1
損保ジャパン日本興亜……1
第一生命……2
東京海上あんしん生命……1
東京海上日動火災……8

日本生命……4
【その他金融業】
ZUU……1
あずさ監査法人……3
日本政策金融公庫……1
日本政策投資銀行……4
日本取引所グループ……2
農林中央金庫……1
野村アセットマネジメント……2
三菱UFJ国際投信……1
【不動産業】
NTT都市開発……1
住友不動産……1
日本商業開発……1
三井不動産……1
三菱地所……3
武蔵コーポレーション……1
森ビル……2
【サービス業】
A.T.カーニー……2
Apollo Moment……1
GCA……2
GLG……1
KPMGコンサルティング……2
L&Gグローバルビジネス……1
メタップス……1
Ocean Tomo……1
PwCアドバイザリー……1
PwCあらた監査法人……2
PwCコンサルティング……10
アウローラ……1
アクセンチュア……3
アビームコンサルティング……1
イシン……1

エイチ・アイ・エス……1
エスネットワークス……1
エニシフルコンサルティング……1
エムスリー……2
監査法人トーマツ……2
クニエ……3
コダワリ・ビジネス・コンサルティング……1
シグマクシス……1
シンプレクス・アセットマネジメント……1
ツインエンジン……1
テレビ朝日映像……1
デロイト トーマツ コンサルティング……2
ドリームインキュベータ……1
東日本高速道路……1
プロレド・パートナーズ……1
ベイカレント・コンサルティング……1
ボストンコンサルティンググループ……2
マッキンゼー・アンド・カンパニー……5
ラクスル……1
楽天……5
リクルート……1
リブ・コンサルティング……2
ローランド・ベルガー……1
【新聞・出版・広告】
電通……1
博報堂……3
【病院】
山崎病院……1
【その他】
PECO Singapore……1
ROBOT PAYMENT……1
日本経済団体連合会……1
労働者健康安全機構……1

不明……4

文学部（235人）

【官公庁】
海上自衛隊……1
外務省……1
警察庁……1
厚生労働省……1
財務省……1
総務省……2
足立区……1
東京都……2
文部科学省……2
【建設業】
ユニオンテック……1
鹿島……1
積水ハウス……1
【食料品】
ベースフード……1
日清製粉グループ本社……1
日本たばこ産業……1
【繊維製品】
東レ……1
【化学】
プロクター・アンド・ギャンブル・ジャパン……1
三菱ケミカル……1
資生堂……1
富士フイルム……2
【ゴム製品】
ブリヂストン……1
【鉄鋼】
JFEスチール……3
日本製鉄……2

【非鉄金属】
住友電気工業……1
【機械】
住友重機械工業……1
【電気機器】
EIZO……1
SMK……1
日本IBM……2
日本テキサス・インスツルメンツ……1
日立製作所……2
【精密機器】
テルモ……1
【その他製品】
PCIソリューションズ……1
バンダイナムコアミューズメント……1
【電気・ガス業】
九州電力……1
【陸運業】
南海電気鉄道……1
日本交通……1
【倉庫・運輸関連業】
ヒガシトゥエンティワン……1
【情報・通信業】
baton……1
KDDI……1
NECソリューションイノベータ……1
NHK……6
NHKプロモーション……1
NTTコミュニケーションズ……1
NTTコムソリューションズ……1
NTTドコモ……1
OneFIN……1
RIDDLER……1
エヌシーアイ総合システム……1
グーグル……1
ソニーデジタルネットワークアプリケーションズ……1
ニッポン放送……1
パナソニックシステムソリューションズジャパン……1
バンダイナムコエンターテインメント……2
ピーアンドアイ……1
ピクシブ……1
ルーデル……1
ルクレ……1
共同通信社……1
三菱UFJインフォメーションテクノロジー……1
日本プロセス……1
日本通信……1
日立社会情報サービス……1
野村総合研究所……1
【卸売業】
グロー……1
伊藤忠エネクス……1
三井物産……1
三菱商事……1
【小売業】
ジーユー……1
ニトリ……3
【銀行業】
ドイツ銀行……1
みずほフィナンシャルグループ……1
ゆうちょ銀行……1
りそな銀行……1
三井住友銀行……5
三菱UFJ銀行……2
商工組合中央金庫……1
【証券、商品先物取引業】
SMBC日興証券……3
みずほ証券……1
野村証券……1
【保険業】
アクサ生命……1
アドバンテッジリスクマネジメント……1
住友生命……3
第一生命……2
東京海上日動火災……2
日本生命……2
【その他金融業】
あずさ監査法人……2
ニューバーガー・バーマン……1
日本住宅ローン……1
日本証券金融……1
日本政策金融公庫……1
日本政策投資銀行……1
【不動産業】
シーアールイー……1
森ビル……1
東急不動産……1
東京建物……1
日鉄興和不動産……1
日本商業開発……1
武蔵コーポレーション……1
【サービス業】
A.T.カーニー……1
BUZZCAST……1
JTB……1
KPMGコンサルティング……1
Macbee Planet……1
PwCコンサルティング……2
YCP Solidiance……1
アーティスホールディングス……1
アイ・アールジャパン……1
アイレップ……1
アクセンチュア……6
アビームコンサルティング……3
オークネット……1
オースビー……2
オープンリソース……1
クニエ……1
クロスフィールド……1
サーチファーム・ジャパン……1
サイバーエージェント……1
スローガン……1
ソニーミュージックグループ……1
ディー・エヌ・エー……1
デロイト　トーマツ　コンサルティング……2
トランスコスモス……1
ニューオータニ……1
パーソルテクノロジースタッフ……1
バーチャレクス・コンサルティング……1
ビジョン・コンサルティング……1
フォースバレー・コンシェルジュ……1
プライム・ブレインズ……1
ベイカレント・コンサルティング……1
ベイン・アンド・カンパニー……2
みずほ情報総研……2
メディヴァ……1
やる気スイッチグループ……1
ユナイテッド……1
リカレント……1
リクルートホールディングス……1
リップル・マーク……1
リンク・インタラック……1
旭化成アミダス……1
楽天……5
宮寺税理士事務所……1
四季……1
終活ねっと……1
星野リゾート……1
直島文化村……1
東日本高速道路……1
日本ウィルテックソリューション……1
日本入試センター……1
【新聞・出版・広告】
KADOKAWA……5
朝日広告社……1
アベイズム……1
セプテーニ……1
中央法規出版……1
ディスカヴァー・トゥエンティワン……1
プレジデント社……1
光村図書出版……1
講談社……1
集英社……1
電通……1
博報堂……2
北海道新聞社……1
毎日新聞社……1
有斐閣……1
【教員・研究員・図書館等】
JTB総合研究所……1
新潟県公立学校……1
国立国会図書館……1
【その他】
ジェロントピア新潟……1
一路会……1
国民健康保険中央会……1

不明……15

教育学部（51人）

【官公庁】
国土交通省……1
経済産業省……1
総務省……1
東京都……2
文部科学省……1
【建設業】
大林組……1
【化学】
富士フイルム……1
【電気機器】
日本IBM……1
【その他製品】
凸版印刷……1
【情報・通信業】
NTTドコモ……1
コーエーテクモホールディングス……1
ジャステック……1
テレビ朝日……1
フューチャーアーキテクト……1
【卸売業】
網屋……1
丸紅……1
三井物産……1
三菱商事……3
【小売業】
ニトリ……1
【銀行業】
りそな銀行……1
三菱UFJ銀行……1
信金中央金庫……1
【保険業】
全国共済農業協同組合連合会……1
東京海上日動火災……2
【その他金融業】
シンプレクス・アセット・マネジメント……1
【不動産業】
三井不動産……2
野村不動産……1
【サービス業】
KPMG……1
アクセンチュア……1
アパグループ……1
エッグフォワード……1
ケイスリー……1
シンカ……1
ツクルバ……1
ビッグツリーテクノロジー&コンサルティング……1
フラクタ……1
プログリット……1
メディクルード……1
リクルート……1
リソー教育……1
河合塾……1
中萬学院グループ……1
【新聞・出版・広告】
集英社……1
図書館流通センター……1
【教員・研究員・図書館等】
駒場学園高……1
三幸学園……1

教養学部（76人）

【官公庁】
外務省……3
経済産業省……1
国土交通省……1
総務省……1
内閣府……1
防衛省……1
【石油・石炭製品】
JXTGエネルギー……1
【ガラス・土石製品】
太平洋セメント……1
【機械】
ダイキン工業……1
【電気機器】
アンカー……1
【その他製品】
オカムラ……1
凸版印刷……1
【電気・ガス業】
大阪ガス……1
【陸運業】
JR東日本……1
【海運業】
日本郵船……1
【空運業】
JAL……1
【情報・通信業】
NHK……1
アマゾンウェブサービスジャパン……1
共同コンピュータ……1
バンダイナムコエンターテインメント……1
ユーフォテーブル……1
共同通信社……1
野村総合研究所……2
【卸売業】
三菱商事……1
【小売業】
エルシーアイ……1
紀伊國屋書店……1
ゲンキー……1
ゴルフダイジェスト・オンライン……1
【銀行業】
みずほフィナンシャルグループ……1
国際協力銀行……1
三菱UFJ銀行……1
【証券、商品先物取引業】
その他……1
【その他金融業】
SMBC日興セキュリティーズ……1
日本政策金融公庫……1
【不動産業】
イオンモール……1
【サービス業】
A.T.カーニー……3
CHILLNN……1
L.E.K.コンサルティング……1
アーティスホールディングス……1
アーンスト・アンド・ヤング……1
揚羽……1
イグニッション・ポイント……1
エムスリー……1
エンハンス　エクスペリエンス……1
オトバンク……1
カフェ・カンパニー……1
PwCコンサルティング……2
ベイン・アンド・カンパニー……1
マーサージャパン……1
マーズ・アンド・コー・コンサルティング・ジャパン……1
マッキンゼー・アンド・カンパニー……1
経営共創基盤……1
日本入試センター……1
日本旅行……1
【新聞・出版・広告】
KADOKAWA……1
朝日新聞社……1
読売新聞……1
日本経済新聞社……2
博報堂……2
文藝春秋……1
【教員・研究員・図書館等】
栄東中高……1
高田学苑……1
ローラス　インターナショナル　スクール　オブ　サイエンス……1
東京工業大学……1
東京大学……1
八王子実践高……1
【その他】
国際協力機構……1
中央労働災害防止協会……1

理学部（16人）

【官公庁】
厚生労働省……1
【石油・石炭製品】
太陽石油……1
【電気機器】
キヤノンメディカルシステムズ……1

富士通……1
【輸送用機器】
SOLIZE Engineering……1
【情報・通信業】
ソフトバンク……2
mirate……1
野村総合研究所……1
【保険業】
三井住友海上火災……2
太陽生命……1
明治安田生命……1
【サービス業】
吉本興業……1
【その他】
不明……2

工学部（112人）

【官公庁】
経済産業省……2
国土交通省……2
埼玉県……1
総務省……1
東京都……1
特許庁……2
文部科学省……1
横須賀市……1
【独立行政法人・大学法人】
都市再生機構……2
【建設業】
清水建設……3
中日本高速道路……1
【食料品】
サントリーホールディングス……1
【パルプ・紙】
レンゴー……1
【石油・石炭製品】
出光興産……1
【ゴム製品】
ブリヂストン……1
【非鉄金属】
住友電気工業……1
【機械】
エスユーエス……1
セガ……1
ダイキン工業……1
三菱重工業……1
【電気機器】
アズビル……1
ソニー……2
東芝インフラシステムズ……1
【輸送用機器】
スズキ……1
日産自動車……1
【その他製品】
コスモ……1
ポケモン……1
大日本印刷……1
任天堂……1
【電気・ガス業】
東京パワーテクノロジー……1
北陸電力……1
【陸運業】
東急……1
【空運業】
ANA……1
JAL……2
【情報・通信業】
AppBrew……1
LIFULL……1
NHK……1
NTTコミュニケーションズ……1
NTTデータ……2
pluszero……2
イマクリエイト……1
エイム……1
オービック……1
グーグル……2
グリー……1
コーエーテクモホールディングス……1
ソフトバンク……1
データフォーシーズ……1
テレビ東京ホールディングス……1
トヨタシステムズ……1
フィックスポイント……1
メルカリ……1
ライテック……1
ラクス……1
日本テレビ放送網……1
日本ビジネス開発……1
【卸売業】
伊藤忠商事……1
丸紅……2
三井物産……1
三菱商事……1
【銀行業】
三井住友銀行……1
信金中央金庫……1
【証券、商品先物取引業】
ゴールドマンサックス証券……1
【保険業】
エヌエヌ生命……1
東京海上日動火災……1
日本生命……1
アフラック生命保険……1
【その他金融業】
あずさ監査法人……1
Mastercard……1
【不動産業】
GA Technologies……1
三井不動産……2
【新聞・出版・広告】
博報堂……1
【サービス業】
aschool……1
A.T.カーニー……1
COMPASS……1
FiNC Technologies……1
P&Eディレクションズ……1
PwCあらた監査法人……1
アクセンチュア……1
エムシーデジタル……1
カバー……1
サイバーエージェント……1
シグマクシス……1
セレス……1
デロイト トーマツ コンサルティング……2
ビッグツリーテクノロジーアンドコンサルティング……2
マッキンゼー・アンド・カンパニーインコーポレイテッドジャパン……1
レイス……1
ローランド・ベルガー……1
楽天……1
日水コン……1
日本工営……1
三菱総合研究所……1
【その他】
奥山ダンススクール……1
不明……3

農学部（87人）

【官公庁】
国土交通省……1
経済産業省……1
警察庁……1
東京都……2
特許庁……2
農林水産省……2
【食料品】
ハウス食品……1
日本たばこ産業……1
【医薬品】
エーザイ……1
バイエル薬品……1
【石油・石炭製品】
JXTGエネルギー……1
【ゴム製品】
ブリヂストン……1
【機械】
荏原製作所……1
【輸送用機器】
豊田自動織機……1
【電気・ガス業】
東京電力……1

【陸運業】
JR西日本……1
JR東日本……1
日本郵便……1
【情報・通信業】
NTTコミュニケーションズ……1
RPAホールディングス……1
Sky……1
鉄道情報システム……1
日鉄ソリューションズ……1
パルシス……1
医療情報総合研究所……1
三井情報……1
日本システム……1
【卸売業】
丸紅……1
三井物産……2
三菱商事……1
住友商事……1
【小売業】
コナミデジタルエンタテイメント……1
【銀行業】
みずほフィナンシャルグループ……1
三井住友銀行……2
三菱UFJ銀行……2
三菱UFJ信託銀行……1
【証券、商品先物取引業】
SMBC日興証券……2
ゴールドマンサックス証券……1
みずほ証券……1
大和証券……3
野村証券……1
【保険業】
あいおいニッセイ同和損保……1
住友生命……1
東京海上日動火災……2
日本生命……1
【その他金融業】
日本政策投資銀行……2
農林中央金庫……1
【不動産業】
ファミリーコーポレーション……1
三井不動産……1
【サービス業】
A.T.カーニー……1
EY新日本有限責任監査法人……1
haco.……1
SIGMAXYZ……1
アクセンチュア……4
アビームコンサルティング……2
アマゾンジャパン……1
エムスリー……1
オンダ国際特許事務所……1
サイバーエージェント……1
デロイト トーマツ コンサルティング……1
PwC Japan……1
プランテックコンサルティング……1
プレナス……1
那須どうぶつ王国……1
博報堂コンサルティング……1
【新聞・出版・広告】
メディックメディア……1
【教員・研究員・図書館等】
農業・食品産業技術総合研究機構……1
その他（中学校）……1
【その他】
山口獣医科病院……1
全国農業協同組合中央会……1
全国農業協同組合連合会……1
日本民主青年同盟東京都委員会……1

医学部（107人）

《医学科100人》

【教員・研究員・図書館等】
国立国際医療研究センター……1
【病院】
JR東京総合病院……2
NTT東日本関東病院……1
国立国際医療センター病院……2
国立国際医療研究センター国府台病院……2
小牧市民病院……1
滋賀県立総合病院……1
自治医科大学附属病院……1
東京医療センター……1
沼津市立病院……2
みさと健和病院……1
南生協病院……1
横浜労災病院……1
沖縄県立中部病院……1
関東労災病院……2
亀田総合病院……1
健康長寿医療センター……1
虎の門病院……3
国保旭中央病院……3
三井記念病院……1
三楽病院……1
自治医科大学附属さいたま医療センター……1
焼津市立総合病院……1
新潟市民病院……1
諏訪中央病院……1
聖路加国際病院……1
千葉西総合病院……1
多摩総合医療センター……1
大久保病院……1
竹田綜合病院……1
天理よろづ相談所病院……1
東京警察病院……1
東京新宿メディカルセンター……3
東京大学医学部附属病院……17
東京通信病院……3
藤枝市立総合病院……1
日本赤十字社医療センター……4
名戸ヶ谷病院……1
【その他】
不明……30

《健康総合科学科7人》

【化学】
P&G……1
【情報・通信業】
ジョリーグッド……1
【サービス業】
山田コンサルティンググループ……1
【教員・研究員・図書館等】
国立精神・神経医療研究センター……1
【病院】
東京大学医学部附属病院……1
国立がん研究センター東病院……1
【その他】
日本赤十字社埼玉県支部……1

薬学部（10人）

《薬学科8人》

【化学】
カネカ……1
【医薬品】
アステラス製薬……1
協和キリン……1
ファイザーR&D……1
第一三共……1
【卸売業】
サンリオ……1
【銀行業】
三井住友信託銀行……1
【サービス業】
マッキンゼー・アンド・カンパニー……1

《薬科学科2人》

【医薬品】
廣貫堂……1
【情報・通信業】
ヤフー……1

法学政治学研究科（14人）

《修士課程（4人）》

【建設業】
フジタ……1
【保険業】
日本生命……1
【サービス業】
大江橋法律事務所……1
有限責任監査法人トーマツ……1

《博士課程（4人）》
【教員・研究員・図書館等】
東京大学……1
日本学術振興会……1
【その他】
不明……2
《専門職学位課程（6人）》
【官公庁】
横浜地方裁判所……1
衆議院法制局……1
【教員・研究員・図書館等】
東京大学……2
【その他】
不明……2

経済学研究科（67人）

《修士課程（58人）》
【官公庁】
財務省……1
【電気機器】
日本IBM……1
【その他製品】
FunPlus Game……1
【情報・通信業】
alibaba China……1
avepoint japan……1
ByteDance……1
IBMサービス……1
SRA……1
ガイアモバイル……1
ドリームアーツ……1
ブレインパッド……1
ラクスパートナーズ……1
日本TCS……1
【小売業】
Meituan……1
【銀行業】
Postal Savings Bank of China……1
招商銀行……1
三井住友銀行……1
三井住友信託銀行……1
【証券、商品先物取引業】
大和証券……1
中信証券……1
野村證券……1
三菱UFJモルガン・スタンレー証券……2
【保険業】
大樹生命保険……1
日本生命……3
三井住友海上火災……1
明治安田生命……1
プルデンシャル生命……1
平安健康……1
【その他金融業】
China Renaissance……1
CRIC……1
MONEY DESIGN……1
アセットマネジメントOne……1
シンプレクス……1
みずほフィナンシャルグループ……1
工銀安盛……1
【サービス業】
Deloitte Touche Tohmatsu……1
KPMGコンサルティング……2
PwCあらた監査法人……1
Simon Kucher Partners……1
アクセンチュア……3
アビームコンサルティング……1
クラウドワークス……1
デロイト トーマツ コンサルティング……2
トーマツ……3
楽天……1
ローランド・ベルガー……1
有信……1
【新聞・出版・広告】
東洋経済新報社……1
【その他】
技術職……1
《博士課程（9人）》
【サービス業】
リクルートワークス研究所……1
【金融業】
GCIアセット・マネジメント……1
【教員・研究員・図書館等】
秀明大学……1
東京大学……2
東京理科大学……2
名古屋大学……1
早稲田大学……1

人文社会系研究科（91人）

《修士課程（49人）》
【官公庁】
海上自衛隊……1
国立市……1
駐カザフスタン日本大使館……1
埼玉県教育委員会……1
【独立行政法人・大学法人】
国際交流基金……1
【建設業】
オロ……1
【繊維製品】
ワコール……1
【化学】
資生堂……1
【電気機器】
パナソニック……1
日本IBM……1
富士通……1
【輸送用機器】
三菱ふそうトラック・バス……1
【情報・通信業】
MUS情報システム……1
エリクソン・ジャパン……1
大和総研……1
みずほ総合研究所……1
【卸売業】
三井物産……1
【サービス業】
KMPGコンサルティング……1
アリア・エンターテインメント……1
シグマクシス……2
デロイト・トーマツ……1
ナガセ……1
広芸インテック……1
【新聞・出版・広告】
KADOKAWA……1
出版文化社……1
早川書房……1
毎日新聞社……1
【教員・研究員・図書館等】
国立国会図書館……1
上野学園……1
神戸学園……1
浅野学園……1
東京大学……2
片柳学園……1
【その他】
小説家……1
妙行寺……1
未定……12
《博士課程（42人）》
【官公庁】
内閣府……1
【教員・研究員・図書館等】
ソウル大学……1
東京大学……11
京都産業大学……1
京都先端科学大学……1
国立がん研究センター……1
桜美林大学、千葉工業大学……1
身延山大学……1
四国大学……1
信州大学……1
清泉女子大学、成蹊大学……1
聖心女子大学……1
早稲田大学……1
電気通信大学……1
嶋田学園……1
東京外国語大学……1
東京工業大学……1
東北大学……1
東洋大学……1

日本学術振興会 3
武蔵野美術大学 1
立命館大学 1
和洋女子大学 1
その他(研究生) 2
【その他】
不明 5

教育学研究科(48人)

《修士課程(29人)》

【官公庁】
厚生労働省 2
文化庁 1
文部科学省 3
【独立行政法人・大学法人】
東京都公立大学法人 1
国際協力機構 1
【鉄鋼】
日本製鉄 1
【電気機器】
キーエンス 1
パナソニック 中国・北東アジア社 1
【その他製品】
エポック社 1
【陸運業】
日本郵便 1
【情報・通信業】
三菱UFJリサーチ&コンサルティング 1
その他 1
【銀行業】
三井住友信託銀行 1
【サービス業】
JPホールディングス 1
LITALICO 1
シェイク 1
プライスウォーターハウスクーパース 1
【教員・研究員・図書館等】
市川学園 1
佐藤栄学園 1
富士見中高 1
若狭高 1
開智学園 1
【病院】
国際医療福祉大学三田病院 1
【その他】
Learning for All 1
木下の保育 1
ユースポート横濱 1

《博士課程(19人)》

【官公庁】
町田市 1
東京国税局 1
【独立行政法人・大学法人】
一橋大学 1
東京大学 1
【教員・研究員・図書館等】
倉敷芸術科学大学 1
ベネッセ教育総合研究所 2
早稲田大学 1
京都先端科学大学 1
金沢大学 1
慶應義塾高等学校 1
弘前学院大学 1
中村学園大学 1
鳥取大学 1
東京女子大 1
奈良先端科学技術大学院大学 1
福岡大学 1
立教大学 1
労働政策研究・研修機構 1

総合文化研究科(169人)

《修士課程(113人)》

【官公庁】
国際交流基金 1
昭和館 1
人事院 1
那覇市 1
福岡国税局 1
総務省 1
文部科学省 1
【独立行政法人・大学法人】
国際観光振興機構 1
国際協力機構 1
東京大学 1
【建設業】
コーアド 1
【食料品】
湖池屋 1
【繊維製品】
ワコール 1
菅公学生服 1
【化学】
Tencent 1
ピアス 1
資生堂 1
日本エア・リキード 1
【医薬品】
フナコシ 1
ベーリンガーインゲルハイム製薬 1
マンダム 1
武田薬品工業 1
【石油・石炭製品】
大協精工 1
東亜石油 1
【ガラス・土石製品】
旭硝子 1
【機械】
IHI 2
【電気機器】
キーエンス 1
ソニー 1
三菱電機 1
日本IBM 2
富士通 1
【輸送用機器】
トヨタ自動車 1
マツダ 1
本田技研工業 1
【精密機器】
ソニーセミコンダクタソリューションズ 1
日立ハイテクノロジーズ 1
【その他製品】
エルメスジャポン 1
ポケモン 1
任天堂 2
【陸運業】
ANAテレマート 1
【空運業】
JAL 1
【情報・通信業】
ALBERT 1
NTTコミュニケーションズ 1
NTTコムウェア 1
UiPath 1
インテージ 1
エウレカ 1
オロ 1
キュービック・アイ 1
グーグル 1
ハル研究所 1
マルチコミュニケーション 1
時事通信社 1
情報企画 1
朝日ネット 1
野村総合研究所 2
【卸売業】
DKSHジャパン 1
【銀行業】
三井住友銀行 1
【保険業】
損保ジャパン日本興亜 1
【その他金融業】
三菱UFJ国際投信 1
【サービス業】
Benesse BE Studio 1
PwCあらた監査法人 4
PwCコンサルティング 1
PwCサステナビリティ 1
アクセンチュア 1
オープンリソース 2
サイバーエージェント 2
シミック 2

デロイト トーマツ コンサルティング … 4
ベイカレント・コンサルティング … 1
ベイン・アンド・カンパニー … 1
リクルート … 2
リクルートライフスタイル … 1
レオス・キャピタルワークス … 1
レバレジーズグループ … 1
楽天 … 1
日本インサイトテクノロジー … 1
名校志向塾 … 1

【新聞・出版・広告】
KADOKAWA … 1
岩波書店 … 1
講談社 … 2
春風社 … 1
電通 … 1
博報堂 … 1

【教員・研究員・図書館等】
電力中央研究所 … 1
ブレーンバンク … 1
行知学園 … 1

【その他】
シンガーソングライター … 1
フリーランス … 1
リニカル … 1
ワールド・ビジョン・ジャパン … 1
医療法人藤弘会 … 1
円満寺 … 1
全国共済農業協同組合連合会 … 1
翻訳家 … 1
不明 … 3

《博士課程(56人)》

【官公庁】
科学警察研究所 … 1

【化学】
カネカ … 1
積水化学工業 … 1
日本触媒 … 1

【医薬品】
医薬基盤・健康・栄養研究所 … 1

【鉄鋼】
日立金属 … 1

【電気機器】
不明 … 1
堀場製作所 … 1

【卸売業】
日立ハイテクノロジーズ … 1

【教員・研究員・図書館等】
University of California, San Francisco … 1
青山学院大学 … 1
アジア歴史資料センター … 1
アモイ大学 … 1
順天堂大学 … 1
シンガポール国立大学 … 1
愛知大学 … 1
京都大学 … 1
高麗大学校 … 1
国文学研究資料館 … 1
国立スポーツ科学センター … 1
鹿児島大学 … 1
秀明大学 … 1
神奈川大学 … 1
早稲田大学 … 1
大阪市立大学 … 1
大阪大学 … 1
筑波大学 … 1
東京大学 … 10
東京理科大学 … 1
藤田医科大学 … 1
日本学術振興会 … 2
日本体育大学 … 1
非常勤講師 … 1
武蔵大学 … 1
武蔵野美術大学 … 1
法政大学 … 1
名古屋大学 … 1
明治大学 … 1
理化学研究所 … 2

【その他】
国連難民高等弁務官事務所 … 1
国連本部 … 1
漫画家 … 1
不明 … 3

理学系研究科(258人)

《修士課程(132人)》

【官公庁】
石川県 … 1
海上保安庁 … 1
気象庁 … 2
経済産業省 … 1
東京都 … 1
特許庁 … 1

【独立行政法人・大学法人】
情報処理推進機構 … 1

【建設業】
大成建設 … 1

【食料品】
日本水産 … 1

【化学】
ダウ・ケミカル … 1
旭化成 … 2
花王 … 1
資生堂 … 1
住友化学 … 1
信越化学工業 … 1
東京応化工業 … 1

【医薬品】
日本ジェネリック … 1
久米製薬 … 1

【石油・石炭製品】
JXTGエネルギー … 1
JX石油開発 … 1
コスモエネルギーホールディングス … 1

【非鉄金属】
JX金属 … 1
三菱マテリアル … 1

【機械】
IHI … 1
ダイキン工業 … 2
ディスコ … 1
リガク … 1

【電気機器】
Elensdata … 1
NEC … 1
キーエンス … 1
キヤノン … 2
華為技術 … 1
三菱電機 … 1
日本IBM … 4
日本IBMシステムズ・エンジニアリング … 1
日立製作所 … 4
富士通 … 4

【輸送用機器】
三恵技研工業 … 1

【精密機器】
テルモ … 1
マグネスケール … 1
アルプス・アルパイン … 1
キオクシア … 1

【その他製品】
Unilever … 1
アクア … 1
トキワ … 1
協和キリン … 1

【電気・ガス業】
東京パワーテクノロジー … 1

【陸運業】
東京都交通局 … 1

【情報・通信業】
Indeed Japan … 1
NABLAS … 1
NTT … 1
NTTデータ … 2
NTTデータニューソン … 1
SCSK … 1
SHIFT … 1
インタープリズム … 1
エムティーストラテジー … 1
オービック … 1
コアコンセプト・テクノロジー … 1
ソフトバンク … 2
ナウキャスト … 1
プリファード・ネットワークス … 2
メテオテック・ラボ … 1
リンクス … 1

構造計画研究所 2
三菱総研DCS 1
三菱総合研究所 1
東京ガスｉネット 1
日鉄ソリューションズ 4
日本タタ・コンサルタンシー・サービシズ 1
日本プロセス 1
日本総合研究所 1
野村総合研究所 1
【卸売業】
日立ハイテクノロジーズ 1
三菱商事 1
【小売業】
アマゾン 1
【銀行業】
みずほフィナンシャルグループ 1
三井住友銀行 1
【証券、商品先物取引業】
JPモルガン証券 1
ウェルズ・ファーゴ証券 1
シティグループ証券 1
モルガン・スタンレーMUFG証券 1
松井証券 1
【保険業】
あいおいニッセイ同和損保 1
トーア再保険 1
東京海上日動火災 1
【その他金融】
シンプレクス 1
【サービス業】
IQVIAソリューションズジャパン 1
JSOL 1
MINDRAY Medical International 1
PwC JAPAN 1
アーサー・D・リトル・ジャパン 1
アクセンチュア 3
ディー・エヌ・エー 1
デロイト トーマツ コンサルティング 1
プライスウォーターハウスクーパース 1
プロレド・パートナーズ 1
ベイカレント・コンサルティング 1
リクルート 2
旭化成アミダス 1
楽天 2
上海専利商標事務所 1
大和総研 1
【新聞・出版・広告】
丸善出版 1
【教員・研究員・図書館等】
私立細田学園中学校・高等学校 1
私立明治大学付属中野中学・高等学校 1
新エネルギー・産業技術総合開発機構 1
日本原子力研究開発機構 1

《博士課程（126人）》

【官公庁】
警察庁 1
栃木県 1
農林水産省 1
【独立行政法人・大学法人】
産業技術総合研究所 3
【繊維製品】
東レ 1
【化学】
三井化学 2
三菱ケミカル 1
資生堂 1
住友化学 1
【医薬品】
小野薬品工業 1
協和キリン 1
【鉄鋼】
日本製鉄 1
【機械】
住友重機械工業 1
大阪市立大学 1
大阪大学 1
筑波大学 1
東京大学 10
東京理科大学 1
藤田医科大学 1
日本学術振興会 2
日本体育大学 1
非常勤講師 1
武蔵大学 1
武蔵野美術大学 1
法政大学 1
名古屋大学 1
明治大学 1
理化学研究所 2
【その他】
国連難民高等弁務官事務所 1
国連本部 1
漫画家 1
不明 3
【電気機器】
コニカミノルタ 1
サムスン 1
東芝 1
日置電機 1
日立製作所 2
HOYAブランクス事業部 1
【輸送用機器】
トヨタ自動車 1
【精密機器】
QunaSys 1
キオクシア 1
ニコン 1
【情報・通信業】
ACCESS 1
NTT研究所 1
PKSHA Technology 1
コアコンセプト・テクノロジー 1
ソフトバンク 1
フューチャー 1
プリファード・ネットワークス 1
三菱総合研究所 1
ALBERT 2
ZOZOテクノロジーズ 1
キャッツ 1
テクノスデータサイエンス・エンジニアリング 1
【卸売業】
DKSH Japan 1
【証券、商品先物取引業】
大和証券 2
大和証券投資信託委託 1
野村證券 2
三菱UFJモルガン・スタンレー証券 1
【その他金融業】
シンプレクス 1
【不動産業】
ギャラップ 1
【サービス業】
サンケイエンジニアリング 1
楽天 1
科学計算総合研究所 1
GRI 1
日本アムスコ 1
【教員・研究員・図書館等】
お茶の水女子大学 1
ジョンズ・ホプキンス大学 1
テキサス大学 1
マックス・プランク研究所 1
宇都宮大学 1
海洋研究開発機構 2
京都大学 1
九州大学 3
慶應義塾大学 1
高エネルギー加速器研究機構 1
国立国際医療研究センター 1
国立天文台 2
新潟大学 2
大阪大学 3
筑波大学 1
東京大学 24
日本科学未来館 1
日本学術振興会特別研究員 1
防災科学技術研究所 1
理化学研究所 8
琉球大学 2
Fudon University 1

University of Wisconsin—Milwaukee……1
Tsinghua University……1
パリ師範学校……1
ヘブライ大学……1
ワシントン大学……1
江戸川大学……1
千葉工業大学……1
八王子実践高校……1
立教大学……1
The institue of Physics, Croatia……1
ドイツ国立理工学研究所……1

【その他】

不明……1

工学系研究科（825人）

《修士課程（687人）》

【官公庁】

Ministry of Public Works and Transport……1
Ministry of Railways, India……1
National Environment Agency……1
National Roads Authority, Gambia……1
Public Works Department……1
環境省……2
金融庁……1
経済産業省……3
国土交通省……10
水産庁……1
総務省……1
東京都……2
東京都商連……1
富山県……1
特許庁……1
日本銀行……2
農林水産省……1
横浜市……1

【独立行政法人・大学法人】

都市再生機構……2
鉄道・運輸機構……1

【建設業】

JFEエンジニアリング……3
大林組……4
鹿島建設……5
清水建設……5
大成建設……4
竹中工務店……5
日建設計……5
三菱地所設計……3
隈研吾建築都市設計事務所……2
LIXIL……1
オリエンタルコンサルタンツ……1
ミサワホーム……1
高砂熱学工業……1
小野寺康都市設計事務所……1
前田建設工業……1
大和ハウス工業……1
日揮……1
日本設計……1
日立ビルシステム……1
日揮グローバル……3
AKI HAMADA……1
IAO竹田設計……1
IHIインフラシステム……1
三井住友建設……1
National Building Organization……1
Noiz Architects……1
TAKANO LANDSCAPE PLANNING……1
オープン・エー……1
オープンハウスアーキテクト……1
安藤ハザマ……1
奥村組……1
山田紗子建築設計事務所……1
日本住宅保証検査機構……1
如是アトリエ……1
不明……4

【食料品】

アサヒ飲料……1
キリンホールディングス……1
コカ・コーラボトラーズジャパン……1
サントリーホールディングス……1
味の素……2

【繊維製品】

東レ……4
帝人……2

【化学】

JSR……1
LG……1
P&G……1
P&Gジャパン……1
シオノギファーマ……1
スリーエムジャパンプロダクツ……1
ブラザー工業……1
旭化成……8
宇部興産……1
花王……1
三菱ガス化学……1
三菱ケミカル……7
資生堂……2
住友化学……2
小林製薬……1
昭和電工……1
信越化学工業……1
積水化学工業高機能プラスチックスカンパニー……1
東ソー……1
東和耐火工業……1
日本エア・リキード……1
富士フイルム……6
不明……1

【医薬品】

アステラス製薬……1
大正製薬……2
日本メジフィジックス……1

【石油・石炭製品】

JXTGエネルギー……6

【ゴム製品】

ブリヂストン……4

【ガラス・土石製品】

旭硝子……4

【鉄鋼】

JFEスチール……5
Primetals Technologies Japan……1
日本製鉄……7

【非鉄金属】

JX金属……1
UACJ……2
住友電気工業……4
フジクラ……2
古河電気工業……1

【鉱業】

INPEX……1
国際石油開発帝石……1

【機械】

Denso AUTOMOTIVE……1
HIKVISION……1
HORIBA……1
IHI……6
JSL Uz Auto Motors……1
MUJIN……1
クボタ……1
ジョンソンコントロールズ日立空調……1
ダイキン工業……2
ディスコ……1
栗田工業……1
小松製作所……5
住友重機械工業……1
日鉄エンジニアリング……1
日本精工……1
日立造船……1
三井海洋開発……1

三菱重工業 13
不明 1

【電気機器】

GEヘルスケア・ジャパン 1
NEC 4
Texas Instruments Japan 1
エリクソン・ジャパン 2
キーエンス 3
キオクシア 1
キヤノン 3
キヤノンメディカルシステムズ 1
コニカミノルタ 1
サンディスク 2
シスメックス 1
セイコーエプソン 1
ゼットエムピー 1
ソニー 13
パナソニック 5
ファナック 4
マイクロンメモリジャパン 4
リコー 1
ローム 1
安川電機 1
華為技術 3
華為技術日本 1
上海華為技術 1
京セラ 1
三菱電機 3
村田製作所 1
日本IBM 3
日本エー・エス・エム 1
日本光電工業 1
日立国際電気 1
日立製作所 8
富士通 6
富士通オプティカルコンポーネンツ 1
不明 1

【輸送用機器】

Shanghai Volkswagen 1
ターボシステムズユナイテッド 1
デンソー 8
トヨタ自動車 14
マツダ 1
川崎重工業 3
日産自動車 5
豊田自動織機 3
本田技研工業 4
本田技術研究所 1

【精密機器】

Beijing Xloong Technologies 1
Dell Technologies 1
Hisilicon(Shanghai) 1
Lily MedTech 1
nidec 1
Taiwan Semiconductor Manufacturing Company 1
アルチップ・テクノロジーズ 1
オリンパス 1
ソニーインタラクティブエンタテイメント 1
ソニーグローバルマニュファクチャリング&オペレーションズ 1
ソニーセミコンダクタソリューションズ 1
ソニーセミコンダクタマニュファクチャリング 1
テルモ 1
島津製作所 1
東芝デバイス&ストレージ 1
東芝メモリ 1
日本テキサス・インスルメンツ 1
半導体エネルギー研究所 1

【その他製品】

TOSHIBA INFRASTRUCTURE SYSTEMS AND SOLUTIONS CORPORATION 1
コアコンセプトテクノロジー 1
ノメナ 1
ポーラ化成工業 1
ポケモン 1
東芝エネルギーシステムズ 1
凸版印刷 1
日本シノプシス 1
日本電子 1

【電気・ガス業】

関西電力 3
東京ガス 3
東京電力 2
東京電力パワーグリッド 2
東京電力ホールディングス 3
中部電力 1
不明 1

【陸運業】

JR東海 4
JR東日本 4
JR北海道 1
Systra 1
順豊科技 1
小田急電鉄 1
東京地下鉄 1

【海運業】

商船三井 1

【空運業】

ANA 1
JAL 1

【情報・通信業】

ACES 1
Amazon Web Services 2
Bitflyer Blockchain 1
CRIミドルウェア 1
Ctrip 1
Cygames 1
GRI 1
Gunosy 1
Huobi Japan 1
KDDI 1
Laboro.AI 1
LINE 2
NHK 1
NTT 1
NTTコミュニケーションズ 1
NTTデータ 8
NTTデータシステム技術 1
NTTドコモ 1
NTT東日本 2
Sky 1
Speee 1
アクロクエストテクノロジー 1
アマゾンウェブサービスジャパン 1
ヴイエムウェア 2
ウェザーニューズ 2
オプティム 1
シスコシステムズ 1
セック 1
ソフトバンク 4
ソフトバンクグループ 1
ダッソー・システムズ 1
ドワンゴ 1
パナソニックシステムソリューションズジャパン 1
ハル研究所 1
フィックスターズ 1
フューチャー 1
ブレインズテクノロジー 1
マクロミル 1
ヤフー 1
レバレジーズ 1
ワークスアプリケーションズ 1
構造計画研究所 1
三菱総合研究所 5
東海テレビ 1
日鉄ソリューションズ 7
日本タタ・コンサルタンシー・サービシズ 2
日本マイクロソフト 1
日本総合研究所 3
農中情報システム 1
富士フイルムメディカル 1
Tソリューションズ 1
野村総合研究所 15

【卸売業】

住友商事 1

光アルファクス……1
丸紅……2

【小売業】

ピーシーデポコーポレーション……1

【銀行業】

中国建設銀行……1
三井住友銀行……3
三菱UFJ銀行……1

【証券、商品先物取引業】

JPモルガン証券……2
SMBC日興証券……2
ゴールドマンサックス証券……2
Goldman Sachs(Singapore)……1
シティグループ証券……3
ドイツ証券……2
バークレイズ証券……1
みずほ証券……2
メリルリンチ日本証券……2
モルガン・スタンレーMUFG証券……2
大和証券……3
野村證券……6

【保険業】

第一生命……1
東京海上日動火災……4
日本生命……1
プルデンシャル生命……2
三井住友海上火災……4

【その他金融業】

Bloomberg L.P.……1
Innovexcite Consulting Service……1
JP Morgan Asset Management……1
JZ securities.……1
KPMG Huazhen……1
TF Securities……1
YIGU Asset management……1
シンプレクス……2
ブルームバーグ……1
日本取引所グループ……1
日本政策投資銀行……2
野村アセットマネジメント……1
不明……1

【不動産業】

CR Land……1
Hongkong Land……1
NTT都市開発……1
ヒューリック……2
三井不動産……3
三菱地所……1
大和ライフネクスト……1
東急不動産……1
武蔵コーポレーション……1

【サービス業】

A.T.カーニー……1
Capgemini Japan……1
Corpy……1
DMM GAMES……1
Enhance Experience……1
Ernst & Young(China) Advisory Limited Shenzhen Branch Office……1
EYACC……2
KPMG FAS……1
NETEASE……1
NTD Patent & Trademark Agenc……1
PwCコンサルティング……6
TMI総合法律事務所……1
Transform-edu.……1
アウローラ……1
アクセンチュア……10
アビームコンサルティング……3
アンダーツリー……1
キャップジェミニ……1
クニエ……1
サイバーエージェント……2
シグマクシス……1
チームラボ……1
ディー・エヌ・エー……1
ディーエムエム・ドット・コム……1
デロイト トーマツ コンサルティング……3
デロイトトーマツファイナンシャルアドバイザリー……1
プライスウォーターハウスクーパース……1
ベイカレント・コンサルティング……2
ボストンコンサルティンググループ……1
マッキンゼー・アンド・カンパニー……4
みずほ情報総研……1
メディサイエンスプランニング……1
リクルート……3
リンクアンドモチベーション……2
楽天……2
経営共創基盤……1
志賀国際特許事務所……1
船井総合研究所……1
中日本高速道路……2
東急……2
東日本高速道路……1
日建設計総合研究所……1
日本工営……2
不明……1

【新聞・出版・広告】

博報堂……2
サイエンス社……1

【教員・研究員・図書館等】

医薬品医療機器総合機構……1
宇宙航空研究開発機構……1
Agency for Science, Technology and Research……1
Deutsches Zentrum fuer Luft -und Raumfahrt……1
Idein……1
高知県立大学……1

【その他】

地方公共団体情報システム機構……2
日本海事協会……1
日本気象協会……1
電力中央研究所……1
Mindray……1
Mindray medical……1
その他……1
不明……3

《博士課程(171人)》

【官公庁】

Badan Informasi Geospatial……1
Waper & Power Development Authority of Pakistan……1
環境省……1

【独立行政法人・大学法人】

国際協力機構……1
産業技術総合研究所……2

【建設業】

清水建設……1
新菱冷熱工業……1
東亜建設工業……1
日建設計……2
三井住友建設……1

【化学】

JSR……1
LG化学……1
ダウ・ケミカル……1
ダウ・ケミカル日本……1
旭化成……2
花王……1
住友化学……3
昭和電工……1
東ソー……1
日亜化学工業……1
日本エア・リキード……1
富士フイルム……1

【医薬品】

Craif……1
第一三共……2
中外製薬……1
武田薬品工業……1

【鉄鋼】

金属技研……1

【機械】
MUJIN……1
いすゞ中央研究所……1
IHI……1
ヤンマー……1
【電気機器】
LG電子……1
NEC……1
Strobo……1
キヤノンメディカルシステムズ……1
サムスン……1
旭化成エレクトロニクス……1
安川電機……1
三菱電機……1
東芝……2
日本IBM……1
日立製作所……1
華為技術……1
華為技術日本……1
富士通……1
【輸送用機器】
トヨタ自動車……2
三菱ふそうトラック・バス……1
【精密機器】
Samsung electronics semiconductor research center……1
サムスン電子……3
TSMC……1
キオクシア……2
デクセリアルズ……1
テルモ……1
マイクロンメモリジャパン……1
華星光電……1
日本ルメンタム……1
富士電機……1
【その他製品】
エア・リキードグローバルE&Cソリューションズジャパン……1
ニュークリア・デベロップメント……1
プラスクラス……1
構造計画研究所……1
不明……1
【小売業】
アマゾン……1
アマゾンジャパン……1
【金融業】
みずほ第一フィナンシャルテクノロジー……1
【サービス業】
MDPI Japan……1
アクセンチュア……1
ボストンコンサルティンググループ……1
【教員・研究員・図書館等】
Harvard Medical School, Boston Children Hospital……1
CSIR……1
Institute of Technology of Cambodia……1
Kenneth Schafer……1
King Mongkut institute of technology Ladkrabang……1
MIT……1
Nanyang Technological University……2
Sichuan University……1
UC Berkeley……1
Universitas Gadjah Mada……2
University of Delaware……1
UNIVERSITY OF THE PHILIPPINES……1
カリフォルニア大学サンタバーバラ校……1
テネシー大学……1
ブレーンバンク……1
愛媛大学……1
宇宙航空研究開発機構……4
気象研究所……1
京都大学……1
九州工業大学……1
九州大学……1
慶應義塾大学……2
鉄道総合技術研究所……1
電力中央研究所……2
日本エネルギー経済研究所……1
日本原子力研究開発機構……1
広島大学……1
高輝度光科学研究センター……1
千葉工業大学……1
大阪大学……1
電子科学技術大学……1
東京工業大学……1
東京大学……38
日本学術振興会……3
物質・材料研究機構……1
名古屋大学……2
理化学研究所……2
不明……2
【その他】
HOPE FOR HONDURAN CHILDREN……1
その他……1
不明……1

情報理工学系研究科（176人）

《修士課程（146人）》

【官公庁】
科学警察研究所……1
航空自衛隊……1
【化学】
富士フイルム……4
【石油・石炭製品】
大隅日酸……1
【電気機器】
NEC……2
キーエンス……2
シャープ……1
ソニー……9
日立製作所……2
富士通……1
三菱電機……2
リコー……2
【輸送用機器】
デンソー……1
トヨタ自動車……4
【機械】
ABB……1
ダイキン工業……1
マップフォー……1
【精密機器】
NECプラットフォームズ……1
オリンパス……1
トプコン……1
【その他製品】
アドダイス……1
コルグ……1
任天堂……1
TSP……1
【情報・通信業】
Amazon Japan……2
ARISE analytics……1
Arithmer……1
FiNC Technologies……1
Idein……1
Indeed Japan……2
Infervision Japan……1
KDDI……1
Leetcode, China……1
LINE……3
NTT……3
NTTコミュニケーションズ……1
NTTコミュニケーション科学基礎研究所……1
NTTデータ……3

NTT研究所 …… 1
TBS …… 1
トヨタ・リサーチ・インスティテュート・アドバンスト・デベロップメント …… 1
UiPath …… 1
アイリッジ …… 1
朝日ネット …… 1
アスプローバ …… 1
アドソル日進 …… 1
アマゾンウェブサービスジャパン …… 1
エムシーデジタル …… 1
グーグル …… 5
グリー …… 2
コーエーテクモホールディングス …… 1
センスタイムジャパン …… 2
ソニーイメージングプロダクツ&ソリューション …… 1
ソフトバンク …… 1
ティアフォー …… 2
デンソーアイティーラボラトリ …… 1
野村総合研究所 …… 2
フィックスターズ …… 3
富士通研究所 …… 1
フューチャー …… 1
フライトシステムコンサルティング …… 1
プラスゼロ …… 1
プリファード・ネットワークス …… 5
モルフォ …… 1
ヤフー …… 9
不明 …… 1

【卸売業】
伊藤忠商事 …… 1

【銀行業】
みずほフィナンシャルグループ …… 1
三井住友銀行 …… 1

【証券、商品先物取引業】
SMBC日興証券 …… 1
ゴールドマンサックス証券 …… 3
三菱UFJモルガン・スタンレー証券 …… 2

【保険業】
ジブラルタ生命 …… 1
東京海上日動あんしん生命保険 …… 1

【その他金融業】
シンプレクス …… 1
不明 …… 1

【不動産業】
FANTAS technology …… 1

【サービス業】
freee …… 1
アクセンチュア …… 1
アドヴァンスト・メディア …… 1
アビームコンサルティング …… 1
ウィルグループ …… 1
エムスリー …… 2
ゴールドマン・サックス・ジャパン・サービス …… 1
大日本印刷 …… 1
チームラボ …… 1
ナガセ …… 1
ベネッセコーポレーション …… 1
マッキンゼー・アンド・カンパニー …… 1
リクルート …… 3
リブセンス …… 1

《博士課程（30人）》

【鉄鋼】
日本製鉄 …… 1

【電気機器】
NEC …… 1
ソニー …… 1
三菱電機 …… 2

【その他製品】
Preferred Networks …… 1

【情報・通信業】
NTT …… 1
NTTデータ …… 1
アマゾンウェブサービスジャパン …… 1
インターネットイニシアティブ …… 1

【教員・研究員・図書館等】
Argonne National Laboratory …… 1
IBM東京基礎研究所 …… 1
LPIXCL …… 1
University of Greenwich …… 1
科学技術振興機構 …… 1
国立情報学研究所 …… 2
東京大学 …… 11
東北大学 …… 1
理化学研究所 …… 1

数理科学研究科（37人）

《修士課程（14人）》

【電気機器】
ソニー …… 1

【精密機器】
ニコン …… 1

【情報・通信業】
エムティーアイ …… 1
モルフォ …… 1

【保険業】
あいおいニッセイ同和損保 …… 1
マニュライフ生命 …… 1
三井住友海上あいおい生命 …… 1
第一生命 …… 1
朝日生命 …… 1

【その他】
その他 …… 1
不明 …… 4

《博士課程（23人）》

【情報・通信業】
ALBERT …… 1

【教員・研究員・図書館等】
大阪市立大学 …… 1
京都大学 …… 1
慶應義塾大学 …… 1
中央大学 …… 1
東京海洋大学 …… 1
東京大学 …… 11
北海道大学 …… 1
明治大学 …… 1
理化学研究所 …… 2
立命館大学 …… 1

【その他】
不明 …… 1

農学生命科学研究科（256人）

《修士課程（196人）》

【官公庁】
京都府 …… 1
立科町 …… 1
長崎県 …… 1
国土交通省 …… 2
水産庁 …… 1
静岡県 …… 1
川崎市 …… 1
特許庁 …… 1
農林水産省 …… 3
林野庁 …… 2

【独立行政法人・大学法人】
東京大学 …… 1

【水産・農林業】
ホクレン農業協同組合連合会 …… 1
その他（農林業） …… 1
その他（農林水産技術者） …… 1

【建設業】
アラップ …… 1
エヌ・シー・エヌ …… 1
佐藤総合計画 …… 1
鹿島建設 …… 1
住友林業 …… 1
前田建設工業 …… 1
大林組 …… 1
日比谷アメニス …… 1
平成建設 …… 1

【食料品】
アサヒビール …… 3
アサヒ飲料 …… 1
キッコーマン …… 2
グレープストーン …… 1
サントリーホールディングス …… 2
ゼンショーホールディングス …… 1
タキイ種苗 …… 1
東洋冷蔵 …… 1
中沢乳業 …… 1
日本ハムファクトリー …… 1

- ハウス食品 3
- 日本ハム食品 1
- ヤマザキビスケット 1
- ロッテ 2
- 伊藤園 1
- 森永製菓 1
- 雪印メグミルク 1
- 日清オイリオグループ 1
- 日清製粉 1
- 日本製粉 2
- 不二製油 1

【パルプ・紙】
- 日本製紙 1

【化学】
- 旭化学合成 1
- エヌ・イー ケムキャット 1
- クラレ 1
- テクノプロ・R&D社 2
- テサ 1
- デュポン 1
- デンカ 1
- 東亞合成 1
- トリケミカル研究所 1
- 日本色材工業研究所 1
- ピアス 1
- 三井化学東セロ 1
- ライオンハイジーン 1
- 荒川化学工業 1
- 高砂香料工業 1
- 三井化学アグロ 1
- 三菱ケミカル 1
- 資生堂 2
- 信越化学工業 1

【医薬品】
- コーセー 1
- サイネオス・ヘルス 1
- ジョンソン・エンド・ジョンソン 1
- ツムラ 1
- 塩野義製薬 1
- 興和 1
- 積水メディカル 1
- 中外製薬 1
- 東洋新薬 1
- 日本ジェネリック 1
- 日本ロレアル 1
- その他（製薬） 1

【ゴム製品】
- ブリヂストン 1

【金属製品】
- 東洋製罐グループホールディングス 1

【機械】
- ダイキン工業 2
- 三菱重工業 1

【電気機器】
- キーエンス 1
- 日立製作所 1
- マイクロンメモリジャパン 1
- ルネサスエレクトロニクス 1
- 日本IBM 3
- 富士通 2

【輸送用機器】
- 本田技術研究所 1

【精密機器】
- ニコン 1

【電気・ガス業】
- 東京電力リニューアブルパワー 1
- 日本原燃 1

【陸運業】
- JR東海 1
- 近鉄グループホールディングス 1
- 東京地下鉄 1

【海運業】
- 協和海運 1

【空運業】
- JAL 1

【倉庫・運輸関連業】
- 三井倉庫ホールディングス 1

【情報・通信業】
- bitFlyer 1
- NTTデータ 1
- Sharing Innovations 1
- エスエーティー 1
- グーグル 1
- 数理計画 1
- スカイウイル 1
- ソニービジネスソリューション 1
- ソフトバンク 1
- 中央コンピューター 1
- テンセント 1
- 日本タタ・コンサルタンシー・サービシズ 3
- ハル研究所 1
- バンダイナムコエンターテインメント 1
- フューチャー 1
- 電通デジタル 1
- 内田洋行 1
- 日鉄日立システムエンジニアリング 1
- 日本総合研究所 2
- 野村総合研究所 7

【卸売業】
- トーホー 1
- 任天堂販売 1
- 丸紅 1
- 三井物産 2
- 三菱商事 2
- 住友商事 1

【小売業】
- ニトリ 3
- パーク・コーポレーション 1

【銀行業】
- 三井住友銀行 3

【証券、商品先物取引業】
- Huatai Securities 1
- バークレイズ証券 1
- みずほ証券 1
- 松井証券 1

【保険業】
- 第一生命 1

【その他金融業】
- 住宅金融支援機構 1
- 日本政策金融公庫 1

【不動産業】
- 三井不動産 1
- 住友不動産 1

【サービス業】
- アイムファクトリー 1
- アクセンチュア 2
- エム・シー・アイ 1
- コンコードエグゼクティブグループ 1
- データフォーシーズ 1
- デロイト トーマツ コンサルティング 1
- トライグループ 1
- 博報堂コンサルティング 1
- パシフィックコンサルタンツ 1
- バリューマネジメント 1
- ベイカレント・コンサルティング 1
- ボストンコンサルティンググループ 1
- マッキンゼー・アンド・カンパニー 1
- メディクルード 1
- リクルート 1
- レイス 1
- 楽天 1
- 経営共創基盤 1
- 船井総合研究所 1
- 東京建設コンサルタント 1
- 日本工営 1
- 八千代エンジニヤリング 1

【新聞・出版・広告】
- 小学館 1
- 羊土社 1

【教員・研究員・図書館等】
- MDPI 1
- その他（研究者） 1
- 農業・食品産業技術研究機構 2

《博士課程（60人）》

【官公庁】
- タイ農業協同組合省 1
- 岩手県 1

【水産・農林業】
- その他（農林業従事者） 1

【建設業】
- 玉澤構造設計一級建築士事務所 1
- 日建設計 1
- その他 1

【食料品】
日本たばこ産業……1
その他……1
【化学】
ファンケル……1
【医薬品】
あすか製薬……1
エーザイ……1
カルナバイオサイエンス……1
第一三共……1
中外製薬……2
【電気機器】
日本エー・エス・エム……1
日立製作所……1
【倉庫・運輸関連業】
日立物流……1
【情報・通信業】
コーエーテクモホールディングス……1
【サービス業】
NKメディコ……1
【教員・研究員・図書館等】
Phytobiotics……1
Vision Vets Group……1
アルバート・アインシュタイン医科大学……1
インペリアル・カレッジ・ロンドン……1
カセサート大学……1
森林総合研究所……1
バングラデシュ農業大学……1
京都大学……1
国立感染症研究所……1
四川大学……1
滋賀医科大学……1
重慶大学……1
信州大学……1
長野大学……1
電子科技大学……1
東京大学……17
東京薬科大学……1
北海道大学……1
その他（研究者）……5
【その他】
バードライフインターナショナル東京……1

新領域創成科学研究科（438人）

《修士課程（330人）》

【官公庁】
ニュージーランド政府……1
ミャンマー自然資源・環境保全省……1
経済産業省……5
国税庁……1
七尾市……1
千葉県……1
特許庁……1
文部科学省……1
【独立行政法人・大学法人】
神奈川県立がんセンター……1
【鉱業】
三井金属鉱業……1
【建設業】
金箱構造設計事務所……1
三菱地所設計……1
鹿島……1
清水建設……2
千代田化工建設……1
大成建設……1
大日本土木……1
大林組……1
竹中工務店……2
日揮……1
日建設計……2
平成建設……1
【食料品】
カゴメ……1
カンロ……2
パインランドデーリィ……1
ヤマザキビスケット……1
三菱商事ライフサイエンス……1
山崎製パン……1
雪印メグミルク……1
武蔵野種苗園……1
【繊維製品】
帝人……1
【パルプ・紙】
日本製紙……1
【化学】
Dow Chemical China……1
JSR……1
MI6……1
エア・ウォーター……1
スリーエムジャパン……1
デュポン……1
ニフコ……1
プロクター・アンド・ギャンブル……3
三菱ガス化学……1
三菱ケミカル……4
住友ベークライト……1
住友化学……1
東ソー……1
【医薬品】
Meiji Seikaファルマ……2
エイツーヘルスケア……1
エーザイ……2
コーセー……1
バイエル薬品……1
パナソニックヘルスケア……1
パレクセル・インターナショナル……3
リニカル……2
ロシュ・ダイアグノスティックス……1
新日本科学……1
新日本科学PPD……1
大正ファーマ……1
第一三共……1
中外医科学研究所……1
日本メジフィジックス……1
富士レビオ……3
陽進堂……1
【石油・石炭製品】
JXTGエネルギー……4
【ゴム製品】
TOYO TIRE……1
住友理工……1
【ガラス・土石製品】
旭硝子……2
日東紡……1
日本電気硝子……1
【鉄鋼】
JFEスチール……2
九州工機……1
日本製鉄……2
【非鉄金属】
JX金属……1
UACJ……1
【機械】
IHI……2
アマダ……1
栗田工業……1
三井海洋開発……1
三菱重工業……1
小糸製作所……1
小松製作所……2
【電気機器】
Agile……1
NEC……1
アズビル……1
アンリツ……1
キーエンス……2
キオクシア……3
キヤノン……2
キヤノン電子……1
コニカミノルタ……1
ジョンソンコントロールズ日立空調……1
ソニー……7
ローム……1
三菱電機……3
東京エレクトロン……1
東光高岳……1
東芝インフラシステムズ……1
東洋熱工業……1
日本IBM……5
日本電産……1
日立製作所……1
富士通……5
【輸送用機器】
SUBARU……1
World Fuel Services Japan……1

第4章

ジャパンマリンユナイテッド……1
デンソー……3
トヨタ自動車……7
ボッシュ……1
川崎重工業……1
日産自動車……1
富士重工業……1
本田技研工業……2
本田技術研究所……1

【精密機器】
ソニーセミコンダクタソリューションズ……1
ニコン……1

【その他製品】
JCCソフト……1
TMEIC……1
オルガノ……1
トヨタエナジーソリューションズ……1
日鉄鋼管……1
日立プラントサービス……1
日立ヘルスケアシステムズ……1
米海軍横須賀基地……1

【電気・ガス業】
Envision Energy……1
ジャパン・リニューアブル・エナジー……1
関西電力……1
中国電力……1
中部電力パワーグリッド……1
東京電力パワーグリッド……2
東邦ガス……1

【陸運業】
JR東海……4
JR東日本……1

【空運業】
JAL……1

【倉庫・運輸関連業】
日立物流……1

【情報・通信業】
AWSジャパン……1
KDDI……1
KSK……1
LikePay……2
NHK……4
NTT……1
NTTデータ……4
NTTデータアイ……1
NTTドコモ……1
NTT東日本……1
エムティーアイ……1
エリクソン・ジャパン……1
ソフトバンク……5
トレンドマイクロ……1
ヤフー……2
大和総研……1
三菱総合研究所……2
日鉄ソリューションズ……1
日本ヒューレット・パッカード……2
富士通ビー・エス・シー……1
福島中央テレビ……1
野村総合研究所……3

【卸売業】
DKAH……1
伊藤忠商事……1
丸紅……1
三菱商事……1
双日……1

【小売業】
アマゾンジャパン……1
ニトリ……1
ライフコーポレーション……1

【銀行業】
みずほフィナンシャルグループ……1
りそなホールディングス……1
三井住友銀行……1
三菱UFJ銀行……1
三菱UFJ信託銀行……1

【証券、商品先物取引業】
証券保管振替機構……1
大和証券……2

【保険業】
ソニー生命保険……1

【その他金融業】
シンプレクス……1
三井住友DSアセットマネジメント……2

【不動産業】
NTT都市開発……1
イオンモール……1
ケラー・ウィリアムズ・ジャパン……1
日本郵政不動産部門施設部……1

【サービス業】
AVILEN……1
Custom Media K.K.……1
DCHINA TIANYING……1
GREENMENT ENVIRONMENT……1
IQ VIAサービシーズ ジャパン……3
IQVIAソリューションズジャパン……2
ONE COMPATH……1
ORSO……1
PwCアドバイザリー……1
PwCコンサルティング……2
Schoo……1
UDS……1
YY inc.……1
アイ・シー・ネット……1
アクセンチュア……4
アビームコンサルティング……1
エム・シー・アイ……1
オープンリソース……1
クニエ……1
ケアリッツ・アンド・パートナーズ……1
コナミアミューズメント……1
サイバーパテント……1
シアターワークショップ……1
シミック……1
デロイトトーマツファイナンシャルアドバイザリー……2
パシフィックコンサルタンツ……1
パソナ……1
バルセロナ……1
プライスウォーターハウスクーパース……2
フリークアウト・ホールディングス……1
フロンティアインターナショナル……1
マッキンゼー・アンド・カンパニー……1
みずほ情報総研……2
メイホーホールディングス……1
モチベーションアカデミア……1
リクルート……1
新領域理工塾……1
楽天……5
楽天トラベル……1
丸紅ネットワークソリューションズ……1
東京海上日動リスコンサルティング……1
日水コン……1
日本アイ・ビー・エム サービス……1
日本情報産業……1

【新聞・出版・広告】
朝日新聞社……2
電通……2
南江堂……1
博報堂……3

【教員・研究員・図書館等】
ヴァーヘニンゲン大学……1
ジェッソール科学技術大学……1
ニチレイバイオサイエンス……1
医薬品医療機器総合機構……1

【病院】
新橋夢クリニック……1

【その他】
国際協力機構……1
自営業……2
不明……1

《博士課程（108人）》

【官公庁】
警察庁……1

【独立行政法人・大学法人】
産業技術総合研究所……1

【建設業】
長谷工コーポレーション……1

【化学】
Max Planck Institute of Molecular Cell Biology and Genetics……1
MOLCURE……1
スリーエムジャパン……1

ライオン……1
旭化成……1
三井化学……1
資生堂……1
住友化学……1
日本エア・リキード……1
日立化成……1

【医薬品】
アステラス製薬……2
大日本住友製薬……1
第一三共……1

【電気機器】
NEC……3
エコー……1
シエンタ・オミクロン……1
シナノケンシ……1
ソニーコンピュータサイエンス研究所……1
東芝インフラシステムズ……1
日立製作所……1
富士通……1

【輸送用機器】
いすゞ中央研究所……1
海上・港湾・航空技術研究所……1
三菱ふそうトラック・バス……1
上海索辰信息科技公司……1

【精密機器】
スカイワークスフィルターソリューションズジャパン……1
ニコン……1

【情報・通信業】
NHK……1
NTT……1
NTT研究所……1
カプコン……1

【銀行業】
世界銀行……1

【不動産業】
三井不動産……1

【サービス業】
MS&ADインターリスク総研……1
PwCあらた監査法人……1
富士通総研……1

【新聞・出版・広告】
電通……1

【教員・研究員・図書館等】
Kenya Agricultural & Livestock Research Organization……1
マウントサイナイ医科大学……1
宇宙航空研究開発機構……1
沖縄科学技術大学院大学……1
華東師範大学……1
弓削商船高等専門学校……1
国際医療研究センター……1
国際基督教大学……1
国立がん研究センター……2
上海交通大学……1
青山学院大学……1
地球科学総合研究所……1
筑波大学……1
東京工業大学……1
東京大学……18
東京都医学総合研究所……1
東京都環境科学研究所……1
東京理科大学……1
道徳科学研究センター……1
名古屋大学……1
理化学研究所……1

【病院】
Providence Portland Medical Center……1

【その他】
Individual option & equity trader……1
Indonesian Institute of Science……1
国連気候変動枠組条約事務局……1
不明……22

医学系研究科（271人）

《修士・博士前期課程（43人）》

【官公庁】
杉並区……1

【医薬品】
エーザイ……1

【卸売業】
三菱商事……1

【サービス業】
PwCコンサルティング……1
楽天……1

【教員・研究員・図書館等】
医薬品医療機器総合機構……1
東京大学……1

【病院】
賛育会病院……1
大垣市民病院……1
東京医科歯科大学医学部附属病院……1

【その他】
不明……32

《医学博士課程（184人）》

【官公庁】
厚生労働省……1

【食料品】
カルビー……1

【化学】
資生堂……1
メトセラ……1

【医薬品】
アステラス製薬……1
アッヴィ……1
アボットジャパン……1
ノバルティスファーマ……1
塩野義製薬……2

【小売業】
アマゾンジャパン……1

【サービス業】
サンケイエンジニアリング……1

【教員・研究員・図書館等】
ワシントン大学セントルイス校……1
国立成育医療研究センター……1
国立精神・神経医療研究センター……2
大阪大学……2
筑波大学……1
東京大学……40

【病院】
JR東京総合病院……2
王子生協病院……1
おゆみの中央病院……1
がん研究会有明病院……1
キッコーマン総合病院……1
自治医科大学附属さいたま医療センター……1
茅ケ崎市立病院……2
日本橋かきがら町クリニック……1
みらいメディカルクリニック茗荷谷……1
井口腎泌尿器科……1
関東労災病院……1
虎の門病院……2
公立昭和病院……3
国立国際医療研究センター病院……1
埼玉医科大学総合医療センター……2
三井記念病院……2
三楽病院……1
三軍総医院……1
順天堂大学医学部附属静岡病院……1
調布東山病院……1
帝京大学医学部附属溝口病院……1
都立駒込病院……1
都立多摩総合医療センター……2
都立墨東病院……1
東京山手メディカルセンター……1
東京新宿メディカルセンター……1
同愛記念病院……2
北里大学病院……1

【その他】
その他……26
不明……63

《博士後期課程（21人）》

【化学】
GlaxoSmithKline……1

【教員・研究員・図書館等】
Sanford Consortium for Regenera

tive Medicine……1
国立健康・栄養研究所……1
東京大学……5
【その他】
その他……3
不明……10

《専門職学位課程(23人)》
【独立行政法人・大学法人】
国際協力機構……2
【医薬品】
日本イーライリリー……1
【電気機器】
東芝……1
【保険業】
ジブラルタ生命……1
【サービス業】
ディー・エヌ・エー……1
【教員・研究員・図書館等】
東京大学……1
【病院】
うつぼ Garden Clinic……1
さくら総合病院……1
浦和神経サナトリウム……1
横浜市立みなと赤十字病院……1
国立国際医療研究センター病院……1
松本レディースクリニック……1
日本赤十字社医療センター……1
【その他】
不明……9

薬学系研究科(90人)

《修士課程(44人)》
【官公庁】
特許庁……1
【食料品】
アサヒビール……1
【化学】
カネカ……1
太陽ホールディングス……1
資生堂……1
住友化学……2
信越化学工業……1
日本ロレアル……1
【医薬品】
EAファーマ……1
アステラス製薬……2
ノボ ノルディスク ファーマ……1
塩野義製薬……3
小野薬品工業……1
大日本住友製薬……1
第一三共RDノバーレ……1
中外製薬……1
武田薬品工業……1
【情報・通信業】
IQVIAソリューションズ ジャパン……1
シンプレクス……1
フューチャー……1
マネーフォワード……1
【証券、商品先物取引業】
ゴールドマン・サックス証券……1
ジャフコ……1
【その他金融業】
JPモルガン・チェース……1
【サービス業】
ALBERT……1
IQVIA サービシーズ ジャパン……1
PwCコンサルティング……2
ベイカレント・コンサルティング……1
マッキンゼー・アンド・カンパニー……1
リニカル……1
臨海……1
【教員・研究員・図書館等】
京都大学……1
スイス連邦工科大学チューリッヒ校……1
バーゼル大学……1
医薬品医療機器総合機構……2
【その他】
不明……3

《博士課程(46人)》
【化学】
ミルボン……1
【医薬品】
Meiji Seikaファルマ……1
アステラス製薬……2
エーザイ……1
ノバルティスファーマ……1
塩野義製薬……1
小野薬品工業……4
大日本住友製薬……1
中外製薬……5
武田薬品工業……2
【情報・通信業】
HashPort……1
NABLAS……1
Preferred Networks……1
【新聞・出版・広告】
羊土社……1
【教員・研究員・図書館等】
IGM……1
バーゼル大学……1
マックス・プランク研究所……1
医薬品医療機器総合機構……5
東京大学……6
日本医科大学先端医学研究所……1
日本学術振興会……2
理化学研究所……1
【病院】
千葉大学医学部附属病院……1
東海大学医学部附属病院……1
【その他】
不明……3

学際情報学府(74人)

《修士課程(63人)》
【官公庁】
特許庁……1
【化学】
プロクター・アンド・ギャンブル・ジャパン……1
【電気機器】
キヤノン……1
ソニー……3
パナソニック……1
村田製作所……1
日本IBM……1
日立製作所……1
【陸運業】
JR東日本……1
【倉庫・運輸関連業】
日立物流……1
【情報・通信業】
10ANTZ……1
Data Monster……1
LINE……5
NHK……1
NSSLCサービス……1
NTTデータ……1
NTTドコモ……1
PKSHA Technology……1
Tata Consultancy Services……1
TBS……1
ヴイエムウェア……1
コーエーテクモホールディングス……1
ティアフォー……1
フリーウィル……1
ヤフー……1
【卸売業】
三井物産……1
【小売業】
アマゾン……1
パルコ……1
【銀行業】
みずほフィナンシャルグループ……1
【不動産業】
森ビル……1
【サービス業】
GR Japan……1
アーサー・D・リトル・ジャパン……1

アーティスホールディング　1
宝塚舞台　1
ディーエヌ・エー　1
ディーエムエム・ドット・コム　1
電通マクロミルインサイト　1
リクルート　1
井之上パブリックリレーションズ　1
電通国際情報サービス　1
有限責任監査法人トーマツ　1

【新聞・出版・広告】
中央公論新社　1
講談社　1
電通　2
博報堂　1

【教員・研究員・図書館等】
国立精神・神経医療研究センター　1
東京大学　1
東邦大学　1

【病院】
岡山大学病院　1
九州大学病院　1
新潟大学医歯学総合病院　1

【その他】
音楽家　1
自営業　1
不明　3

《博士課程（11人）》

【情報・通信業】
エクサウィザーズ　1

【サービス業】
豊田中央研究所　1

【教員・研究員・図書館等】
グローバル経営大学院大学　1
聖徳大学　1
東京大学　3
獨協大学　1
名古屋工業大学　1
福島大学　1
立教大学　1

公共政策大学院（70人）

《公共政策学教育部（70人）》

【官公庁】
タイ財務省　1
豊島区　1
外務省　4
金融庁　2
経済産業省　2
厚生労働省　1
内閣府　2

【独立行政法人・大学法人】
国際協力機構　1

【建設業】
日立ビルシステム　1

【化学】
プロクター・アンド・ギャンブル・ジャパン　1

【医薬品】
大日本住友製薬　1

【非鉄金属】
住友電気工業　1

【電気機器】
日本ＩＢＭ　2
富士通　1

【その他製品】
ポケモン　1

【陸運業】
ＪＲ東日本　1

【情報・通信業】
アマゾンウェブサービスジャパン　1
オープンワーク　1
全研本社　1
大和総研　1
保健同人社　1
日立ソリューションズ　1

【卸売業】
ミスミ　1
双日　1

【銀行業】
ＵＢＳ　1
中国工商銀行　1

【証券、商品先物取引業】
ＳＭＢＣ日興証券　2
ゴールドマンサックス証券　1
三菱ＵＦＪモルガン・スタンレー証券　1

【保険業】
チャイナ・リインシュアランス　1
日本生命　1

【その他金融業】
アセットマネジメントＯｎｅ　1
シンガポール政府投資公社　1
日本政策投資銀行　2
農林中央金庫　1

【不動産業】
大成ホールディングス　1

【サービス業】
ＧＲ　Ｊａｐａｎ　1
アーサー・Ｄ・リトル・ジャパン　1
アーティスホールディング　1
宝塚舞台　1
ディーエヌ・エー　1
ディーエムエム・ドット・コム　1
電通マクロミルインサイト　1
リクルート　1
井之上パブリックリレーションズ　1
電通国際情報サービス　1
有限責任監査法人トーマツ　1

【新聞・出版・広告】
中央公論新社　1
講談社　1
電通　2
博報堂　1

【教員・研究員・図書館等】
国立精神・神経医療研究センター　1
東京大学　1
東邦大学　1

【病院】
岡山大学病院　1
九州大学病院　1
新潟大学医歯学総合病院　1

【その他】
音楽家　1
自営業　1
不明　3

《データの集計方法》

・調査対象は20年3月卒業・修了者に加え、19年9月卒業・修了者などを含む。
・データは各学部・研究科への問い合わせを基に作成しており、各学部・研究科に報告していない者や、就職を辞退した者などの人数が反映されておらず、また一部の学部・研究科では進学者数が未公表になっているため、実際の就職者数と異なる場合がある。
・新型コロナウイルス感染症の流行に伴い十分な集計ができていない学部・研究科がある。
・企業名などは学生の報告に基づいているため、表記揺れが存在する場合がある。

多様な学びを受け入れる開かれた東大に

作家
石井《いしい》 遊佳《ゆうか》さん

インド・チェンナイで日本語教師として働く女性が主人公の小説『百年泥』で、第158回芥川賞を受賞した石井遊佳さん。この作品は自身のインドでの日本語教師としての経験を基にしているが、渡印以前には、東大文学部のインド哲学仏教学研究室、通称「印哲」に36歳で学士入学し、中国仏教の研究をしていた。大学での仏教の学びや、作品や人生の中に息づいている「仏教的なもの」について語ってもらった。（取材・山口岳大）

1963年大阪府生まれ。13年東大人文社会系研究科博士課程満期退学。17年に『百年泥』で新潮新人賞、18年、第158回芥川龍之介賞を受賞。他の作品に「象牛」（『新潮』18年10月号所収）、「星曝し」（『新潮』20年4月号所収）がある。

撮影：新潮社写真部

東洋的な思考を求めて「印哲」へ

——いくら本を読んでも仏教のことが理解できなかったことが、大学で仏教を学ぶきっかけだったということですが、どのような点が理解しづらかったのでしょうか

今から思うに、仏教的なものに触れたときに分かりづらさが生じた背景には、西洋的な思考法が当たり前のように他人と共有されているということがあると思います。

私たちが受けてきた教育は、西洋的なロジックで構成されているものが中心で、私たちの知性の基礎も意識されないままに西洋的なものになっています。アジア的・東洋的なものはかえって近寄りがたいものになり、そういうものへのアクセスは、求めなければ得られません。

——西洋的・東洋的なものの考え方とは何ですか

西洋的なものの考え方とはとにかく対象を要素に還元していくというものです。そしてその要素はＡはＡ、ＢはＢとあくまで独立しており、例えばＡが同時にＢであるなどということは決して起こり得ないわけです。一方、東洋的なものの考え方は、例えばＡはＡである、しかし同時にＢでもありＣかもしれないといったファジーさを含んだものと言えるでしょう。分析し過ぎると物事の本質をつかみ損ねる、そんな側面はありますよね。東洋的思考は分析的であるより、全体を見て直感的に判断するという傾向が強いです。

私たちは、感性的にはこうした東洋的なものに共感することができますよね。仏教に詳しくなくても、誰もが何

夫の石井裕《ゆたか》さんは、サンスクリット文学の詩論を専門とする研究者。『ニューエクスプレスプラス　サンスクリット語』（白水社）を年明けに刊行予定。

サンスクリット語に苦しんだ学部時代

となく会得しているところがあると思うんです。私自身もずっとそんな風にものを考え、ものを書いていたと思います。
にもかかわらず、たまに必要があって仏教の一般書を読んでみても、いまひとつぴんとこなかった。そこで、仏教は日本文化の根底を形成するものの一つなのだから、きちんと押さえておかないとまずいんじゃないかと思ったんです。

――修士課程の専攻は中国仏教でした。この分野を選んだ経緯は

元々は、インド仏教を勉強できればと思っていました。仏教はインドで生まれたものだから、根源にさかのぼって元の部分から勉強したかったんです。「印哲」は文献学中心なので、文献を正確に読み込むことが第一義的に重要視されます。そうすると、語学的修練がまず必要になるわけです。学部時代は必修のサンスクリット語ばかりやっていました。ところが、サンスクリット語は覚えることが死ぬほどある。一つの動詞で活用が80通りもあったり。恥ずかしながらサンスクリット語に挫折してインド仏教は諦めました。中国仏教を選んだのは成り行きなんです。

――修士論文では「仁王般若経《にんのうはんにゃきょう》」を題材に選びました。このお経とはどこで出会ったのですか

大学院に入り、もうひとつ、中国仏教の中で何を研究したいか分かりませんでした。正直に言って当時の「印哲」は面倒見の悪い研究室でした。学生の多くがお坊さんで、みな目的意識がはっきりしているので、先生の方から指導することがあまりありません。それで、私のようにイレギュラーな入り方をした人は放置されてしまいました。

その中で、日本仏教を研究している

仏教研究が東洋的なものに言葉を与えた

面倒見の良い先輩から紹介してもらったのが「仁王般若経」です。このお経が収められている大蔵経（仏教聖典の総称）は、基本的にみな正経（仏陀自身が説いたと信じられる経典）だとされていますが「仁王般若経」は偽経（中国で創作された経典）の可能性がありました。このお経に関する体系的な研究がないのでやってみたらと勧められたんです。書くことは得意なので、論文の評価は高かったですね。

——大学・大学院と学んで、仏教に対する見方は変わりましたか

結果的に、仏教を勉強することで、元々持っていた東洋的なものの考え方・感じ方に言葉を与えることができた、あるいは血肉を与えることができたと思っています。

仏教の特徴的な三つの考え方、諸行無常、諸法無我、涅槃寂静《ねはんじゃくじょう》をまとめて「三法印《さんぼういん》」といいます。仏教哲学として重要なのは最初の二つですが、要するに私たちの心身を含めた一切のものは相互依存的であり、独立して確固として存在しているものは何もないということです。

確かなものは何もないという感覚は、普通に誰もが共有していると思うんです。仏教を学ぶ前から感覚として持っていたものを、仏教を学ぶことで体系的に理解し、言葉を与えられたのかなと思っています。

——作品にこうした仏教的な考え方は反映されていますか

仏教そのものをテーマとしたことはないし、これからもあまり考えていないんですが、やっぱり仏教を学んだこ

装幀：新潮社装幀室

『百年泥』（新潮社、税込539円）
とあるきっかけでインドはチェンナイに日本語教師として赴任することになった「私」。そこで遭遇したのは、100年に一度の大洪水だった。氾濫した川に架かる橋の上には、1世紀の間川底で眠っていた泥の山が。この「百年泥」から拾い上げられる数々の遺物によって、読者は「私」や教え子のデーヴァラージの知られざる過去へと誘われていく。

とで得た人生観・人間観がこなれた形で自分の中に組み込まれていて、それが自然な形で文章の中に出ているのだろうなと思います。

　私の作風にはよく「マジックリアリズム的」という表現が与えられます。一見して常識的・現実的な世界を描いているように見せかけて、気が付くと非現実的な世界が広がっている、そんな作風です。

　このマジックリアリズムと仏教には、重なる部分があるのかもしれません。私たちが当たり前のように受け入れている現実は実は根拠が希薄なものではないかというのが仏教の根本思想です。それを小説のコンセプトに据えれば、普通に現実的なものが描かれている中で急に変なことが起こったとしても、何の不思議もないわけです。

――石井さんの作品では一貫して、今自分が生きている人生が偶然的なものと捉えられているように思います

　この私は偶然にすぎない、無数の可能性の一つにすぎないというイメージは、常に持っています。

　例えば、ある人が歩いていて、二手に分かれた道で現実には右に進むとします。このとき、同時に左に行っている自分もいるんです。同じように、さらに進んで道がまた二手に分かれているときに、その人が左の道を選ぶ。そうすると、現実のその人は左に行っているんだけど、右に行っている自分も同時に存在するんです。

　客観的に見れば右の道を選んで歩いているのが現実の自分で、同時に左に歩いている自分は非現実ですよね。でも私の中では、現実の自分と非現実の自分は全く同じなんです。小説を書いているときにも、この感覚でイメージを増幅しながら描写を重ねているような気がします。

　例えば『百年泥』にはこんな描写があります。「今日は日曜日だ、ふと思う。すると、どこかにもうひとつの日曜日があるんじゃないか、そんな思いがうかぶ。私がすごした日曜日と、私がすごさなかった日曜日。両方とも同じ日曜日、どちらが本物とか正しいとかいうのではない」と。つまり人間は

無数の可能性を同時に生きる

その瞬間その瞬間で無数の選択を重ねながら生き、同時に無数の可能的な自分をも生きている、そういった感覚が私にはあって、それがいろんなところで作品にも現れているんだと思います。

——この人生観はご自身の生き方にも通じているのでしょうか

いろんなことを始めてすぐにやめてしまうのも、強いて言えばそうかもしれません。

博士課程に入って初めての学会発表が終わり、本格的に研究が始まるという時期に夫のインド留学が決まりました。全くしたことがない経験になびいてしまうのが私の悪い癖で、それまで我慢して「印哲」で頑張ってきたことを投げ捨てて、私も夫と一緒にインドへ行くことに決めてしまいました。

他人から見れば意味不明だと思います。それまでの「印哲」での勉強を生かす方向に生きた方がいいに決まっているのに「なんで?」と思いますよね。でも私には、今自分は右の道を選んだけれども、左に行った自分も同等の意味で生きているという感覚があるので、どちらも等価値なのです。

——お話を聞いていると、仏教を学ぶ以前にすでにそうした人生観を持っていたようにも思います

そうでしょうね。大学で仏教を勉強したので、と説明すると通りがいいのでそういう説明をしてますが、やっぱり行動様式やものの考え方など、自分自身の素質が一番大きいと思います。後天的に学んだものも大きいですが、元々持っているものに様式と表現を与えたものでしかありません。私は基本的に人間は成長しないもので、元々持っているものだけで死ぬまで生きると思っているんです。

——現実への執着が少ないように見える一方で、別のインタビューでは、一貫してもの書きになりたいと考えていたと話しています。ものを書くことは、選択とは別の次元にあったのでしょうか

自己表現の欲望は誰にでもあると思うんですが、その形が私の場合はものを書くことだったんです。この自己表現の形式は、選択の余地のないものです。いろんな選択をしたりしなかったりというのはありますが、生きるというのは一貫してやっているわけですよね。それに近いものがあると思います。10代、20代の時から、ものを書くことが好きだったんですが、当時はまだ小説という形式で書くのは難しくて、ただ物を書く人になりたいと思っていました。それがだんだん書けるようになってきて、はっきり小説が書きたい、書き続けたいという志向性に収斂《しゅうれん》していったのは20代後半からです。

チェンナイの日本語学校でクラスの学生と。担当クラスでは最終日に折り鶴を教えるのが恒例だった。

——石井さんは36歳で東大に学士入学しました。「東大主義」を掲げるとするなら、何を想起しますか

東大に望むのは、広く門戸を開いてほしいということです。

昔学士入学をしたいと思ったときに東大以外の大学も調べたんですが、ある大学は、その大学出身でなければ学士入学できないという訳の分からない規定を設けていました。例えば、その大学の経済学部を出た人が文学部に入り直すのはいいんですが、その大学の出身者以外は排除しているんです。これは、実質的に学士入学をやっていないということですよね。大学院もその大学の学部出身者以外の人はあまり入れていなかったり、社会人入試をやっていなかったり。相当昔の話なので現在はどうなったのか分からないですが、非常に閉鎖的だという印象を持ちました。他の大学でも、制度上は学士入学を設けているけれども、変な時期に入試をしていたり募集人員が異常に少なかったりと、一応ポーズだけ付けていかにもやる気なさそうなところもけっこうありました。

　でも、東大は全部の学科ではないけれども学士入学を広くやっているし、大学院も平等に開かれているし、社会人入試もありますよね。他の大学と比べても非常に門戸を広く開いていると思うんですよ。当時もそうでしたし、今はなおさらそうじゃないでしょうか。

　小規模な大学で実現できることがあるなら、それはそれでいいと思います。ただ、これまで以上に一生は長くなってきているわけで、日本人は基本的に勉強好きだと感じます。リテラシーが高く、知的好奇心が旺盛な国民が多いことは国の宝です。勉強したいと思ったときに多様な形でそういう人を受け入れられることは非常に大事なことで、日本が持つポテンシャルを発揮する方法として、それは大学という教育研究機関の責務だと思うんですね。東大には、一生にわたる多様な学びの在り方を実現する場であってほしいです。

——東大を志す受験生にメッセージをお願いします

　私は東大に学士入学で入ったので、受験生一般に向けてということになりますが、最初に入った大学だけが全てではありません。その後いくらでもリベンジの機会はあります。ただし、受験期にどれだけ頑張ったかはその後の人生に大きな影響を与えると私は思っています。結果は気にせずに、とにかくいったん自分がやり遂げようと思い決めたことについては、後で言い訳する余地がないくらい、力を出し切ってほしいです。それは必ず人生の宝物になります。

新型コロナウイルスの感染拡大を受け、取材はウェブ会議システム「Zoom」を用いて行われた。

東大総長が考える「東大主義」とは

第30代総長

五神真《ごのかみまこと》インタビュー

本書が取り上げる「東大主義」は学生、教員、職員、卒業生など東大に関わるさまざまな属性の人々がさまざまな見解を持つ概念であろう。この概念について本書を通して考えていくに当たり、2020年度に任期最終年度を迎えた五神真総長に自身の東大での経験、経験を通して感じた東大の強み、そして自身が思う「東大主義」を聞いた。（取材・中野快紀）

多様な考え方に触れた学生時代

1976年に私立武蔵高校を卒業。高校在学時はアマチュア無線に熱中していたという五神総長は教養学部の理科Ⅰ類に入学し、以降40年以上にわたる東大での生活をスタートさせた。後期課程への進学以降、現在に至るまで物理学者として研究を行ってきた五神総長だが、駒場時代の古典ギター愛好会や全学ゼミでの日々が自身に大きな影響を与えたという。

入学後しばらくして加入した古典ギター愛好会には出身も専門も考え方も違う学生が多く集まり、日々様々な議論に明け暮れていた。卒業後別々の進路に進んだが、現在でも定期的に集まり、酒を酌み交わしたり互いの仕事を助けあったりと深い関係が続いているというが、このように多様な人々や学問、考え方に触れられることを駒場の魅力として挙げる。「東大には進学振分け（当時）があるおかげで、自分が何をしたいかを探す機会を得ることができました。建築、数学などさまざまな分野に興味があり、最終的に進路として選択した物理学は、当初は3、4番目の選択肢だったと思います」。教養学部図書館でさまざまな分野の本を読みあさる中で、結晶の成長に関する物理学の難題に出会ったことで、物理学への関心が一気に強くなった。漠然と社会の役に立つことを学びたいと考えていたところ、当時理学部教授だった物理学者の植村泰忠名誉教授（故人）に「本当に新しいことをやれば必ず社会の役に立つ」と背中を押され、理学部物理学科の門を叩いた。後期課程の2年間で物理学を修めた五神総長は修士課程進学に際し、理論物理学と実験物理学のいずれを専門にするかで悩むことになる。理論物理学者の植村名誉教授による「理論は後からもできる。実験をやりたいならまず実験をやった方が良い」というアドバイスで実験物理学を選択。修士1年の後期に受講した講義「分光学」に影響を受けて思いついた実験で、原著論文を執筆すると、そのままレーザー分光研究にのめり込んだ。しかし、博士2年の時

ひょんなことから研究者に

に転機が訪れる。これまですぐそばで指導してくれた助手の先生が突如研究

2020年度の入学式はオンラインで開催された

者を辞めて有機農業に転じて東大を去ることになり、後任に指名されたのだ。博士課程を中退し、理学部の助手として研究者としてのキャリアをスタートさせ、85年には論文で理学博士号を取得した。88年暮れには理学部物理学教室を離れて工学部物理工学科講師に着任し、以後22年弱の期間を工学部で過ごすことになった。着任当初は理学部と工学部の違いに戸惑ったというものの、科学技術振興機構（JST）の戦略的創造研究推進事業（ERATO）で統括責任者を務めるなど、研究者としての実績を積んでいった。五神総長はその後古巣の理学系研究科に戻り、移籍の機会に新しい研究を開始したが、その整備がようやく完成した実験はいま佳境に入っているという。それらは一部を若手教員に引き継ぎながら、理学部と工学部の両方で現在でも

五神総長が学生時代に手掛けた定期演奏会のパンフレット。古典ギター愛好会での日々は現在にも影響を与えている

続いている。

　そして、五神総長が研究と同様に力を入れたのが研究室の学生たちの教育だ。特に大学院生の教育は「一品製産」だとそのこだわりを力説する。五神総長は、研究室の学生に自身の研究に関する進捗をまとめた「週報」を毎週提出させ、全員の報告に対するコメントや意見を欠かさずに返すというマンツーマン指導を一貫して行ってきた。この取り組みは総長となった現在でも続けており、これまでに一品製産の手作りで輩出した学生は博士課程生17人、修士課程生46人、学部生76人に及ぶ。

　大学院中退以降、物理学者として活躍してきた五神総長は理学系研究科

コロナ後の大学は？

五神総長の東大での経歴

1976年	武蔵高校卒業後、理科I類に入学
1980年	理学部物理学科を卒業
1983年	理学系研究科博士課程を中退し、理学部物理学教室の助手に
1985年	理学博士号取得
1988年	工学部物理工学科講師
1990年	同助教授
1998年	工学系研究科物理工学専攻教授
2010年	理学系研究科物理学専攻教授
2014年	理学系研究科長・理学部長
2015年	第30代総長就任

長・理学部長などを経て2015年に総長に就任。総長となり改めて実感したのは東大で行われている研究の幅広さであったという。毎年の入学式や卒業式では、さまざまな学問分野からテーマを選んで式辞・告辞に盛り込んでいる。「話すテーマが決まると毎回一生懸命その分野を勉強しています。どの内容も非常に面白いですし、東大には幅広い研究を支える研究施設が本郷・駒場・柏以外にもたくさんあります」。今年3月の学位記授与式ではサルの毛づくろいに触れながら、言語を通じた他者との触れ合いについて論じた。

この告辞の中で五神総長は「コミュニケーションの道具が、体毛から皮膚へ、そして皮膚から言語へと移ってきたのです。言い換えると、言葉は本来、人間の生理的な身体性に直結しているのです。言葉は、毛づくろいや皮膚を

「大学こそが社会を変える」

通した触れあいと同じように、感情や価値観を巻き込んだ、曖昧で多様な交流を支えてきたのです」と語ったが、現在、新型コロナウイルス感染症（COVID－19）流行下で生身の交流が大きく制限されていることを強く憂慮する。「COVID－19流行の影響で人々はリアルな接触を制限されています。バーチャルな接触によっても情報の伝達は可能ですが、言葉を使った触れ合いは元は皮膚を通じた触れ合いであり、感情を伝えることがそもそもの機能なのです。そのため、人間にとってリアルな世界での活動は極めて重要で、現在の状況はかなり負担が大きいと言えるでしょう」。COVID－19後の社会では、リアルな接触がより貴重なものとなり、その価値をいかに最大化するかが肝心になると語る。「COVID－19の流行は、『コミュニケーションとは、言葉とは何なのか』を身をもって考え直す良い機会です。今後、大学の教育では安全で付加価値の高いオンキャンパスでの活動を提供することが重要になると考えています。授業の方法も、リアルとオンラインのハイブリッドなど、様々に進化していくことになるでしょう。」

これまで5年間東大の改革を主導してきた五神総長は、東大の何を変えてきたのか？「大学は、自由な研究を通じた知の蓄積によって、社会で重要な役割を果たしていますが、だから国民が支援するのは当たり前、という時代ではありません。社会の中で大学の価値をどのように理解し、その活動を誰がどのように支えていくかは、時代に応じて変える必要があります」。COVID－19の流行を例にとっても、感染症の流行というグローバルな問題に対し、政治の世界ではむしろ国ごとの分断が進んでいる。学術研究の普遍性の追求は本来的に国境を越える活動で、海外を含めたいろいろな大学や産業界とも連携しながら、世界をつなぐ力を発揮することが、現在の大学の重要な役割であり、大学が機能の拡張を進めるべきだと主張する。そしてその

東大が学問の多様性を担う

拡張を受け身ではなく主体的に進めるために、大学を「運営」するものから「経営」するものへと転換することを目指した。デジタル技術が進展し、知恵が価値を生む「知識集約型」の社会、そしてそれが包摂性と持続性を実現する良い未来社会としてのＳｏｃｉｅｔｙ５・０を実現するために、知を探究し、蓄積してきた大学、なかでも東大の役割は大きい。「私は社会構造の急速な転換が起こる中で総長になりました。この社会が変わる大変面白い時代に学問を始める学生の皆さんは大変幸運なのです。大学のミッションは、もはや18歳から22歳の若者を教室でトレーニングして社会に送り出すという、人材を社会へ送り出す発射台としての役割だけにとどまりません。東大には社会を変える知恵が組み込まれた総合力と、幅広い時間のスケールを扱う多様な学問があります。これからは大学の知恵を使い、多様な人々が集まる場となり大学が社会を変えるのです。」社会の変容に合わせて受け身で姿や役割を変えるのは真の改革ではない。自由な発想から新たなものを生み出す「curiosity driven（好奇心駆動型）」であることは大学の在り方の基本。そしてその自由な発想を抱くことが保証されるためには、それらが特別なものであると自覚しておかないと守ることが難しいと語る。また、グローバルな連携の必要性が一層重要になる中、研究者による国際ネットワークを既に形成していることもまた、東大の重要な強みの一つだ。変化が激しい社会の中では、海外に合わせることでなく、むしろ東大の強みを新しい形で活用する中で、世界の知の多様性をしっかり保つことに貢献することが重要となる。「日本の大学が欧米と同じカリキュラムやスタイルをそのまま鵜呑みにしてしまうと、日本が担っていた多様性が失われてしまいます。世界の中で、日本や東大には独自な文化や仕組みが多く存在します。東大から消えてしまったら、世界からなくなってしまう学問はたくさんあり、それらは東大

「青天井」こそが東大主義

の強みなのです。その価値を認めてもらい、失われないようにすることが重要になってきます」。五神総長は6年間の任期の総仕上げとして、地球環境の問題に対して、文理の枠にとらわれずに東大の総合知を生かして取り組む枠組みとして、「グローバルコモンズセンター」の設置を進めている。

以上のような改革を進めてきた五神総長にとっての東大主義、それは「青天井である」という強みだ。さまざまな分野において能力の高い人材が集まり、たとえ学部生であっても最先端の研究に即座に取り組むこともできる。教員に突拍子もないことを相談してもニコニコしながら背中を押してくれる。そのようにして革新的な価値を生み出してきた「天井のない」環境が東大にはある。「東大に対する社会の期待は増し、東大はこれからもっと面白くなるのではないかと思います。大学には高校までのようなしっかりと決まったカリキュラムがありません。COVID-19の影響で高校の学習に不安があったとしても大学に入ってから補えばいいのです。東大に行きたいけど無理かもしれないという思いを持たないでください。東大は本来入学すべき人をきちんと入学させられるよう、最善を尽くします」

2019年度秋季入学式での五神総長

バックナンバーのご案内

『東大2018　たたかう東大』
インタビュー森下桂子　ほか

『東大2019　東大オモテウラ』
インタビュー三田紀房　ほか

『東大2020　考えろ東大』
インタビュー猪子寿之　ほか

バックナンバーの通信販売について

在庫状況および購入方法は、下記までお問い合わせください。

東京大学新聞社 03-3811-3506　　東京大学出版会 03-6407-1069

AD INDEX（50音順）

読者プレゼントのご案内

アンケートに答えて プレゼントを 手に入れよう!

東大2021を読んで、

アンケートに答えてくださった方の中から、

付属のアンケートはがきにご記入の上、2020年10月31日(当日消印有効)までにお送りください。
当選者の発表は、プレゼントの発送をもって代えさせていただきます。

また、アンケートにお答えいただいた方全員に、9月発行の『受験生特集号』をお送りいたします!
こちらは2021年7月31日まで受け付けておりますので、ぜひアンケートにご協力ください。

会いたい人に会いに行く

あなたも東大新聞の一員に

東大生よ、
世界に飛び込もう

建築家 隈研吾

10年耐える
良質な言説を

哲学者・武道家 内田樹

選抜原理に
多様性を

社会学者 上野千鶴子

周りを気にしても
しょうがない

チームラボ代表 猪子寿之

『東京大学新聞』では、新聞を読むだけでなく作ってみたいという人を待っています。資格は東大に在学していること（大学院を含む）。

東京大学新聞社は飽くなき興味を満足させるには最高の環境です。興味のある分野の教授や第一線で活躍する人に直接会いに行って、進学選択の参考にすることも。アイデアと行動力次第で、さまざまな貴重な体験ができます。活動内容は、新聞製作の他、月20万PVのオンラインメディア『東大新聞オンライン』の運営、ハッカソンやシンポジウムの開催まで多岐に渡ります。是非、私たちと一緒に「知的興奮」に満ちた大学生活を送りましょう。東大新聞はあなたを待っています。

東大を取り巻くニュースを
速く、深く報道

新型コロナ感染拡大下の進学選択（上）
ガイダンス、理では参加者大幅増

新型コロナ
ネコの間で容易に感染
明確な症状は出ず

日本ペイントHDと
持続可能な社会の実現へ

仮設体育館解体へ
新体育館は竣工済み

生協実施アンケート
学部生の半数が経済面に不安

トイレットペーパーなぜ消えた？
新型コロナウイルス感染拡大での集合心理を分析

情報不足解消が必要

善意の拡散の前に一考を

関谷直也

鳥海不二夫

学術

東大教員の研究や、世間から関心の高いテーマの学術的な分析を取り上げます。東大出身教員の学生時代にも迫ります。

ニュース

東大で起きた様々な出来事、東大の研究者の業績もいち早く掲載。七大戦など、東大運動会の活躍も取り上げます。

INTERVIEW / OBOG | 2019年10月25日

Y-biz富松希さんインタビュー　東大OGの「地方で働く」という選択

INTERVIEW, OBOG

「何でも相談に乗ってくれる」「とても優秀で素敵な人」と町中で話題の東大OGが、山形市にいる。中小企業の経営相談を行う山形市の機関「Y-biz」で、公募により164人の中から選ばれてセンター長として働く富松希さんだ。

東大大学院修了後、首都圏や海外での生活を経て山形で働くという選択をした富松さん。地方で働くということについて、同じく地方への就職を決めた記者が話を聞いた

（取材・撮影　石沢成美）

癒やしの空間にようこそ
温泉の魅力に迫る

五感で気軽に楽しむ

湯治で安くのんびり

OKR厳選　泉質と景観が魅力の温泉

オンライン

オンラインメディア「東大新聞オンライン」を運営しています。社会にインパクトを与える記事を書くことができます。

文化

自由で身近なテーマを取り上げます。魅力的な東大生を紹介する「キャンパスの人」が人気です。

自由で身近な
テーマを取り上げる

文化事業&書籍製作

**新聞製作やオンラインメディアの運営の他に、
文化事業や書籍製作にも取り組んでいます。**

東大の女子学生がゼロからプログラミングに挑戦する「東大ガールズハッカソン」。企業協賛のもとで開催しており、ビジネスマナーや企画運営について学ぶことが出来ます。

五月祭、駒場祭では編集部員が企画したシンポジウムを開催し、来場客が大教室を埋め尽くすほどの盛り上がりを見せます。

東大新聞では毎年『現役東大生が作る東大受験本　東大20XX』『Fresh Book』『東京大学新聞年鑑』という書籍を製作しています。発行した書籍は東大生協書籍部やAmazonなどで売られており、主に受験生や保護者、東大関係者に読まれています。好きなイラストレーターにデザインを依頼したり、気になる著名人に取材したりと、やりたいことを表現出来る絶好の機会です。

入学記念アルバム『Fresh Book』

東大新聞のベスト記事をまとめた『東京大学新聞年鑑』

編集後記

この本の取材以前は、東大に帰国生入試なるのが、あるなんて全く知らず、あの懐かしき、センターと2次の和が550になる方法しか頭の中になかった過去の自分を今、恥じている。こんな出会いをくれたこの本に感謝しつつ、さらなる出会いに胸膨らませ、日々の記者生活を過ごしたい。

*担当：合格体験記　（文Ⅰ・1年　桑原秀彰）

自分と同年に同科類に合格した方へ取材し合格体験記を執筆させていただいたのですが、その方のお話とダメダメ受験生だった自分を比較して（無駄に）落ち込んでいました…。読者のみなさまが合格できることはもちろん、悔いのない受験生生活を送った上の結果となることをお祈りしています。

*担当：合格体験記　（文Ⅲ・1年　鈴木茉衣）

大学進学希望者は（恐らく）同一の基準で評価される入試を突破する必要があり、自分で問題を選ぶことはできません。高校時代の癖が抜けなかったのか、私は大学入学後も目の前の問題を全てこなさなくてはいけないと思っていましたが、最近自分が乗りたくない土俵には乗らなくていいと気付きました。受験競争に疲れた方、あと少し頑張れば自由が見えてきますよ！

*担当：勉強法アドバイス、初修外国語紹介、後期学部紹介　（文Ⅲ・2年　黒川祥江）

みなさんが東大を志望したのはどういう理由からでしょうか。東京にあるから？　偏差値が高いから？　はたまた親に行けと言われたから？　それだけじゃあもったいない。東大には「面白さ」が詰まっています。この本を読んで、気になったことがあれば自分で調べて、東大という世界を堪能してください。苦しい受験勉強も少しは楽しくなるかもしれません。

*担当：五神真総長インタビュー　（文Ⅲ・2年　中野快紀）

あなたが行きたいのは本当に東大ですか？日本にも、世界にも、東大の他にも素晴らしい大学はたくさんあります。それでも、いろんな情報に触れて、いろんな進路を考えて「やっぱり東大に行きたい」と確信してもらえたら、これほどうれしいことはありません。あ、無事合格したら人手不足に苦しむ東大新聞を救ってくださいね。部員としてお会いできることを楽しみに待っています。

*担当：勉強法アドバイス、後期学部紹介、大学院生活紹介、就活体験記、御厨貴名誉教授インタビュー　（文Ⅰ・2年　中村潤）

クイズ研究会に所属していると、知識が増えることで、従来気にしなかったものへのアンテナの感度が上がります。やや楽しいです。新聞社に所属していると、ひとつのこ

とを深く考える機会が多くなる気がします。やや楽しいです。しかし頭を使うことはやや疲れるので、結局散歩したり飯食ったりするのが一番楽しいかもしれないですね。わがままに生きたいものですね。

＊担当：不合格体験記、進学選択体験記　（文Ⅲ・2年　藤田創世）

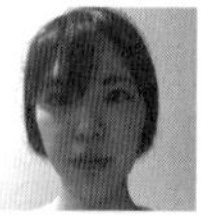

合格体験記を執筆させていただきました！私の東大受験は1年以上前のことなので、もう受験のことは結構忘れてしまったなという感覚だったのですが、執筆する中で久々に受験期のことを色々と思い出して懐かしかったです。時が経つのは早いですね……。この本を通して、少しでも東大や東大生のことを身近に感じていただければうれしいです！受験生の皆さんに幸あれ！

＊担当：合格体験記　（文Ⅲ・2年　森永志歩）

高2の時、オープンキャンパスでたまたま立ち寄った東大新聞のブースで「頑張ってください」と言われて嬉しかったのを今でも覚えています。それで東大新聞に興味を持ち、今では執筆する側にいることを考えると言葉の力は大きいですね。今年はオープンキャンパスもなくて直接言うことは叶いませんが、ここまで読んでくれた受験生の皆さんを全力で応援しています。頑張ってください。

＊担当：進学選択体験記、勉強法アドバイス　（文Ⅰ・2年　米原有里）

「そろそろ企画書がでるとありがたいです」「期限を過ぎているので早くお願いします」「あの、大丈夫ですか?」「絶対今日完成させて」。他用に追われ、硬軟織り交ざる催促のメールを尻目に布団で企画を温めながら（ごめんなさい）最後に集中して完成。「ここがロドスだ、ここで跳べ」と反省しながら胸に刻む日々です。

＊担当：サークル・部活一覧、PEAK紹介　（理Ⅱ・2年　渡邊大祐）

もちっ、ちゅるっ、ごしごし、わしわし、ぞぞーっ、ぎゅもぎゅも、するふわっ…。出汁の香りがふわあっと広がり、麺をすするときの快感。温度や湿度がちょっと変わると、すぐにご機嫌ナナメになっちゃう。お話できたらいいのになあ。そうです、これは私からうどんへのお手紙です。人生にはうどんと冒険が必要です。

＊担当：大学院生活紹介　（育・3年　安保友里加）

英単語を覚える、数学の解法を習得するといった過程は単純な作業に見えますが、実際に受験勉強を始めると「勉強のやり方がわからない」と悩む人も多いのではないでしょうか。私は受験生の頃、周りの優秀な友達が読んでいた参考書、彼らのノートのとり方から使用しているシャーペンまで真似していました。しかし、周囲に東大を目指す友達のいない東大受験生には真似する相手がいないですし、今年は疫禍で孤独な受験勉強をしてい

る方も多いでしょう。この本は、そんな人のための道しるべになることと思います。

＊担当：合格体験記　（工学部・3年　上田朔）

一つ言っておこう。数学はあの問題から解くんだ、簡単だから。一つ言っておこう。1年生の初めからちゃんと勉強しよう。1年後の自分に心配かけないでね。一つ言っておこう。受験勉強はそれなりに辛いけど、東大結構楽しいよ。あの時の自分に教えてあげたかった「一つ言っておこう」が、なぜか今になって溢れてきています。

＊担当：入試シミュレーション　（養・3年　尾方亮太）

「東大主義とは何か」の広報部分を担当しました。私自身、正直これまで東大の体制や運営にはあまり関心を持ってきませんでした。ですが今回の取材執筆を経て、研究以外にも独自の方針で東大の魅力を発信し、東大の価値を高めようとする職員の奮闘を知ることができました。東大に特化したメディアだからこそ引き出せる視座を読者の皆さんに提供できれば幸いです！

＊担当：東大主義とは何か　（養・3年・杉田英輝）

最近就活の面接で、「今までで一番頑張ったこと」をよく聞かれますが、振り返ってみても受験勉強に勝るものはないです。あそこまで必死に努力することは、今後の人生でもそうそうないと思います。思うように結果が出ず落ち込んでしまうこともあると思いますが、まずは頑張っている自分を毎日たくさん褒めてあげてください！

＊担当：サークル体験記　（経・3年　田中美帆）

東大主義。いい響き……ですかね？　重く、大きく、堅苦しいイメージがどうしても先行してしまう気がします。ただ、ここまで読んでくれた人にはわかるように、一人一人、多様な広がりを持った「東大」がそこにはあります。みなさんもぜひ赤門をくぐって（1年生はあまりくぐらないですが）自分の東大主義を見つけてください。僕の東大主義は地の果てまで伸びるTo Doリストと卒業への不安ですが……。

＊担当：東大主義とは何か　（法・3年　中井健太）

細かい数字を見比べながら手打ちしていく仕事が多く、ミスなどで各方面にご迷惑をお掛けしました。

昨今のリモート生活には大変助けられている出不精人間なのですが、対面の方が効率的かつ有意義なことも少なくないのだと、当たり前のことを思い知らされました。もちろんこの期間で多くの発見があったと思います。妥協ではなく、もっとアウフヘーベン的な意味で社会を変えられる転換点でもあると感じます。

ともあれ今年の大学1年生はかわいそうな状況にありますね。自分はもうある程度キャンパスライフを堪能し、せっかく本郷に進学したのに研究室に行けないなあくらいですが、期待に胸を膨らませ入学した新入生を思うと残念でなりません。受験生の皆さまも歯がゆい思いがあるかもしれませんが、網羅的かつ自分に合った勉強法を見つけ実行していけば大丈夫。本書が少しでも助けになればと思います。

＊担当：進学選択制度紹介、東大主義とは何か、就職先一覧（文・3年　長廣美乃）

問題に対して妙に高度な理論をこねくり回すよりも、初等の知識とひらめきでパパっと解決してしまう方がかっこよく見えるかもしれない。複雑な生体システムをもって初めて適応的になる人類よりも、シンプルなボディプランで生き残ってきた微生物たちの方がかっこよく見えるかもしれない。なのになぜだろう。大学の空気を吸うと、難解な事象の方を追究するのもかっこよく見える（本当にそうなのかは合格後のお楽しみ）。

＊担当：江藤隆史さんインタビュー（理・3年　村松光太朗）

勉強は、勉強よりも大切なものの存在に気付く手段にすぎません。受験の傍ら、青春を謳歌することも忘れないでください。当たり前のようで、東大合格なんかよりよっぽど難しいことですよ。……悩んだ挙句、昨年と全く同じことを書いてしまいました。でも、青春は本当に大切なものですよ。

＊担当：後期学部紹介、就活体験記（文・4年　小田泰成）

大学生活も終盤。数学の公式も歴史上の偉人の名もほとんど忘れてしまいました。それでも、大学で勉強していると「頭の動かし方」という受験勉強の残滓のようなものに度々助けられます。今本書を読んでくださっている皆さまの努力が、東大で、そして社会で花開くことを祈っています。

＊担当：不合格体験記、進学選択体験記（法・4年　児玉祐基）

分かれ道で、現実には右に進んでいても、同時に左に行っている自分もいる——。さまざまな可能性が閉ざされているいま、石井さんの言葉には響くものがある気がします。自由に通学したり大学を訪れたりできないからこそ、想像をいつもよりたくましくして、東大に進んだ自分の姿を思い描いてみてください。この本がその一助になれば幸いです。

＊担当：石井遊佳さんインタビュー（文・4年　山口岳大）

早く受験を終えたい、大学生になりたい、大人になりたい。そんな風に思っている人も多いのではないでしょうか。かくいう僕も、受験勉強の間はずっとそう思っていました。でもたった数年で考えは変わるものです。今では、受験生に戻りたい、高校生に戻りたい、大人になりたくない、とつい思ってしまいます。大学の授業は思ったより退屈ですが、別に学生生活が辛いわけではありませんし、楽しいこともそれなりにありま

す。それでも昔は良かったなんて、思ってしまうわけです。受験勉強を楽しもう、とか、陳腐ですかね。まあ陳腐でもいいんです。受験勉強がただの過程ではないということを、忘れないでください。僕は人生を教えてくれた先生の授業をもう受けられないのが、たまに寂しく感じられます。

（1章チーフ　文・3年　伊得友翔）

巣ごもり生活に浸り始めた5月ころでしょうか。部屋の掃除の途中、中高時代に使っていた国語の資料集を掘り当てたのでぺらぺらとめくっていたら、新美南吉さんの『明日』という詩に出会いました。

「明日はさなぎが蝶になる。
明日はつぼみが花になる。
明日は卵がひなになる。」

自分にとっては一日、また一日と何となーく過ぎていく日々でも、時は刻一刻と流れていて地球は回っていて、自分は年を取っているんだなぁと、でもまあその時の流れは視点を変えれば、この詩のように、何か目的に向かうプロセスにもなり得るわけで、どんな見方をするかは自分次第なんだなぁと、ふと気を取り直したのを覚えています。

この本が、少しでも読者の皆様のお役に立ちますように。

＊担当：片山さつきさんインタビュー、駒場生活徹底解説、科類紹介

（2章チーフ　養・4年　武沙佑美）

新型コロナウイルス感染症の流行は、大学生活にもさまざまな影響を与えています。影響の最たるものは、キャンパスへの自由な立ち入りが制限されたことでしょう。東大に集う個性と教養にあふれた教員や学生と密に触れ合うことができないのは、とてもつらいものです。大学4年目になり、交友関係もほぼ固まってきた私にとってすらつらいのですから、今年期待に胸を膨らませて入学してきた1年生にとってはなおさらでしょう。この書籍からも垣間見られる通り、東大という場に存在する教員、学生、施設は知的好奇心をくすぐるものばかりです、この本を手に取った受験生が晴れて合格するころには、キャンパスでの自由な触れ合いが再開していることを祈りつつ、結びとさせていただきます。

（3章チーフ　文・4年　湯澤周平）

大学生活4年目に突入し、人生の夏休みの終わりが迫っていることに焦りを感じています。残りの大学生活を謳歌しようと思えば、コロナ禍でオンライン授業に移行し友人とも会えなくなってしまいました。教室で友人と交わす会話、友人と食べる昼食、授業中の人間観察。何気ないひと時が、いかに貴重であったかを痛感する日々です。振り返れば、東大に入って良かったと心から感じています。個性的な仲間に出会ったり、東大新聞で普通では会えない人々に取材したりと貴重な経験ができました。受験勉強をやり抜いた高校生の自分に感謝しています。皆さんが今打ち込んでいる受験勉強は、きっと将来の糧になります。一度きりの高校生活における一瞬一瞬を大切に、全力で

やり抜いてください。私はそのうち東大から消えますが、皆さんが後輩となることを楽しみにしています。

（4章チーフ　経・4年　楊海沙）

進捗管理を主に担当しました。浪人時代、息抜きにこの本のシリーズをパラパラと読んでいたのですが、まさか作る側に回る日が来るとは。今年はオープンキャンパスが中止になったので、代わりにこの本を通じて東大のあれこれをお伝えできればという思いで製作しました。下手したらオーキャンよりもずっとリアルな東大の姿が見えてくるかもしれませんね（笑）。大学＝理想郷かどうかは入ってから自分の目で確かめてみてください。ただ、この大学には勉強であれ何であれ、物事を極めるのに最高の環境が揃っていることは断言できます。

　受験勉強をしていると、この生活が永遠に続くように感じるかもしれませんが必ず終わりは来ます。苦しいこともあると思いますが、その先に広がる大学生活に思いを馳せながら今はあとちょっとだけ頑張ってみてください。

　某ウイルスの影響でこの本は完全テレワークで製作しました。意外と何とかなるんですね。ただ、みんなで同じ空気を共有して何かを作り上げる感覚が薄く少し味気なさを感じました。アフターコロナがどのような世界になるかは分かりませんが、効率性だけを追求するのではなく人間が人間らしく幸せに生きられる社会になるといいな。

＊担当：写真で巡る東大キャンパス

（副編集長　理Ⅱ・2年　友清雄太）

本書の校正を主に行いました。校正作業をしていて思うのは、ある程度こだわりを持たないと校正は成り立たないということです。文章を直す中で方針に迷ったとき、自分の中のこだわりがいつも導いてくれました。私が受験生の時はどんなこだわりを持っていたかなと思い返しましたが、大学に合格するために1点でも高い点数を取ろうということしかこだわっていなかったと思います。もちろん成果を重視する姿勢は大事だとは思いますが、大学に入ってからは成果よりも過程にこだわる場面が多いように思われます。何をやったかということよりも、どのようなことを考えながらやったかという話を聞く方が、その人の人間性が見えてくるのではないでしょうか。他人のこだわりに触れるとき、その人のことをより深く知ることができるのはもちろん、自分の価値観も精錬でき、自分の成長にもつながることを大学に入ってから気付きました。

　本書はさまざまなライターの協力を得て成り立っています。記事からにじむこだわりを感じ、皆様の価値観に働き掛けられるような書籍になっていましたら幸いです。

＊担当：東大主義とは何か、コラム

（副編集長　文・3年　山中亮人）

一冊の本を作ることの難しさは、何と言っても本の形式と内容の双方に配慮しなければならないことです。総ページ数を16の倍数にしなければならなかったり、扉を奇数ページにしなければならなかったりなど、さまざまな形式に拘束されつつ我々はこの本を作り上げましたが、それはまさに形式が内容を規定するという大変興味深い過程でありました。たしかに、当初あれこれ描いていたアイデアの多くを、そのような形式のために削らざるをえなくなった時は悲しい思いをしたこともありましたが、見方を変えれば、形式が内容の発展を促したとも言えるでしょう。つまり、形式的な拘束が一切ない状態で内容だけを追求するのであれば、作り手の意志は完全に反映されるでしょうが、それ故に貧弱なものとなっていたかもしれません。形式的な拘束という意図せざる刺激を受けたことで、内容は新たな発展の方向性を得たのだと思います。

ドイツの哲学者ヘーゲルは『精神現象学』という著作の中で、形式は内容を通じてのみ存在し、内容は形式を通じてのみ存在する、故に両者は確固たる実体などではなく、一つの本質に向かって消失していく契機なのだ、という議論を展開します。内容は形式とぶつかり合うことでより豊かになっていくのであり、この点において、内容と形式という二項対立は無に帰され、両者は究極的には一体となるのです。

そのような「ぶつかり合い」の過程で、本書は多くの新しさを生むことに成功したと思います。本シリーズは例年「現役東大生がつくる東大受験本」という名前で出版されてきているものですが、今回はそのような受験本としての要素にプラスして、より広範な読者層に楽しんでいただけるよう努めました。理由として第一に挙がるのは、やはり新型コロナウイルスの問題が突如出現したことです。社会のリモート化によって教育のあり方、ひいては知のあり方が根本的に問い直されている中で、この本を出す意味は何なのか。その答えの一つがタイトルの「東大／主義」でした。このタイトルに込められたメッセージにつきましては、巻頭言の方で詳しく述べているのでぜひご一読ください。

最後になりますが、本書は多くの方々のご協力とご助言によって完成に至ることができました。タイプフェイスの渡邊民人さん、清水真理子さん、東京大学出版会の阿部俊一さん、橋元博樹さん、東大新聞理事の竹内靖朗さん、村瀬拓男さん、そして東大新聞編集部員の皆さまに、心より御礼申し上げます。

＊担当：熊谷晋一郎准教授インタビュー、東大主義とは何か

（編集長　法・3年　円光門）

東京大学新聞

©2020 東京大学新聞社

創刊は1920年

『東京大学新聞』は、毎週火曜日発行。全国の大学新聞でも数少ない週刊体制を維持し、年間約42回発行しています。『東京大学新聞』は1920年創刊の『帝国大学新聞』を前身とし、『大学新聞』『東京大学学生新聞』と名称を変えつつ、61年以来『東京大学新聞』として発行を続けてまいりました。2020年12月に100周年を迎え、現存する大学新聞では最も長い歴史を誇ります。学内外の問題に広く関心を持ち、大学院進学や就職を真剣に考える東大生にとって欠かせない情報源となっています。

公益財団法人東京大学新聞社の経営には学内外の有識者からなる理事会（理事長＝宍戸常寿・法学政治学研究科教授）が当たっています。『東京大学新聞』の編集・発行は、全員東大生・東大院生から成る編集部がいかなる団体からも独立した編集権の下で担っています。

定期購読をどうぞ

『東京大学新聞』は1部ごとでも販売していますが、お得な定期購読をお勧めしています。お申込みいただいた方には、毎週ご自宅まで『東京大学新聞』を直接郵送しています。

定期購読をご希望の方は、以下の方法で年間購読料をお振り込みください。ご送金が確認でき次第、最新号からお送りいたします。

また、電子メール・電話にてお問い合わせいただくと、見本紙を送付いたします（お一人様1回限り）。東大関係者以外の一般の方のご購読も歓迎いたします。

◎**郵便局にてお支払い…**専用の払込取扱票（振込手数料無料）を送付いたしますので、ご希望の際は、電子メール・電話にてお問い合わせください。また、郵便局に備え付けの払込取扱票を使用され、弊社宛（00150－3－7754）でもお手続きいただけますが、その際の払込手数料はお客様ご負担となります。

◎**オンラインショップ「BASE」にてお支払い…**「BASE」の東京大学新聞専用ページ http://utnp.shopselect.net/ にアクセスしていただき、定期購読用のバナーからお手続きにお進みください。コンビニ決済・銀行振込・クレジットカード払い等がお選びいただけます。

電話　03（3811）3506
電子メール　post@utnp.org
年間購読料
1年契約（42回予定）7400円
2年契約（84回予定）14400円

次号『東大2022』
来夏発行予定
鋭意構想中!!

東大2021　東大／主義

2020年10月1日発行

企画・編集・発行　公益財団法人東京大学新聞社
東京都文京区本郷7-3-1東京大学構内
TEL 03-3811-3506　FAX 03-5684-2584

発　売　一般財団法人東京大学出版会
東京都目黒区駒場4-5-29
TEL 03-6407-1069　FAX 03-6407-1991

印刷・製本　大日本法令印刷株式会社

ISBN 978-4-13-001304-8　Printed in Japan